Código Penal de Puerto Rico
y Leyes Penales Especiales.

Folleto gratis de las enmiendas posteriores en www.LexJurisBooks.com

LexJuris de Puerto Rico

Publicaciones CD
PO Box 3185
Bayamón, P.R. 00960-3185
Teléfono: (787) 269-6475
Fax: (787) 740-4151
Email: Ayuda@LexJuris.com
Tiendita: www.LexJurisStore.com
ISBN: 9798510669060

Código Penal y Leyes Penales Especiales, 3da edición
Copyrights ©1996-Presente LexJuris® de Puerto Rico

Editora: LexJuris de Puerto Rico
Diseño y Contenido: Publicaciones CD
Formato Digital: www.LexJuris.net
Preparado por: Lcdo. Juan M. Díaz

Hecho en Puerto Rico
Septiembre 2, 2022

Código Penal de Puerto Rico
y Leyes Penales Especiales.

LexJuris de Puerto Rico
PO BOX 3185
Bayamón, P.R. 00960
Tels. (787) 269-6475 / 6435
Fax. (787) 740-4151
Email: Ayuda@LexJuris.com
Website: www.LexJuris.com
www.LexJuris-Store.com

Código Penal de Puerto Rico
y Leyes Penales Especiales.

Contenido

Notas Importantes: Solo disponibles las definiciones y delitos de la Ley de Sustancias Controdas y la Ley de Armas. Vease la ley completa en www.LexJuris.com y/o en los libros de estas leyes disponibles en www.LexJurisStore.com

Código Penal de Puerto Rico
Ley Núm. 146 de 30 de julio de 2012, según enmendado.

LIBRO PRIMERO - PARTE GENERAL
TÍTULO I DE LA LEY PENAL
CAPÍTULO I - DE LOS PRINCIPIOS PARA LA APLICACIÓN DE LA LEY PENAL
SECCIÓN PRIMERA -Denominación y principios de aplicación

Artículo 1.- Denominación y aplicabilidad de la ley. (33 L.P.R.A. sec. 5001)

Esta ley se denomina Código Penal de Puerto Rico.

Los principios contenidos en el Libro Primero de la Parte General de este Código aplican a la conducta regulada por otras leyes penales, salvo que éstas dispongan lo contrario.

(Julio 30, 2012, Núm. 146, art. 1, efectivo el 1 de septiembre de 2012.)

Artículo 2.- Principio de legalidad. (33 L.P.R.A. sec. 5002)

No se instará acción penal contra persona alguna por un hecho que no esté expresamente definido como delito en este Código o mediante ley especial, ni se impondrá pena o medida de seguridad que la ley no establezca con anterioridad a los hechos.

No se podrán crear ni imponer por analogía delitos, penas ni medidas de seguridad.

(Julio 30, 2012, Núm. 146, art. 2, efectivo el 1 de septiembre de 2012.)

Artículo 3.- Ámbito de aplicación de la ley penal. (33 L.P.R.A. sec. 5003)

La ley penal de Puerto Rico se aplica al delito consumado o intentado dentro de la extensión territorial del Estado Libre Asociado de Puerto Rico.

Se entiende por extensión territorial el espacio de tierra, mar y aire sujeto a la jurisdicción del Estado Libre Asociado de Puerto Rico.

No obstante lo anterior, la ley penal de Puerto Rico se aplica fuera de la extensión territorial del Estado Libre Asociado de Puerto Rico al delito consumado o intentado en cualquiera de los siguientes casos:

(a) Delitos cuyo resultado se ha producido fuera de Puerto Rico cuando parte de la acción u omisión típica se realice dentro de su extensión territorial.

(b) Delitos cuyo resultado se ha producido en Puerto Rico cuando parte de la acción u omisión típica se ha producido fuera de su extensión territorial.

(c) Delitos consumados o intentados por funcionario o empleado público o persona que se desempeñe a su servicio cuando la conducta constituya una violación de las funciones o deberes inherentes a su cargo o encomienda.

(d) Delitos de genocidio o crimen de lesa humanidad, según se definen en este Código.

(e) Delitos susceptibles de ser procesados en Puerto Rico, de conformidad con los tratados o convenios ratificados por los Estados Unidos de América.

(Julio 30, 2012, Núm. 146, art. 3, efectivo el 1 de septiembre de 2012; Diciembre 26, 2014, Núm. 246, art. 1, enmienda los incisos (a) y (b), efectivo 90 días después de su aprobación.)

Artículo 4.- Principio de favorabilidad. (33 L.P.R.A. sec. 5004)

La ley penal aplicable es la vigente al momento de la comisión de los hechos.

La ley penal tiene efecto retroactivo en lo que favorezca a la persona imputada de delito. En consecuencia, se aplican las siguientes normas:

(a) Si la ley vigente al tiempo de cometerse el delito es distinta de la que exista al procesar al imputado o al imponerle la sentencia, se aplicará siempre la ley más benigna.

(b) Si durante el término en que la persona está cumpliendo la sentencia entra en vigor una ley más benigna en cuanto a la pena o al modo de ejecutarla, se aplicará retroactivamente.

(c) Si durante el término en que la persona está cumpliendo la sentencia entra en vigor una ley que suprime el delito, o el Tribunal Supremo emite una decisión que despenalice el hecho, la pena quedará extinguida y la persona liberada, de estar recluida o en restricción de libertad.

En estos casos los efectos de la nueva ley o de la decisión judicial operarán de pleno derecho.

(Julio 30, 2012, Núm. 146, art. 4, efectivo el 1 de septiembre de 2012.)

Artículo 5.- Principio de vigencia temporera. (33 L.P.R.A. sec. 5005)

La ley penal de vigencia temporera se aplicará a hechos cometidos durante su vigencia, aunque la ley haya perdido su vigencia con posterioridad, salvo que por ley se determine otra cosa.

(Julio 30, 2012, Núm. 146, art. 5, efectivo el 1 de septiembre de 2012.)

Artículo 6.- Principio de personalidad. (33 L.P.R.A. sec. 5006)

La responsabilidad penal es personal.

El consentimiento de la víctima no exime de responsabilidad penal, salvo que dicho consentimiento niegue un elemento del delito.

Las relaciones, circunstancias y cualidades personales que aumenten o disminuyan la pena, afectarán solamente a la persona a quien corresponda.

(Julio 30, 2012, Núm. 146, art. 6, efectivo el 1 de septiembre de 2012; Diciembre 26, 2014, Núm. 246, art. 2, enmienda la segunda oración, efectivo 90 días después de su aprobación.)

Artículo 7.- Relación de causalidad. (33 L.P.R.A. sec. 5007)

La conducta de una persona es la causa de un resultado si:

(a) La manera en que ocurrió el resultado no es demasiado remoto o accidental; y

(b) la ocurrencia del resultado no depende demasiado de algún acto voluntario de una tercera persona.

Cuando la conducta de dos o más personas contribuye a un resultado y la conducta de cada persona hubiese sido suficiente para causar el resultado, los requisitos de este Artículo se satisfacen con relación a cada persona que contribuyó al resultado.

(Julio 30, 2012, Núm. 146, art. 7, efectivo el 1 de septiembre de 2012; Diciembre 26, 2014, Núm. 246, art. 3, enmienda en términos generales, efectivo 90 días después de su aprobación.)

Artículo 8.- Principio de responsabilidad penal. (33 L.P.R.A. sec. 5008)

Nadie podrá ser sancionado por un hecho previsto en una ley penal si no lo ha realizado según las formas de culpabilidad provistas en este Código.

La exigencia de responsabilidad penal se fundamenta en el análisis de la gravedad objetiva del daño causado y el grado de culpabilidad aparejado por la conducta antijurídica del autor.

(Julio 30, 2012, Núm. 146, art. 8, efectivo el 1 de septiembre de 2012.)

Artículo 9.- Concurso de Disposiciones Penales. (33 L.P.R.A. sec. 5009)

Cuando la misma materia se regula por diversas disposiciones penales:

(a) La disposición especial prevalece sobre la general.

(b) La disposición de mayor alcance de protección al bien jurídico absorberá la de menor amplitud, y se aplicará la primera.

(c) La subsidiaria aplicará sólo en defecto de la principal, si se declara expresamente dicha subsidiaridad, o ésta se infiere.

(Julio 30, 2012, Núm. 146, art. 9, efectivo el 1 de septiembre de 2012; Diciembre 26, 2014, Núm. 246, art. 4, enmienda en términos generales, efectivo 90 días después de su aprobación.)

Artículo 10.- Principio de judicialidad. (33 L.P.R.A. sec. 5010)

La pena o la medida de seguridad se impondrá mediante sentencia judicial exclusivamente.

(Julio 30, 2012, Núm. 146, art. 10, efectivo el 1 de septiembre de 2012.)

Artículo 11.- Principios que rigen la aplicación de la sanción penal. (33 L.P.R.A. sec. 5011)

La pena o medida de seguridad que se imponga no podrá atentar contra la dignidad humana.

La medida de seguridad no podrá exceder la pena aplicable al hecho delictivo, ni exceder el límite de lo necesario para prevenir la peligrosidad del autor.

Las penas se establecerán de forma proporcional a la gravedad del hecho delictivo.

Las penas deberán ser necesarias y adecuadas para lograr los principios consignados en este Código.

La imposición de las penas tendrá como objetivos generales:

(a) La protección de la sociedad.

(b) La justicia a las víctimas de delito.

(c) La prevención de delitos.

(d) El castigo justo al autor del delito en proporción a la gravedad del delito y a su responsabilidad.

(e) La rehabilitación social y moral del convicto.

Por su naturaleza como sanción no punitiva sino de prevención social, la medida de seguridad no tendrá límite máximo. El término de interdicción por medida de seguridad estará sujeto a la revisión periódica según consignado en el Artículo 85 de este Código. La cesación de la medida de seguridad dependerá de la peligrosidad que represente el individuo para sí y la sociedad.

(Julio 30, 2012, Núm. 146, art. 11, efectivo el 1 de septiembre de 2012; Diciembre 26, 2014, Núm. 246, art. 5, enmienda la segunda oración y los incisos (c) y (d), efectivo 90 días después de su aprobación.)

SECCIÓN SEGUNDA -De la interpretación

Artículo 12.- Interpretación de palabras y frases. (33 L.P.R.A. sec. 5012)

Las palabras y frases se interpretarán según el contexto y el significado sancionado por el uso común y corriente.

Las voces usadas en este Código en el tiempo presente incluyen también el futuro; las usadas en el género masculino incluyen el femenino y el neutro, salvo los casos en que tal interpretación resulte absurda; el número singular incluye el plural y el plural incluye el singular.

(Julio 30, 2012, Núm. 146, art. 12, efectivo el 1 de septiembre de 2012.)

Artículo 13.- Alcance de la interpretación. (33 L.P.R.A. sec. 5013)

Si el lenguaje empleado en un estatuto es susceptible de dos o más interpretaciones, debe ser interpretado para adelantar los principios establecidos en este Código y la protección del bien tutelado en el artículo particular objeto de interpretación, pero siempre tomando como base el principio de responsabilidad penal.

(Julio 30, 2012, Núm. 146, art. 13, efectivo el 1 de septiembre de 2012.)

Artículo 14.- Definiciones. (33 L.P.R.A. sec. 5014)

Salvo que otra cosa resulte del contexto, las siguientes palabras y frases contenidas en este Código tendrán el significado que se señala a continuación:

(a) "A sabiendas" es sinónimo de "con conocimiento", según definido en el Artículo 22(2) de este Código. Actuar "a sabiendas" no requiere el conocimiento de la ilegalidad del acto u omisión. Términos equivalentes como: "conocimiento", "sabiendo", "con conocimiento" y "conociendo" tienen el mismo significado.

(b) "Acto" o "Acción" significa la realización de un hecho.

(b.1) "Actor" es aquella persona que, en defensa de su morada, vehículo, negocio o lugar de trabajo o en defensa de la morada, vehículo, negocio o lugar de trabajo de otra persona, causa daño o la muerte a un ser humano.

(c) "Amnistía" significa medida legislativa de carácter excepcional, algunas veces provisional, que suspende los efectos normales de alguna ley.

(d) "Año" y "Año natural" es de trescientos sesenta y cinco (365) días, siempre que no sea bisiesto, en cuyo caso es de trescientos sesenta y seis (366) días.

(e) "Aparato de escaneo" significa un escáner, lector, "skimmer" o cualquier otro aparato electrónico que se use para acceder, leer, escanear, obtener, memorizar o almacenar, temporera o permanentemente, información codificada en la cinta o banda magnética de una tarjeta de pago.

(f) "Aparato de grabación o transferencia de imágenes o sonidos" significa cualquier equipo con la capacidad de grabar o transmitir una película o parte de ésta por los medios tecnológicos actuales o que puedan desarrollarse en el futuro.

(g) "Apropiar" incluye el malversar, defraudar, ejercer control ilegal, usar, sustraer, apoderarse, o en cualquier forma hacer propio cualquier bien o cosa que no le pertenece, en forma temporal o permanente.

(h) "Beneficio" es cualquier provecho, utilidad, ventaja, lucro, o ganancia pecuniaria o material.

(i) "Bienes inmuebles" incluye terrenos y todo lo que allí se construya, crezca o se adhiera permanentemente.

(j) "Bienes muebles" incluye dinero, mercancías, semovientes, equipos, aparatos, sistemas de información y comunicación, servicios, vehículos de motor o cualquier otro objeto de locomoción, energía eléctrica, gas, agua u otro fluido, ondas, señales de comunicación móviles o electrónicas y números de identificación en soporte papel o electrónico, cosas cuya posesión pueda pedirse en juicio, comprobantes de crédito, documentos, o cualquier otro objeto susceptible de apropiación.

(j.1) "Circunstancia" incluye (a) una característica de la conducta, del autor o de la víctima, o (b) una descripción del entorno o contexto en el cual ocurre la conducta

(k) "Codificador o decodificador" significa un aparato electrónico o "re-encoder" que coloca información codificada de una cinta o banda magnética de una tarjeta de pago en la cinta o banda magnética de otra tarjeta de pago.

(l) "Conducta" significa una acción u omisión y su correspondiente estado mental o, cuando sea relevante, una serie de actos u omisiones.

(m) "Creencia razonable" o "razonablemente cree" se refiere a una creencia del autor que no sea producto de su negligencia.

(n) "Documento público" incluye cualquier escrito, impreso, papel, libro, folleto, fotografía, fotocopia, película, microforma, cinta magnetofónica, mapa, dibujo, plano, cinta, o cualquier material leído por máquina o producido de forma electrónica aunque nunca sea impreso en papel, archivo electrónico, o cualquier otro material informativo o informático, sin importar su forma o características físicas, que se origine, se reciba manual o electrónicamente, o se conserve en cualquier dependencia del Estado Libre Asociado de Puerto Rico de acuerdo con la ley, o que se designe por ley como documento público, o cualquier escrito que se origine en el sector privado en el curso ordinario de transacciones con dependencias gubernamentales y que se conserven permanente o temporeramente en cualquier dependencia del Estado, por su utilidad administrativa o valor legal, fiscal o cultural.

(o) "Edificio" comprende cualquier casa, estructura, barco, vagón, vehículo u otra construcción diseñada o adaptada para, o capaz de dar abrigo a seres humanos o que pueda usarse para guardar cosas o animales o para negocio. Comprende, además, sus anexos, dependencias y el solar donde esté enclavado.

(p) "Edificio ocupado" comprende cualquier casa, estructura, vehículo o lugar adaptado para acomodo nocturno de personas, para llevar a cabo negocios en el mismo, para el cuidado de niños o personas, para enseñanza de cualquier nivel, o para fines públicos, siempre que esté en uso aunque al momento del hecho no haya personas presentes. Comprende, además, sus anexos, dependencias y el solar donde esté enclavado.

(q) "Escrito" incluye cualquier impreso, hoja, carta, escritura pública, documento notarial, sello, escritura o firma de una persona en soporte papel o en soporte digital, o imagen, moneda, papel moneda, fichas, tarjeta de crédito o cualquier otro símbolo o evidencia representativa de algún valor, derecho, privilegio u obligación.

(r) "Estado Libre Asociado de Puerto Rico" o "Estado" comprende los departamentos, agencias, juntas y demás dependencias, corporaciones públicas, instrumentalidades y sus subsidiarias, los municipios y las subdivisiones políticas, y las ramas de gobierno.

(s) "Estados Unidos de América" son los Estados de la Unión Norteamericana, sus territorios y posesiones, el Distrito de Columbia y el Estado Libre Asociado de Puerto Rico.

(t) "Firma" o "Suscripción" es el nombre escrito de puño y letra o en forma digital, o el nombre o la marca o señal hecha a ruego de una persona, cuando dicha persona no pueda escribir su nombre, escribiéndose su nombre junto a tal marca o señal por otra persona que también firmará como testigo.

(u) "Fondos públicos" es el dinero, los bonos u obligaciones, valores, sellos, comprobantes de rentas internas, comprobantes de deudas y propiedad perteneciente al Gobierno del Estado Libre Asociado de Puerto Rico, departamentos, agencias, juntas y demás dependencias, corporaciones públicas y sus subsidiarias, los municipios y las divisiones políticas. También incluye el dinero recaudado por personas o entidades privadas que mediante acuerdo o por autoridad de ley realizan gestiones o cobro de patentes, derechos, impuestos, contribuciones, servicios, o del dinero que se adeude al Estado Libre Asociado de Puerto Rico por concepto de cualquier otra obligación o cualquier otra gestión o para el cobro de sellos o derechos para instrumentos públicos o documentos notariales. Cuando se trate de bonos, obligaciones, valores y comprobantes de deuda, el término incluye no sólo el documento que evidencie la obligación, sino también el dinero, bonos, valores u obligaciones que se obtengan como producto de la emisión, compra, ejecución, financiamiento, refinanciamiento o por cualquier otra transacción con aquéllas.

(v) "Fraudulentamente" o "Defraudar" es el acto cometido mediante ardid, simulación, trama, treta o mediante cualquier forma de engaño.

(w) "Funcionario del orden público" aquella persona que tiene a su cargo proteger a las personas, la propiedad y mantener el orden y la seguridad pública. Esto incluye, pero sin limitarse, a todo miembro de la Policía de Puerto Rico y de la Policía Municipal, Agentes del Negociado de Investigaciones Especiales del Departamento de Justicia y Alguaciles de la Rama Judicial. Se considera también funcionario o funcionaria del orden público de carácter limitado a todo empleado o empleada público estatal o federal, con autoridad expresa en ley para efectuar arrestos en el desempeño de sus funciones y responsabilidades especiales.

(x) "Funcionario o empleado público" es la persona que ejerce un cargo o desempeña una función o encomienda, con o sin remuneración, permanente o temporeramente, en virtud de cualquier tipo de nombramiento, contrato o designación, para la Rama Legislativa, Ejecutiva o Judicial o del gobierno municipal del Estado Libre Asociado de Puerto Rico. Incluye aquellas personas que representan el interés público y que sean designadas para ocupar un cargo en una junta, corporación pública, instrumentalidad y sus subsidiarias del Estado Libre Asociado de Puerto Rico, así como aquellos que sean depositarios de la fe pública notarial. El término "funcionario público" incluye aquellas personas que ocupan cargos o empleos en el Gobierno del Estado Libre Asociado que están investidos de parte de la soberanía del Estado, por lo que intervienen en la formulación e implantación de la política pública.

(y) "Género" se refiere a los dos sexos, masculino y femenino, en el contexto de la sociedad.

(z) "Ilegalmente" es todo acto en contravención de alguna ley, norma, reglamento, ordenanza, u orden promulgada por una autoridad competente del Estado en el ejercicio de sus funciones.

(z.1) "Intención" es sinónimo de intencionalmente. Además es equivalente a actuar a propósito, con conocimiento o temerariamente.

(aa) "Juramento" incluye afirmación o declaración, así como toda forma de confirmar la verdad de lo que se declara. Toda forma de declaración oral bajo juramento o afirmación está comprendida en la voz testificar y toda declaración por escrito, en la palabra deponer.

(bb) "Ley" incluye la Constitución, estatutos, normas, reglamentos u ordenanzas locales de una sub-división política del Estado Libre Asociado de Puerto Rico.

(cc) "Mes" es el período de treinta (30) días a no expresarse otra cosa.

(cc.1) "Morada" tiene el mismo significado que el término "Edificio" de este Artículo.

(dd) "Noche" es el período transcurrido entre la puesta y la salida del sol.

(ee) "Obra" significa entre otras cosas, cosa hecha o producida por un agente; cualquier producción del entendimiento en ciencias, letras o artes, volumen o volúmenes que contienen un trabajo literario completo; edificio en construcción; lugar donde se está construyendo algo o arreglando el pavimento; medio, virtud o poder, trabajo que cuesta, o tiempo que requiere la ejecución de una cosa; labor que tiene que hacer un artesano.

(ff) "Obra audiovisual" significa un medio tangible en el cual los sonidos e imágenes son grabados o almacenados, incluyendo cintas de video originales, discos de video digitales, películas o cualquier otro medio en existencia o a ser desarrollado en el futuro, y en donde los sonidos e imágenes están grabados o puedan ser grabados o almacenados, o una copia o reproducción total o parcial, duplicando el original.

(gg) "Omisión" significa el no actuar.

(hh) "Persona" incluye las personas naturales y las personas jurídicas.

(ii) "Premeditación" es la deliberación previa a la resolución de llevar a cabo el hecho luego de darle alguna consideración por un período de tiempo.

(jj) "Propiedad" o "Patrimonio" incluye los bienes muebles y los inmuebles.

(kk) "Propósito" Una persona actúa a propósito cuando el objetivo consciente de la persona es cometer el delito. Términos equivalentes como "a propósito", "con el propósito", "concebido", "preconcebido" y "diseñado" tienen el mismo significado.

(kk.1) "Resultado" es una circunstancia que ha sido cambiada mediante la conducta del actor.

(ll) "Sello" comprende la impresión de un sello sobre un escrito en soporte papel o digital, o sobre cualquier sustancia adherida al papel, capaz de recibir una impresión visible o de legitimidad.

(mm) "Tarjeta de crédito o débito" incluye cualquier instrumento, instrumento negociable u objeto conocido como tarjeta de crédito o débito, placa, libro de cupones o por cualquier otro nombre, expedido con o sin el pago de un cargo por quien la recibe, para el uso del tenedor en la obtención o adquisición a crédito o débito de dinero, bienes, servicios o cualquier otra cosa de valor en el establecimiento del emisor de la tarjeta de crédito o débito o en cualquier otro establecimiento.

(nn) "Teatro de películas cinematográficas" significa teatro de película, cuarto de proyección o cualquier otro lugar que se esté utilizando principalmente para la exhibición de una película cinematográfica.

(oo) "Telemática" Aplicación de las técnicas de la telecomunicación y de la informática a la transmisión a larga distancia de información computarizada.

(pp) "Tortura" es causar intencionalmente dolor o sufrimientos graves, ya sean físicos o mentales, a una persona que el acusado tenga bajo su custodio o control; sin embargo, no se entenderá por tortura el dolor a los sufrimientos que se deriven únicamente de sanciones lícitas o que sean consecuencia normal o fortuita de ellas.

(qq) "Tratamiento médico" Cualquier tipo de intervención de naturaleza médica, invasivo o no, incluyendo, sin limitarse a, la utilización de fármacos, estudios y procedimientos quirúrgicos, radiológicos, de medicina nuclear o de quimioterapia.

(rr) "Voluntario" Acto que nace de la voluntad, y no por fuerza o necesidad extrañas a aquéllas. Término equivalente como: "voluntariamente" tiene el mismo significado.

(tt) "Vehículo" significará todo artefacto o animal en el cual o por medio del cual cualquier persona o propiedad es o puede ser transportada por cualquier vía; terrestre, acuática o aérea mediante propulsión propia o arrastre, cuya clasificación no esté incluida en los términos "Edificio" o "Edificio ocupado" según definidos en los incisos (p) y (q) de este Artículo."

(Julio 30, 2012, Núm. 146, art. 15, efectivo el 1 de septiembre de 2012; Diciembre 26, 2014, Núm. 246, art. 6, enmienda el inciso (a) y añade los incisos (j.1), (z.1) y (kk.1), efectiva 90 días después de su aprobación; Abril 17, 2018, Núm. 92, art. 1, añade los incisos (b.1), (cc.1) y (tt).), efectiva 30 días después de su aprobación.)

TÍTULO II - DE LOS ELEMENTOS DEL DELITO Y DE LA CONDUCTA DELICTIVA
CAPÍTULO I -DEL DELITO
Definición y clasificación

Artículo 15.- Definición. (33 L.P.R.A. sec. 5021)

Delito es un acto cometido u omitido en violación de alguna ley que lo prohíbe u ordena, que apareja, al ser probado, alguna pena o medida de seguridad.

(Julio 30, 2012, Núm. 146, art. 15, efectivo el 1 de septiembre de 2012.)

Artículo 16.- Clasificación de los Delitos. (33 L.P.R.A. sec. 5022)

Los delitos se clasifican en menos graves y graves.

Es delito menos grave todo aquél que apareja pena de reclusión por un término que no exceda de seis (6) meses, pena de multa que no exceda de cinco mil (5,000) dólares o pena de restricción domiciliaria o de servicios comunitarios que no exceda de seis (6) meses. Delito grave comprende todos los demás delitos.

(Julio 30, 2012, Núm. 146, art. 16, efectivo el 1 de septiembre de 2012; Diciembre 26, 2014, Núm. 246, art. 7, enmienda el segundo párrafo para añadir "o pena de restricción domiciliaria o de servicios comunitarios ...", efectiva 90 días después de su aprobación.)

Artículo 17.- Delito sin pena estatuida. (33 L.P.R.A. sec. 5023)

Si algún acto u omisión es declarado delito y no se establece la pena correspondiente, tal acto u omisión se penalizará como delito menos grave.

Si algún acto u omisión es declarado delito grave y no se establece la pena correspondiente, ésta será de reclusión por un término fijo de dos (2) años, o pena de multa que no excederá de diez mil (10,000) dólares, o una pena alternativa a la reclusión de las consignadas en este Código, a discreción del tribunal.

(Julio 30, 2012, Núm. 146, art. 17, efectivo el 1 de septiembre de 2012; Diciembre 26, 2014, Núm. 246, art. 8, enmienda el segundo párrafo para incluir "o una pena alternativa de las consignadas en este Código", efectiva 90 días después de su aprobación.)

CAPÍTULO II -DE LA CONDUCTA DELICTIVA

SECCIÓN PRIMERA -Del establecimiento de la responsabilidad penal

Artículo 18.- Formas de comisión. (33 L.P.R.A. sec. 5031)

(1) Una persona puede ser condenada por un delito si ha llevado a cabo un curso de conducta que incluye una acción u omisión voluntaria.

(2) Los siguientes comportamientos no constituyen una acción voluntaria para los fines de este Artículo:

(a) Un movimiento corporal que ocurre como consecuencia de un reflejo o convulsión;

(b) un movimiento corporal que ocurre durante un estado de inconsciencia o sueño;

(c) conducta que resulta como consecuencia de un estado hipnótico;

(d) cualquier otro movimiento corporal que no sea producto del esfuerzo o determinación del actor.

(3) Una omisión puede generar responsabilidad penal solamente si:

(a) Una ley expresamente dispone que el delito puede ser cometido mediante omisión, o

(b) el omitente tenía un deber jurídico de impedir la producción del hecho delictivo.

(4) La posesión constituye una forma de comisión delictiva solamente cuando:

(a) La persona voluntariamente adquirió o recibió la cosa poseída, o

(b) la persona estaba consciente de que la cosa poseída estaba en su posesión y la persona tuvo tiempo suficiente para terminar la posesión.

(Julio 30, 2012, Núm. 146, art. 18, efectivo el 1 de septiembre de 2012; Diciembre 26, 2014, Núm. 246, art. 9, enmienda en términos generales, efectiva 90 días después de su aprobación.)

Artículo 19.- Lugar del delito. (33 L.P.R.A. sec. 5032)

El delito se considera cometido:

(a) donde se ha ejecutado la acción o donde debía ejecutarse la acción omitida; o

(b) en el lugar de Puerto Rico donde se ha producido o debía producirse el resultado delictivo, en aquellos casos en que parte de la acción u omisión típica se ha realizado fuera del Estado Libre Asociado de Puerto Rico.

(Julio 30, 2012, Núm. 146, art. 19, efectivo el 1 de septiembre de 2012; Diciembre 26, 2014, Núm. 246, art. 10, enmienda el inciso (b) y se deroga el inciso (c), efectiva 90 días después de su aprobación.)

Artículo 20.- Tiempo del delito. (33 L.P.R.A. sec. 5033)

El delito se considera cometido:

(a) en el momento en que se ha ejecutado la acción o debía ejecutarse la acción omitida; o

(b) en el momento en que se ha producido el resultado delictivo.

(Julio 30, 2012, Núm. 146, art. 20, efectivo el 1 de septiembre de 2012.)

SECCIÓN SEGUNDA- De la culpabilidad

Artículo 21.- Formas de culpabilidad: Requisito general del elemento subjetivo. (33 L.P.R.A. sec. 5034)

(a) Una persona solamente puede ser sancionada penalmente si actuó a propósito, con conocimiento, temerariamente o negligentemente con relación a un resultado o circunstancia prohibida por ley.

(b) El elemento subjetivo del delito se manifiesta por las circunstancias relacionadas con el hecho, la capacidad mental, las manifestaciones y conducta de la persona.

(Julio 30, 2012, Núm. 146, art. 21, efectivo el 1 de septiembre de 2012; Diciembre 26, 2014, Núm. 246, art. 11, enmienda en términos generales, efectiva 90 días después de su aprobación.)

Artículo 22.- Elementos subjetivos del delito. (33 L.P.R.A. sec. 5035)

(1) A propósito

(a) con relación a un resultado, una persona actúa "a propósito" cuando su objetivo consciente es la producción de dicho resultado.

(b) con relación a una circunstancia, una persona actúa "a propósito" cuando la persona cree que la circunstancia existe.

(2) Con conocimiento

(a) con relación a un resultado, una persona actúa "con conocimiento" cuando está consciente de que la producción del resultado es una consecuencia prácticamente segura de su conducta.

(b) con relación a un elemento de circunstancia, una persona actúa "con conocimiento" cuando está consciente de que la existencia de la circunstancia es prácticamente segura.

(3) Temerariamente

Una persona actúa temerariamente cuando está consciente de que su conducta genera un riesgo sustancial e injustificado de que se produzca el resultado o la circunstancia prohibida por ley.

(4) Negligentemente

Una persona actúa negligentemente cuando debió haber sabido que su conducta genera un riesgo sustancial e injustificado de que se produzca el resultado lesivo o la circunstancia prohibida por ley. El riesgo debe ser de tal grado que considerando la naturaleza y el propósito de la conducta y las circunstancias conocidas por el actor, la acción u omisión de la persona constituye una desviación crasa del estándar de cuidado que observaría una persona razonable en la posición del actor.

(Julio 30, 2012, Núm. 146, art. 22, efectivo el 1 de septiembre de 2012; Diciembre 26, 2014, Núm. 246, art. 12, enmienda en términos generales, efectiva 90 días después de su aprobación.)

Artículo 23.- Disposiciones misceláneas relacionadas a los elementos subjetivos del delito. (33 L.P.R.A. sec. 5036)

(a) Los hechos sancionados en las leyes penales requieren que se actúe a propósito, con conocimiento o temerariamente, salvo que expresamente se indique que baste actuar negligentemente.

(b) Salvo que expresamente se disponga otra cosa, el elemento subjetivo que se requiere para el resultado será el mismo que se requiere para las circunstancias del hecho delictivo.

(c) Cuando la ley dispone que una persona debe actuar negligentemente con relación a un resultado o circunstancia, el elemento subjetivo queda satisfecho también si la persona actúa temerariamente, con conocimiento o a propósito con relación a dicho resultado o circunstancia. Si la ley dispone que una persona debe actuar temerariamente con relación a un resultado o circunstancia, el elemento subjetivo queda satisfecho también si la persona actúa con conocimiento o a propósito con relación a dicho resultado o circunstancia. Si la ley dispone que una persona debe actuar con conocimiento con relación a un resultado o circunstancia, el elemento subjetivo queda satisfecho también si la persona actúa a propósito.

(d) Cuando la ley dispone que una persona debe actuar con conocimiento de un resultado o circunstancia, dicho conocimiento se establece si la persona no tiene duda razonable de que el resultado se producirá o que la circunstancia existe.

(Julio 30, 2012, Núm. 146, art. 23, efectivo el 1 de septiembre de 2012; Diciembre 26, 2014, Núm. 246, art. 13, enmienda en términos generales, efectiva 90 días después de su aprobación.)

Artículo 24. Error en la persona. (33 L.P.R.A. sec. 5037)

Toda persona que, por error o accidente, comete delito en perjuicio de una persona distinta de aquella a quien dirigió su acción original, será responsable en la misma medida que si hubiera logrado su propósito.

(Julio 30, 2012, Núm. 146, art. 24, efectivo el 1 de septiembre de 2012; Diciembre 26, 2014, Núm. 246, art. 14, enmienda en términos generales, efectiva 90 días después de su aprobación.)

SECCIÓN TERCERA- De las causas de exclusión de responsabilidad penal

Artículo 25.- Legítima Defensa. (33 L.P.R.A. sec. 5038)

No incurre en responsabilidad penal quien defiende su persona, su morada, sus bienes o derechos, o la persona, morada, bienes o derechos de otros en circunstancias que hicieren creer razonablemente que se ha de sufrir un daño inminente, siempre que haya necesidad racional del medio empleado para impedir o repeler el daño, falta de provocación del que ejerce la defensa, y que no se inflija más daño que el necesario para repeler o evitar el daño.

Cuando se alegue legítima defensa para justificar el dar muerte a un ser humano, es necesario creer razonablemente que al dar muerte al agresor, el agredido o la persona defendida se hallaba en inminente o inmediato peligro de muerte o de grave daño corporal. Para justificar la defensa de la morada, vehículo, lugar de negocios o empleo, las circunstancias indicarán una penetración ilegal o que la persona que se halle en la morada, vehículo, lugar de negocios o empleo, tenga la creencia razonable que se cometerá un delito, de acuerdo a lo establecido en el Artículo 25A. Para justificar la defensa de bienes o derechos, las circunstancias indicarán un ataque a los mismos que constituya delito o los ponga en grave peligro de deterioro o pérdida inminente.

(Julio 30, 2012, Núm. 146, art. 25, efectivo el 1 de septiembre de 2012; Diciembre 26, 2014, Núm. 246, art. 15, enmienda el primer párrafo para incluir la última frase, efectiva 90 días después de su aprobación; Abril 17, 2018, Núm. 92, art. 2, enmienda en términos generales, efectiva 30 días después de su aprobación.)

Artículo 25A.- Presunciones y disposiciones sobre Legítima Defensa en la morada, vehículo, lugar de negocios o empleo. (33 L.P.R.A. sec. 5038-A)

(a) Se presumirá la razonabilidad de la creencia del actor de que él, u otra persona, está en riesgo de sufrir daño inminente a su integridad corporal, la ausencia de provocación por parte del actor y la necesidad racional del medio empleado y del daño ocasionado para impedir o repeler el daño, si:

(1) el actor sabía o tenía razón para creer que la persona contra quien se usó la fuerza o violencia:

(i) penetró ilegalmente, o intentaba penetrar ilegalmente, al interior de la morada, vehículo, lugar de negocios o empleo, ocupado en tal momento por el actor o la persona a quien el actor protege; y/o

(ii) secuestró o intentó secuestrar al actor o alguna otra persona, del interior de la morada, vehículo, lugar de negocios o empleo del actor o de la persona a quien el actor protege;

(b) La presunción establecida en el inciso (a) no es de aplicación, si:

(1) la persona contra quien se usó la fuerza o violencia tiene derecho a permanecer en, residir, habitar u ocupar legalmente la morada, vehículo, lugar de negocio o empleo donde se usó la fuerza o violencia en calidad de, pero sin limitarse a, dueño, titular, arrendatario, contratista, empleado; o

(2) la persona a quien se secuestre o intente secuestrar es un menor o incapaz, bajo la custodia o tutela legal de la persona contra quien se usó la fuerza o violencia; o

(3) hubo provocación por parte del actor para con la persona contra quien se usó la fuerza o violencia; o

(4) el actor cometía algún delito al momento de utilizar la fuerza o violencia o utilizaba la morada, vehículo, lugar de negocios o empleo para promover actividad delictiva; o

(5) la persona contra quien se usó la fuerza o violencia es un Funcionario del Orden Público, según definido en el Artículo 14 de este Código.

(c) Al causarse la muerte de un ser humano, se presumirá la razonabilidad de la creencia del actor para creer que, al dar muerte al agresor, el actor o la persona defendida se hallaba en inminente o inmediato peligro de muerte o de grave daño corporal si:

(1) el actor sabía o tenía razón para creer que la persona a quien se causó la muerte:

(i) penetró ilegalmente, o intentaba penetrar ilegalmente, al interior de la morada, vehículo, lugar de negocios o empleo, ocupado en tal momento por el actor o la persona a quien el actor protege; y/o

(ii) secuestró o intentó secuestrar; al actor o alguna otra persona, del interior de la morada, vehículo, lugar de negocios o empleo, ocupado en tal momento por el actor o la persona a quien el actor protege;

(d) La presunción establecida en el inciso (c) no es de aplicación si:

(1) la persona a quien se causó la muerte tenía derecho a permanecer en, residir, habitar u ocupar legalmente la morada, vehículo, lugar de negocio o empleo donde se causó la muerte en calidad de; pero sin limitarse a, dueño, titular, arrendatario; o

(2) la persona a quien secuestró o intentó secuestrar es un menor o incapaz, bajo la custodia o tutela legal de la persona contra quien se usó la fuerza letal; o

(3) hubo provocación por parte del actor a la persona a quien se causó la muerte; o

(4) el actor cometía algún delito al momento de causar la muerte o utilizaba la morada, vehículo, lugar de negocios o empleo para promover actividad delictiva; o

(5) la persona a quien se causó la muerte es un Funcionario del Orden Público, según definido en el Artículo 14 de este Código.

(e) Para efectos de determinar la procedencia de la legítima defensa, el juzgador de los hechos no podrá tomar en consideración la posibilidad de que el actor pudo haber evitado la confrontación.

(f) Las agencias del orden público tendrán la facultad para investigar la utilización de fuerza o violencia, o el causar la muerte de un ser humano según dispuesto en este Artículo.

(g) Una persona que actuando en legítima defensa, utiliza fuerza o le causa la muerte a un ser humano de acuerdo con las disposiciones de este Artículo, no incurrirá en responsabilidad penal o civil por los daños o muerte del agresor.

(h) Las presunciones establecidas en el presente Artículo serán controvertibles. El ministerio público tendrá la capacidad de rebatirlas produciendo evidencia que demuestre que al actor no le asiste la presunción.

(Julio 30, 2012, Núm. 146, efectivo el 1 de septiembre de 2012; Abril 17, 2018, Núm. 92, art. 3, añade este nuevo artículo 25A, efectiva 30 días después de su aprobación.)

Artículo 26.- Estado de Necesidad. (33 L.P.R.A. sec. 5039)

No incurre en responsabilidad penal quien para proteger cualquier derecho propio o ajeno de un peligro inminente, no provocado por ella y de otra manera inevitable, infringe un deber, o causa un daño en los bienes jurídicos de otro, si el mal causado es considerablemente inferior al evitado y no supone la muerte o lesión grave y permanente de la integridad física de una persona.

Esta causa de justificación no beneficia a quien por razón de su cargo, oficio o actividad tiene la obligación de afrontar el riesgo y sus consecuencias.

(Julio 30, 2012, Núm. 146, art. 26, efectivo el 1 de septiembre de 2012.)

Artículo 27.- Ejercicio de un derecho o cumplimiento de un deber. (33 L.P.R.A. sec. 5040)

No incurre en responsabilidad penal quien obra en cumplimiento de un deber jurídico o en el legítimo ejercicio de un derecho, autoridad o cargo.

(Julio 30, 2012, Núm. 146, art. 27, efectivo el 1 de septiembre de 2012.)

Artículo 28.- Obediencia jerárquica. (33 L.P.R.A. sec. 5041)

No incurre en responsabilidad penal quien obra en virtud de obediencia jerárquica en la función pública, siempre que la orden se halle dentro de la autoridad del superior, respecto de su subordinado, no revista apariencia de ilicitud y el subordinado esté obligado a cumplirla.

Será responsable del hecho delictivo el que ha inducido, compelido o coaccionado a realizarlo al que invoca la defensa.

(Julio 30, 2012, Núm. 146, art. 28, efectivo el 1 de septiembre de 2012.)

Artículo 29.- Error Acerca de un Elemento del Delito (33 L.P.R.A. sec. 5042)

No incurre en responsabilidad penal la persona cuyo hecho responde a un error acerca de un elemento del delito que excluye el propósito, conocimiento, temeridad o negligencia requerido por el delito imputado.

Cuando se trate de delitos cuyo elemento mental es la temeridad, el error no excluye responsabilidad si se debió a la temeridad del sujeto.

Cuando se trate de delitos cuyo elemento mental es la negligencia, el error no excluye responsabilidad si se debió a la negligencia o temeridad del sujeto.

Si el error recae sobre una circunstancia agravante o que dé lugar a una modalidad más grave del delito, impedirá la imposición de la pena más grave.

(Julio 30, 2012, Núm. 146, art. 29, efectivo el 1 de septiembre de 2012; Diciembre 26, 2014, Núm. 246, art. 16, enmienda en términos generales, excepto la última oración, efectiva 90 días después de su aprobación.)

Artículo 30.- Ignorancia de la Ley Penal. (33 L.P.R.A. sec. 5043)

La ignorancia de la ley penal no exime de su cumplimiento. No obstante, la persona no incurrirá en responsabilidad penal cuando:

(a) la ley que tipifica el delito no ha sido publicada con anterioridad a la conducta realizada, o

(b) si la actuación del autor descansa razonablemente en una declaración oficial posteriormente declarada inválida o errónea, contenida en:

(i) una ley u otra norma,

(ii) una decisión u opinión judicial,

(iii) una orden administrativa o concesión de permiso, o

(iv) una interpretación oficial de la entidad responsable de la interpretación, administración o aplicación de la ley que tipifica el delito.

(Julio 30, 2012, Núm. 146, art. 25, efectivo el 1 de septiembre de 2012; Diciembre 26, 2014, Núm. 246, art. 17, enmienda el título, efectiva 90 días después de su aprobación.)

Artículo 31.- Entrampamiento. (33 L.P.R.A. sec. 5044)

No incurre en responsabilidad penal quien realiza el hecho delictivo inducida la intención criminal en su mente por ardid, persuasión o fraude de un agente del orden público, o de una persona privada actuando en colaboración con el agente.

Esta causa de exclusión de responsabilidad penal no beneficia al coautor que está ajeno a la inducción engañosa del agente del orden público o de la persona que con éste colabore.

Será responsable del hecho delictivo el que ha inducido, compelido o coaccionado a realizarlo al que invoca la defensa.

(Julio 30, 2012, Núm. 146, art. 31, efectivo el 1 de septiembre de 2012.)

Artículo 32.- Intimidación o violencia. (33 L.P.R.A. sec. 5045)

No incurre en responsabilidad penal quien al momento de realizar la conducta constitutiva de delito, obra compelido:

(a) por la amenaza física o psicológica de un peligro inmediato, grave e inminente, siempre que exista racional proporcionalidad entre el daño causado y el amenazado; o

(b) por una fuerza física irresistible de tal naturaleza que anule por completo la libertad de actuar de la persona que invoca la defensa; o

(c) mediante el empleo de medios hipnóticos, sustancias narcóticas, deprimentes o estimulantes, u otros medios, o sustancias similares.

Será responsable del hecho delictivo el que ha inducido, compelido o coaccionado a realizarlo al que invoca la defensa.

(Julio 30, 2012, Núm. 146, art. 32, efectivo el 1 de septiembre de 2012.)

Artículo 33.- Temor insuperable. (33 L.P.R.A. sec. 5046)

No incurre en responsabilidad penal la persona que obra compelida por un miedo invencible ante la fundada creencia de que habrá de ser víctima de un daño inmediato e inevitable, si la situación es tal que ante ella sucumbiría una persona promedio respetuosa de la ley en las circunstancias del autor.

(Julio 30, 2012, Núm. 146, art. 33, efectivo el 1 de septiembre de 2012.)

Artículo 34.- Conducta insignificante. (33 L.P.R.A. sec. 5047)

No incurre en responsabilidad penal la persona cuya conducta es tan insignificante que no amerita el procesamiento ni la pena de una convicción.

(Julio 30, 2012, Núm. 146, art. 34, efectivo el 1 de septiembre de 2012; Diciembre 26, 2014, Núm. 246, art. 18, enmienda en términos generales, efectiva 90 días después de su aprobación.)

SECCIÓN CUARTA- De la tentativa

Artículo 35.- Definición de la tentativa. (33 L.P.R.A. sec. 5048)

Existe tentativa cuando la persona actúa con el propósito de producir el delito o con conocimiento de que se producirá el delito, y la persona realiza acciones inequívoca e inmediatamente dirigidas a la consumación de un delito que no se consuma por circunstancias ajenas a su voluntad.

(Julio 30, 2012, Núm. 146, art. 35, efectivo el 1 de septiembre de 2012; Diciembre 26, 2014, Núm. 246, art. 19, enmienda en términos generales, efectiva 90 días después de su aprobación.)

Artículo 36.- Pena de la tentativa. (33 L.P.R.A. sec. 5049)

Toda tentativa de delito grave conlleva una pena igual a la mitad de la pena señalada para el delito consumado, no pudiendo exceder de diez (10) años la pena máxima de la tentativa. Toda tentativa de delito que conlleve una pena de reclusión por un término fijo de noventa y nueve (99) años, conlleva una pena de reclusión por un término fijo de veinte (20) años.

(Julio 30, 2012, Núm. 146, art. 36, efectivo el 1 de septiembre de 2012.)

Artículo 37.- Desistimiento. (33 L.P.R.A. sec. 5050)

Si la persona desiste voluntariamente de la consumación del delito o, luego de haber comenzado la ejecución del mismo, evita sus resultados, no estará sujeta a pena excepto por la conducta previamente ejecutada que constituya delito por sí misma.

(Julio 30, 2012, Núm. 146, art. 37, efectivo el 1 de septiembre de 2012.)

CAPÍTULO III -EL SUJETO DE LA SANCIÓN

SECCIÓN PRIMERA -De la Inimputabilidad

Artículo 38.- Causas de Inimputabilidad. (33 L.P.R.A. sec. 5061)

Nadie será sancionado por un hecho que constituya delito si al momento de su comisión no es imputable. Se consideran causas de inimputabilidad las siguientes:

(a) Minoridad.

(b) Incapacidad Mental.

(c) Trastorno Mental Transitorio.

(Julio 30, 2012, Núm. 146, art. 38, efectivo el 1 de septiembre de 2012.)

Artículo 39.- Minoridad. (33 L.P.R.A. sec. 5062)

Una persona no será procesada o convicta criminalmente por un hecho realizado cuando dicha persona no haya cumplido dieciocho (18) años de edad, salvo los casos provistos en la legislación especial para menores.

(Julio 30, 2012, Núm. 146, art. 39, efectivo el 1 de septiembre de 2012.)

Artículo 40.- Incapacidad Mental. (33 L.P.R.A. sec. 5063)

No es imputable quien al momento del hecho, a causa de enfermedad o defecto mental, carece de capacidad suficiente para comprender la criminalidad del acto o para conducirse de acuerdo con el mandato de ley.

Los términos enfermedad o defecto mental no incluyen una anormalidad manifestada sólo por reiterada conducta criminal o antisocial.

Para efectos de la prueba de incapacidad mental, el imputado deberá evidenciar la alegada incapacidad.

(Julio 30, 2012, Núm. 146, art. 40, efectivo el 1 de septiembre de 2012; Diciembre 26, 2014, Núm. 246, art. 20, enmienda para añadir la última frase del primer párrafo, efectiva 90 días después de su aprobación.)

Artículo 41.- Trastorno mental transitorio. (33 L.P.R.A. sec. 5064)

No es imputable quien al momento del hecho se halle en estado de trastorno mental transitorio, que le impida tener capacidad suficiente para comprender la criminalidad del acto o para conducirse de acuerdo con el mandato de ley.

El trastorno mental transitorio no exime de responsabilidad penal cuando ha sido provocado por el sujeto con el propósito de realizar el hecho.

(Julio 30, 2012, Núm. 146, art. 41, efectivo el 1 de septiembre de 2012.)

Artículo 42.- Intoxicación voluntaria; excepción. (33 L.P.R.A. sec. 5065)

La voluntaria intoxicación por drogas, sustancias narcóticas, estimulantes o deprimentes, o sustancias similares no es admisible para establecer que la persona se encontraba en un estado de inimputabilidad o para negar que la persona intoxicada actuó temerariamente o negligentemente. No obstante, un estado de intoxicación voluntaria es admisible para negar que la persona intoxicada actuó a propósito o con conocimiento.

(Julio 30, 2012, Núm. 146, art. 42, efectivo el 1 de septiembre de 2012; Diciembre 26, 2014, Núm. 246, art. 21, enmienda en términos generales, efectiva 90 días después de su aprobación.)

SECCIÓN SEGUNDA- De la Participación

Artículo 43.- Personas responsables. (33 L.P.R.A. sec. 5066)

Son responsables de delito los autores y cooperadores, sean personas naturales o jurídicas.

(Julio 30, 2012, Núm. 146, art. 43, efectivo el 1 de septiembre de 2012; Diciembre 26, 2014, Núm. 246, art. 22, enmienda para añadir "y cooperadores", efectiva 90 días después de su aprobación.)

Artículo 44.- Autores. (33 L.P.R.A. sec. 5067)

Se consideran autores:

(a) Los que toman parte directa en la comisión del delito.

(b) Los que solicitan, fuerzan, provocan, instigan o inducen a otra persona a cometer el delito.

(c) Los que se valen de una persona inimputable para cometer el delito.

(d) Los que a propósito o con conocimiento cooperan con actos anteriores, simultáneos o posteriores a la comisión del delito, que contribuyen significativamente a la consumación del hecho delictivo.

(e) Los que se valen de una persona jurídica para cometer el delito.

(f) Los que actúen en representación de otro o como miembro, director, agente o propietario de una persona jurídica, siempre que haya una ley que tipifique el delito y realicen la conducta delictiva, aunque los elementos especiales que fundamentan el delito no concurran en él pero sí en el representado o en la persona jurídica.

(g) Los que a propósito ayudan o fomentan a que otro lleve a cabo conducta que culmina en la producción de un resultado prohibido por ley, siempre que actúen con el estado mental requerido por el delito imputado con relación al resultado.

(Julio 30, 2012, Núm. 146, art. 44, efectivo el 1 de septiembre de 2012; Diciembre 26, 2014, Núm. 246, art. 23, enmienda los incisos (d), (g) y deroga el inciso (h), efectiva 90 días después de su aprobación.)

Artículo 45. Cooperador. (33 L.P.R.A. sec. 5068)

Son cooperadores los que, con conocimiento, cooperan mediante actos u omisiones que no contribuyen significativamente a la consumación del delito.

Al cooperador se le impondrá una pena equivalente a la mitad de la pena del autor, hasta un máximo de diez (10) años.

(Julio 30, 2012, Núm. 146, art. 45, efectivo el 1 de septiembre de 2012; Diciembre 26, 2014, Núm. 246, art. 24, enmienda en términos generales, efectiva 90 días después de su aprobación.)

Artículo 46.- Personas jurídicas. (33 L.P.R.A. sec. 5069)

Son penalmente responsables las personas jurídicas organizadas bajo las leyes del Estado Libre Asociado de Puerto Rico o autorizadas para actuar en su jurisdicción y toda sociedad o asociación no incorporada cuando, las personas autorizadas por éstas, sus agentes o representantes cometan hechos delictivos al ejecutar sus acuerdos o al realizar actuaciones que le sean atribuibles.

La responsabilidad aquí establecida no excluye la responsabilidad individual en que puedan incurrir los miembros, dirigentes, agentes, o representantes de las personas jurídicas o de las sociedades y asociaciones no incorporadas que participen en el hecho delictivo.

(Julio 30, 2012, Núm. 146, art. 46, efectivo el 1 de septiembre de 2012.)

TÍTULO III- DE LAS CONSECUENCIAS DEL DELITO
CAPÍTULO I

Artículo 47.- Responsabilidad civil. (33 L.P.R.A. sec. 5071)

Las penas que se establecen en este Código en nada afectan o alteran la responsabilidad civil de las personas convictas de delito.

(Julio 30, 2012, Núm. 146, art. 47, efectivo el 1 de septiembre de 2012.)

CAPÍTULO II -DE LAS PENAS PARA LAS PERSONAS NATURALES

SECCIÓN PRIMERA- De las clases de penas

Artículo 48.- Penas para personas naturales. (33 L.P.R.A. sec. 5081)

Se establecen las siguientes penas para las personas naturales:

(a) Reclusión.

(b) Restricción domiciliaria.

(c) Libertad a prueba.

(d) Multa.

(e) Servicios comunitarios.

(f) Restricción terapéutica.

(g) Restitución.

(h) Suspensión o revocación de licencia, permiso o autorización, conforme las disposiciones del Artículo 60.

(i) Pena especial para el Fondo de Compensación y Servicios a las Víctimas y Testigos de Delito.

(Julio 30, 2012, Núm. 146, art. 48, efectivo el 1 de septiembre de 2012; Diciembre 26, 2014, Núm. 246, art. 25, enmienda el inciso (f), efectiva 90 días después de su aprobación.)

Artículo 49.- Reclusión. (33 L.P.R.A. sec. 5082)

La pena de reclusión consiste en la privación de libertad en una institución penal durante el tiempo que se establece en la sentencia. La reclusión deberá proveer al confinado la oportunidad de ser rehabilitado moral y socialmente mientras cumpla su sentencia; y debe ser lo menos restrictiva de libertad posible para lograr los propósitos consignados en este Código.

Las sentencias de reclusión impuestas a menores de veintiún (21) años deben cumplirse en instituciones habilitadas para este grupo de sentenciados.

(Julio 30, 2012, Núm. 146, art. 49, efectivo el 1 de septiembre de 2012; Diciembre 26, 2014, Núm. 246, art. 26, enmienda para añadir el final del primer párrafo, efectiva 90 días después de su aprobación.)

Artículo 50.- Restricción domiciliaria. (33 L.P.R.A. sec. 5083)

La pena de restricción domiciliaria consiste en la restricción de la libertad por el término de la sentencia, para ser cumplida en el domicilio de la persona o en otra residencia determinada por el tribunal, bajo las condiciones que propicien la rehabilitación social del convicto y no pongan en riesgo la seguridad de la comunidad.

Esta pena es sustitutiva a la pena de reclusión señalada en el delito tipo, sujeta a las condiciones establecidas en este Artículo. La misma puede combinarse con la pena de reclusión y otras penas sustitutivas de la misma. En el caso de que el juez combine esta pena con una o más de las penas sustitutivas de reclusión o con la pena de reclusión, deberá asegurarse de que el total de años de duración de las penas que combinó no exceda el término estatutario del delito tipo por el que resultó convicto.

Al imponer esta pena se considerarán, entre otros, los siguientes factores: si la persona convicta está empleada o estudia, la condición de salud, la estabilidad del grupo familiar, el compromiso de que no volverá a delinquir, la posibilidad de rehabilitación, el riesgo y beneficio para la comunidad y la disponibilidad de recursos familiares o de otras personas para colaborar con la consecución de los objetivos de esta pena y con el cumplimiento de las condiciones impuestas.

La ejecución de esta pena corresponde al Departamento de Corrección y Rehabilitación que, sujeto a la reglamentación que adopte, supervisará el cumplimiento del plan de rehabilitación que forme parte de la sentencia e impondrá las condiciones que correspondan.

El sentenciado a esta pena no podrá cambiar su lugar de residencia durante el término de la sentencia sin previa autorización del Departamento de Corrección y Rehabilitación que, a su vez, notificará al tribunal.

Quien incumpla las condiciones de su restricción domiciliaria cumplirá reclusión por la totalidad de la sentencia, salvo que en la vista de revocación, el Juez a su discreción podrá abonarle parte del tiempo ya cumplido.

Esta pena no está disponible para personas convictas por delitos graves cuyo término de reclusión señalado en el tipo sea mayor de ocho (8) años, excepto se trate de un delito cometido por negligencia.

No obstante lo anterior, esta pena estará disponible para personas convictas por delitos graves, en los siguientes casos, certificados por prueba médica a satisfacción del tribunal:

(a) Personas convictas que sufran de una enfermedad terminal o condición incapacitante degenerativa, previa certificación médica a tales efectos.

(b) Personas convictas que no puedan valerse por sí mismos.

En cualquier otro caso, esta pena podrá ser aplicada a delitos graves, a juicio del tribunal, de conformidad con la Ley de Sentencias Suspendidas, según enmendada.

(Julio 30, 2012, Núm. 146, art. 50, efectivo el 1 de septiembre de 2012; Diciembre 26, 2014, Núm. 246, art. 27, enmienda varios párrafos, efectiva 90 días después de su aprobación.)

Artículo 51.- Libertad a prueba. (33 L.P.R.A. sec. 5084)

La libertad a prueba consiste en la suspensión de los efectos de la sentencia de reclusión para que el convicto se someta al régimen de supervisión que se dispone en la Ley de Sentencias Suspendidas, según enmendada.

(Julio 30, 2012, Núm. 146, art. 51, efectivo el 1 de septiembre de 2012.)

Artículo 52.- Servicios Comunitarios. (33 L.P.R.A. sec. 5085)

La pena de servicios comunitarios consiste en la prestación de servicios en la comunidad por el tiempo y en el lugar que determine el tribunal, conforme al delito por el que resultó convicta la persona. Cada día que imponga el tribunal equivale a ocho (8) horas de servicios.

El tribunal puede disponer que se presten los servicios en alguno de los siguientes lugares: una corporación o asociación con fines no pecuniarios, institución o agencia pública.

El tribunal, en el uso de su discreción, debe asegurarse de que el término y las condiciones del servicio no atenten contra la dignidad del convicto, propendan al beneficio de la comunidad y al reconocimiento por parte de la persona convicta de las consecuencias de su conducta. Las condiciones del servicio y el término de duración deben ser aceptados por el convicto previo al acto de sentencia.

El tribunal, al momento de fijar el término y las condiciones del servicio, tomará en consideración: la naturaleza del delito, la edad, el estado de salud, la ocupación, profesión u oficio del convicto, así como las circunstancias particulares del caso, entre otras.

La ejecución de esta pena corresponde al Departamento de Corrección y Rehabilitación y a la institución a la cual se asigne el sentenciado para prestar servicios, sujeto a la reglamentación que adopte el primero. El Departamento de Corrección y Rehabilitación debe establecer convenios con aquellas instituciones donde se pueda prestar el servicio y establecer los procedimientos para notificar al Departamento de Corrección o al tribunal del incumplimiento de esta pena.

En el caso de que el sentenciado incumpla las condiciones, cumplirá la sentencia de reclusión por el término de días no cumplidos que resten de la sentencia impuesta.

Esta pena está disponible para sustituir la pena de reclusión en personas convictas por delitos graves cuyo término de reclusión señalado en el tipo sea de ocho (8) años o menos, o en delitos a título de negligencia. La misma puede combinarse con la pena de reclusión y otras penas sustitutivas de la misma. En el caso de que combine esta pena con una o más de las penas sustitutivas de reclusión o con la pena de reclusión, deberá asegurarse de que el total de años de duración de las penas que combinó no exceda el término estatutario del delito tipo por el que resultó convicto.

Al imponer esta pena, se debe analizar el beneficio a la comunidad de tal imposición, en cada caso en particular, y el tribunal tiene que asegurar de no poner en riesgo la comunidad.

(Julio 30, 2012, Núm. 146, art. 52, efectivo el 1 de septiembre de 2012; Diciembre 26, 2014, Núm. 246, art. 28, enmienda varios párrafos, efectiva 90 días después de su aprobación.)

Artículo 53.- Restricción Terapéutica. (33 L.P.R.A. sec. 5086)

La pena de restricción terapéutica consiste en la restricción de la libertad por el término de tiempo y en el lugar que se fije en la sentencia para que el convicto se someta a un régimen de restricción y tratamiento, de manera que pueda obtener la intervención terapéutica, el tratamiento rehabilitador y la supervisión necesaria para su cumplimiento.

Esta pena es sustitutiva a la pena de reclusión señalada en el delito tipo, sujeta a las condiciones establecidas en este Artículo. La misma puede combinarse con la pena de reclusión y otras penas sustitutivas de la misma. En el caso de que combine esta pena con una o más de las penas sustitutivas de reclusión o con la pena de reclusión, deberá asegurarse de que el total de años de duración de las penas que combinó no exceda el término estatutario del delito tipo por el que resultó convicto.

Al imponer esta pena se considerarán, entre otros, los siguientes factores: la disposición a someterse a tratamiento, la condición de salud del sentenciado, la necesidad de tratamiento y de supervisión, la posibilidad de rehabilitación y el riesgo y beneficio para la comunidad.

La ejecución de esta pena corresponde al Departamento de Corrección y Rehabilitación que, sujeto a la reglamentación que adopte, supervisará el cumplimiento del plan de rehabilitación que forme parte de la sentencia.

En el caso en que el sentenciado incumpla la pena de restricción terapéutica cumplirá la totalidad de la sentencia de reclusión, salvo que en la vista de revocación, el juez, a su discreción, podrá abonarle parte del tiempo ya cumplido.

Si el convicto cumple satisfactoriamente con el tratamiento y el plan de rehabilitación y, al término de su sentencia, el tribunal concluye que efectivamente se ha rehabilitado de su condición de adicción a sustancias controladas, alcohol o al juego, podrá decretar el sobreseimiento del caso y la exoneración del sentenciado.

Esta pena no está disponible para sustituir la pena de reclusión en personas convictas por delitos graves cuyo término de reclusión señalado en el tipo sea mayor de ocho (8) años, excepto se trate de un delito cometido por negligencia.

(Julio 30, 2012, Núm. 146, art. 53, efectivo el 1 de septiembre de 2012; Diciembre 26, 2014, Núm. 246, art. 29, enmienda varios párrafos, efectiva 90 días después de su aprobación.)

Artículo 54.- Multa. (33 L.P.R.A. sec. 5087)

La pena de multa consiste en la obligación que el tribunal impone al convicto de pagar al Estado Libre Asociado de Puerto Rico la cantidad de dinero que fija la sentencia.

El importe de la multa será determinado por el tribunal tomando en consideración la situación económica, las responsabilidades de familia, el grado de codicia o ganancia mostrado en la comisión del hecho delictivo, la profesión u ocupación del sentenciado, su edad y salud, así como las circunstancias particulares del caso, entre otras.

(Julio 30, 2012, Núm. 146, art. 54, efectivo el 1 de septiembre de 2012.)

Artículo 55.- Modo de pagar la multa. (33 L.P.R.A. sec. 5088)

La multa será satisfecha en un término de 30 días contados a partir de su imposición. No obstante, a solicitud del convicto y a discreción del tribunal, la multa podrá pagarse en su totalidad o en plazos dentro de un término razonable a partir de la fecha en que ha quedado firme la sentencia.

El tribunal puede mantener el beneficio del pago a plazos si concluye que el incumplimiento por parte del sentenciado se debió a causa justificada.

(Código Penal de 2012, art. 55; Junio 24, 2014, Núm. 68, art. 2, enmienda la primera oración para incluir el término de 30 días, anteriormente era inmediatamente.)

Artículo 56.- Amortización de multa mediante prestación de servicios comunitarios. (33 L.P.R.A. sec. 5089)

El tribunal, en el ejercicio de su discreción o a solicitud del sentenciado, evidenciada su incapacidad de pagar, podrá autorizar el pago o amortización de la parte insoluta de la multa mediante la prestación de servicios comunitarios.

Cuando se trate de amortizar la pena de multa, se abonarán cincuenta (50) dólares por día de servicios comunitarios, cuya jornada no excederá de ocho (8) horas diarias.

El tribunal conservará jurisdicción sobre el sentenciado para propósitos del cumplimiento de la orden de amortización así dictada, incluyendo, en los casos apropiados, la facultad de dejar sin efecto dicha orden o de exigir el pago total del balance insoluto de la multa.

(Julio 30, 2012, Núm. 146, art. 56, efectivo el 1 de septiembre de 2012.)

Artículo 57.- Conversión de multa. (33 L.P.R.A. sec. 5090)

Si la pena de multa o los días de servicio comunitario impuestos no fueran satisfechos conforme a las disposiciones precedentes, la misma se convertirá en pena de reclusión a razón de cincuenta (50) dólares por cada día de reclusión o por cada ocho (8) horas de servicio comunitario no satisfecho.

En cualquier momento, el convicto podrá recobrar su libertad mediante el pago de la multa, abonándosele la parte correspondiente al tiempo de reclusión que ha cumplido.

La conversión de la pena de multa no podrá exceder de noventa (90) días de reclusión.

Si la pena de multa ha sido impuesta conjuntamente con pena de reclusión, la prisión subsidiaria será adicional a la pena de reclusión.

(Julio 30, 2012, Núm. 146, art. 57, efectivo el 1 de septiembre de 2012; Diciembre 26, 2014, Núm. 246, art. 30, enmienda para corregir el último párrafo, efectiva 90 días después de su aprobación; Agosto 4, 2020, Núm. 89, sec. 1, enmienda el tercer párrafo para reducir el termino de (6) meses a (90) días.)

Artículo 58.- Restitución. (33 L.P.R.A. sec. 5091)

La pena de restitución consiste en la obligación que el tribunal impone de compensar a la víctima los daños y pérdidas que le haya ocasionado a su persona o a su propiedad, como consecuencia del delito. La pena de restitución no incluye sufrimientos y angustias mentales.

El tribunal puede disponer que la pena de restitución sea satisfecha en dinero, mediante la prestación de servicios, o la entrega de los bienes ilegalmente apropiados o su equivalente en caso de que no estén disponibles. En todos estos casos el tribunal deberá tener presente que el convicto cumplirá la pena de restitución con sus bienes presentes y futuros. En el caso en que la pena de restitución sea satisfecha en dinero, el importe será determinado por el tribunal tomando en consideración: el total de los daños que habrán de restituirse, la participación prorrateada del convicto, si fueron varios los partícipes en el hecho delictivo, la capacidad del convicto para pagar, y todo otro elemento que permita una fijación adecuada a las circunstancias del caso y a la condición del convicto.

La pena de restitución debe satisfacerse inmediatamente. No obstante, a solicitud del sentenciado y a discreción del tribunal, tomando en cuenta la situación económica del convicto, podrá pagarse en su totalidad o en plazos dentro de un término razonable fijado por el tribunal a partir de la fecha en que ha quedado firme la sentencia.

(Julio 30, 2012, Núm. 146, art. 58, efectivo el 1 de septiembre de 2012; Agosto 24, 2022, Núm. 76, sec. 1 enmienda en términos generales.)

Artículo 59.- Revocación de licencia para conducir. (33 L.P.R.A. sec. 5092)

Cuando la persona resulte convicta por un delito de homicidio negligente mientras conducía un vehículo de motor, el tribunal, además de la imposición de la pena correspondiente al delito, podrá revocar la licencia para conducir vehículos de motor.

Al revocarse la licencia se observarán las siguientes normas:

(a) Se abonará al período de revocación el término que el convicto extinga bajo reclusión.

(b) Para poseer nuevamente su licencia el convicto debe radicar una nueva solicitud y cumplir con los demás requisitos de la ley, transcurrido al menos un (1) año de la revocación.

(c) El tribunal deberá remitir al Secretario de Transportación y Obras Públicas de Puerto Rico copia certificada de la resolución revocando la licencia.

(Julio 30, 2012, Núm. 146, art. 59, efectivo el 1 de septiembre de 2012; Diciembre 26, 2014, Núm. 246, art. 31, enmienda para eliminar un segundo párrafo, efectiva 90 días después de su aprobación.)

Artículo 60.- Suspensión o revocación de licencia, permiso o autorización. (33 L.P.R.A. sec. 5093)

Cuando en la comisión del delito se violen los requisitos exigidos por la ley para otorgar una licencia, permiso o autorización, o cuando incida en el ejercicio de la actividad autorizada, o cuando el hecho delictivo justifique la suspensión del privilegio de ejercer una profesión, ocupación o actividad reglamentada, además de la pena que se le imponga al convicto por el delito cometido, el tribunal a su discreción, podrá ordenar la suspensión o revocación de la licencia, permiso o autorización por un término fijo que señale la sentencia.

(Julio 30, 2012, Núm. 146, art. 60, efectivo el 1 de septiembre de 2012.)

Artículo 61.- Pena especial. (33 L.P.R.A. sec. 5094)

Además de la pena que se impone por la comisión de un delito, el tribunal impondrá a todo convicto una pena especial equivalente a cien (100) dólares, por cada delito menos grave y trescientos (300) dólares por cada delito grave. La pena aquí dispuesta se pagará mediante los correspondientes comprobantes de rentas internas. Las cantidades así recaudadas ingresarán al Fondo Especial de Compensación a Víctimas de Delito. Esta penalidad se fijará según se dispone en la "Ley para la imposición de la Pena Especial del Código Penal de Puerto Rico

(Julio 30, 2012, Núm. 146, art. 61, efectivo el 1 de septiembre de 2012; Agosto 27, 2021, Núm. 34, sec. 7, enmienda en términos generales.)

Artículo 62.- Prohibición de comiso de bienes. (33 L.P.R.A. sec. 5095)

Ninguna convicción por delito apareja la pérdida o comiso de bienes, salvo los casos en que dicha pena estuviere expresamente impuesta por ley, o que los bienes hayan sido usados como instrumento de delito o representen sus productos y no se conozca su dueño.

(Julio 30, 2012, Núm. 146, art. 62, efectivo el 1 de septiembre de 2012.)

SECCIÓN SEGUNDA -Del modo de fijar las penas

Artículo 63.- Informe pre-sentencia. (33 L.P.R.A. sec. 5096)

La imposición de la pena requiere de un informe pre-sentencia, cuya preparación será obligatoria en los delitos graves cuya pena de reclusión señalada en el tipo sea menor de noventa y nueve (99) años, y a discreción del tribunal en los delitos menos graves.

Estos informes estarán a disposición de las partes.

No se impondrá ninguna limitación a la naturaleza de la información concerniente al historial completo, carácter y conducta de la persona convicta que el tribunal pueda considerar a los efectos de imponer sentencia.

(Julio 30, 2012, Núm. 146, art. 63, efectivo el 1 de septiembre de 2012; Diciembre 26, 2014, Núm. 246, art. 32, enmienda primer párrafo, efectiva 90 días después de su aprobación.)

Artículo 64.- Imposición de la sentencia. (33 L.P.R.A. sec. 5097)

Cuando el tribunal imponga pena de reclusión o pena que conlleve algún tipo de restricción de libertad, o la suspensión de licencia, permiso o autorización, dictará una sentencia determinada que tendrá término específico de duración.

En los delitos graves cuyo término de reclusión señalado en el tipo sea de ocho (8) años o menos y en las tentativas de delitos, cuya pena sea igual o menor de ocho (8) años y en los tipos negligentes, el tribunal puede imponer una o cualquier combinación de las siguientes penas en sustitución de la pena de reclusión: restricción terapéutica, restricción domiciliaria, libertad a prueba o servicios comunitarios.

En el caso en que combine una o más de estas penas deberá asegurarse de que el total de años de duración de las penas que combinó no sea mayor del término de reclusión dispuesto para el delito correspondiente.

La imposición de una pena en sustitución a la reclusión se determinará por el tribunal tomando en consideración las recomendaciones del informe pre-sentencia, los requisitos de cada tipo de pena, la gravedad del delito y sus consecuencias, la rehabilitación del convicto y la seguridad de la comunidad.

En delitos menos graves, el tribunal seleccionará la pena a imponer entre multa no mayor de cinco mil (5,000) dólares, reclusión, restricción domiciliaria o servicios comunitarios hasta seis (6) meses o combinación. Cuando el tribunal combine alguna de estas penas, tomará en consideración las equivalencias dispuestas en los Artículos 56 y 57 de este Código, de manera que no se exceda del término máximo de reclusión, restricción domiciliaria, servicios comunitarios o multa dispuesto para los delitos menos graves en el Artículo 16 de este Código.

(Julio 30, 2012, Núm. 146, art. 64, efectivo el 1 de septiembre de 2012; Diciembre 26, 2014, Núm. 246, art. 33, enmienda primer párrafo y añade los siguientes párrafos, efectiva 90 días después de su aprobación.)

Artículo 65.- Circunstancias atenuantes. (33 L.P.R.A. sec. 5098)

Se consideran circunstancias atenuantes a la pena los siguientes hechos relacionados con la persona del convicto y con la comisión del delito:

(a) Las causas de exclusión de responsabilidad penal cuando no concurran todos sus requisitos para eximir.

(b) El convicto no tiene antecedentes penales.

(c) El convicto observó buena conducta con anterioridad al hecho y goza de reputación satisfactoria en la comunidad.

(d) La temprana o avanzada edad del convicto.

(e) La condición mental y física del convicto.

(f) El convicto aceptó su responsabilidad en alguna de las etapas del proceso criminal.

(g) El convicto cooperó voluntariamente al esclarecimiento del delito cometido por él y por otros.

(h) El convicto restituyó a la víctima por el daño causado o disminuyó los efectos del daño ocasionado.

(i) El convicto trató de evitar el daño a la persona o a la propiedad.

(j) El convicto fue inducido por otros a participar en el incidente.

(k) El convicto realizó el hecho por causas o estímulos tan poderosos que le indujeron arrebato, obcecación u otro estado emocional similar.

(l) La participación del convicto no fue por sí sola determinante para ocasionar el daño o peligro que provocó el hecho.

(m) El daño causado a la víctima o propiedad fue mínimo.

(Julio 30, 2012, Núm. 146, art. 65, efectivo el 1 de septiembre de 2012; Diciembre 26, 2014, Núm. 246, art. 34, añade los incisos (j), (k), (l) y (m), efectiva 90 días después de su aprobación.)

Artículo 66.- Circunstancias agravantes. (33 L.P.R.A. sec. 5099)

Se consideran circunstancias agravantes a la pena los siguientes hechos relacionados con la persona del convicto y con la comisión del delito:

(a) El convicto tiene historial delictivo que no se consideró para imputar reincidencia.

(b) El convicto cometió el delito mientras disfrutaba de los beneficios de sentencia suspendida, libertad bajo palabra, restricción domiciliaria o libertad provisional bajo fianza o condicionada, o en un programa de desvío.

(c) El convicto mintió en el juicio que se llevó en su contra estando bajo juramento y no se le procesó por perjurio.

(d) El convicto amenazó a los testigos, los indujo a cometer perjurio u obstaculizó de otro modo el proceso judicial.

(e) El convicto se aprovechó indebidamente de la autoridad del cargo o empleo que desempeñaba, o del servicio o encomienda que tenía bajo su responsabilidad.

(f) El convicto cometió el delito mediante la utilización de un uniforme que lo identificaba como agente del orden público estatal, municipal o federal o como empleado de una agencia gubernamental o de entidad privada.

(g) El convicto utilizó un menor o discapacitado para la comisión del delito.

(h) El convicto indujo o influyó o dirigió a los demás partícipes en el hecho delictivo.

(i) El convicto planificó el hecho delictivo.

(j) El convicto realizó el hecho delictivo a cambio de dinero o cualquier otro medio de compensación o promesa en ese sentido.

(k) El convicto utilizó un arma de fuego en la comisión del delito o empleó algún instrumento, objeto, medio o método peligroso o dañino para la vida, integridad corporal o salud de la víctima.

(l) El convicto causó grave daño corporal a la víctima o empleó amenaza de causárselo.

(m) El convicto abusó de la superioridad física respecto a la víctima y le produjo deliberadamente un sufrimiento mayor.

(n) La víctima del delito era particularmente vulnerable ya sea por ser menor de edad, de edad avanzada o incapacitado mental o físico, o por ser una mujer embarazada, en cualquier etapa del período del proceso de gestación, e independientemente de si el hecho del embarazo era o no de conocimiento de la persona que cometió dicho delito al momento de cometerlo.

(o) El delito cometido fue de violencia y su comisión revela crueldad y desprecio contra la víctima.

(p) El delito se cometió dentro de un edificio perteneciente al Estado Libre Asociado de Puerto Rico, dependencia pública o sus anexos u ocasionó la pérdida de propiedad o fondos públicos.

(q) El delito fue cometido motivado por prejuicio hacia y contra la víctima por razón de raza, color, sexo, orientación sexual, género, identidad de género, origen, origen étnico, estatus civil, nacimiento, impedimento o condición física o mental, condición social, religión, edad, ideologías políticas o creencias religiosas, o ser persona sin hogar. Para propósitos de establecer motivo como se dispone en este inciso, no será suficiente probar que el convicto posee una creencia particular, ni probar que el convicto meramente pertenece a alguna organización particular.

(r) Existe un vínculo de parentesco del convicto con la víctima del delito dentro del segundo grado de consanguinidad, afinidad o por adopción.

(s) El delito se cometió en la residencia o morada de la víctima.

(Julio 30, 2012, Núm. 146, art. 66, efectivo el 1 de septiembre de 2012.)

Artículo 67.- Fijación de la Pena; imposición de circunstancias agravantes y atenuantes. (33 L.P.R.A. sec. 5100)

La pena será fijada de conformidad con lo dispuesto en cada Artículo de este Código.

Excepto en delitos cuyo término de reclusión señalado en el tipo sea de noventa y nueve (99) años, el tribunal podrá tomar en consideración la existencia de circunstancias atenuantes y agravantes dispuestas en los Artículos 65 y 66 de este Código. En este caso, de mediar circunstancias agravantes, la pena fija establecida podrá ser aumentada hasta un veinticinco (25) por ciento; de mediar circunstancias atenuantes podrá reducirse hasta en un veinticinco (25) por ciento de la pena fija establecida.

Cuando concurran circunstancias agravantes y atenuantes simultáneamente, el tribunal evaluará su peso y determinará si se cancelan entre sí, o si algunos atenuantes o agravantes deben tener mayor peso en el ejercicio de su discreción al sentenciar.

Las circunstancias agravantes o atenuantes que la ley ya haya tenido en cuenta al tipificar el delito, al igual que las que son inherentes al mismo, no serán consideradas en la fijación de la pena.

Las circunstancias agravantes o atenuantes que consisten en la ejecución material del delito o en los medios empleados para realizarlo, sirven únicamente para agravar o atenuar la responsabilidad de quien ha tenido conocimiento de ellas en el momento de realizar o cooperar en el delito.

Las circunstancias agravantes o atenuantes que se refieran al convicto en sus relaciones particulares con la víctima o en otra causa personal, sirven para agravar o atenuar la responsabilidad sólo de aquél en quien concurran.

(Julio 30, 2012, Núm. 146, art. 67, efectivo el 1 de septiembre de 2012; Diciembre 26, 2014, Núm. 246, art. 35, enmienda en términos generales, efectiva 90 días después de su aprobación.)

Artículo 68.- Abonos de detención o de términos de reclusión. (33 L.P.R.A. sec. 5101)

A la persona convicta de delito se le abonarán los términos de detención o reclusión que hubiere cumplido, en la forma siguiente:

(a) El tiempo de reclusión cumplido por cualquier convicto desde su detención y hasta que la sentencia haya quedado firme, se abonará en su totalidad para el cumplimiento de la pena, cualquiera que sea ésta.

(b) Si la sentencia se impone bajo una ley penal especial y consiste exclusivamente de pena de multa, el tiempo que permaneció privado de libertad se le abonará a razón de cincuenta (50) dólares de multa por cada día de privación de libertad que haya cumplido. Si la pena de multa impuesta fuere menor de cincuenta (50) dólares, quedará satisfecha con un (1) solo día de reclusión o de detención del convicto.

(c) El tiempo que cualquier persona haya permanecido privada de su libertad, en restricción domiciliaria, en cumplimiento de sentencia posteriormente anulada o revocada se descontará totalmente del término de reclusión o restricción de libertad que deba cumplir en caso de ser nuevamente sentenciada por los mismos hechos que motivaron la sentencia anulada o revocada.

(d) Si la sentencia impone pena de multa o de servicios comunitarios, cada día en restricción de libertad bajo los incisos (a) y (c), se abonará a base de ocho (8) horas de servicios comunitarios.

(Julio 30, 2012, Núm. 146, art. 68, efectivo el 1 de septiembre de 2012.)

Artículo 69.- Mitigación de la pena. (33 L.P.R.A. sec. 5102)

Si al imponerse sentencia resulta que el sentenciado ha pagado alguna multa o estado recluido por el acto de que fuera convicto en virtud de una orden, en que dicho acto se juzgó como desacato, el tribunal podrá mitigar la pena impuesta.

En delitos cuya pena de reclusión señalada en el delito tipo es de ocho (8) años o menos, sus tentativas, o en delitos a título de negligencia, si el autor se ha esforzado por participar en un proceso de mediación consentido por la víctima y le ha restablecido en su mayor parte a la situación jurídica anterior al hecho delictivo, o lo ha indemnizado total o sustancialmente, en una situación en la que la reparación de los daños le exija notables prestaciones o renuncias personales, el tribunal podrá luego de escuchar en una vista al perjudicado y al fiscal mitigar la sentencia a imponer y – en casos extremos – desestimar la acusación.

(Julio 30, 2012, Núm. 146, art. 69, efectivo el 1 de septiembre de 2012; Diciembre 26, 2014, Núm. 246, art. 36, añade el segundo párrafo, efectiva 90 días después de su aprobación.)

Artículo 70.- Diferimiento de la ejecución de la sentencia. (33 L.P.R.A. sec. 5103)

El tribunal puede diferir la ejecución de una pena:

(a) Cuando el convicto que deba cumplirla se halle gravemente enfermo, certificada su condición por prueba médica, a satisfacción del tribunal. La sentencia quedará sin efecto transcurridos diez (10) años naturales.

(b) Cuando se trata de una mujer en estado de embarazo o no hubieren transcurrido seis (6) meses desde el alumbramiento.

(c) Cuando otras circunstancias lo justifiquen por un plazo no mayor de diez (10) días.

(Julio 30, 2012, Núm. 146, art. 70, efectivo el 1 de septiembre de 2012.)

SECCIÓN TERCERA- Del concurso

Artículo 71.- Concurso de delitos. (33 L.P.R.A. sec. 5104)

(a) Concurso ideal y medial de delitos: Cuando sean aplicables a un hecho dos o más disposiciones penales, cada una de las cuales valore aspectos diferentes del hecho, o cuando uno de éstos es medio necesario para realizar el otro, se condenará por todos los delitos concurrentes, pero sólo se impondrá la pena del delito más grave.

(b) Concurso real de delitos: Cuando alguien haya realizado varios delitos que sean juzgados simultáneamente, cada uno de los cuales conlleva su propia pena, se le sentenciará a una pena agregada, que se determinará como sigue:

(1) Cuando uno de los delitos conlleve pena de reclusión de noventa y nueve (99) años, ésta absorberá las demás.

(2) Cuando más de uno de los delitos conlleve reclusión por noventa y nueve (99) años, se impondrá además una pena agregada del veinte (20) por ciento por cada víctima.

(3) En los demás casos, se impondrá una pena para cada delito y se sumarán, no pudiendo exceder la pena agregada del veinte (20) por ciento de la pena para el delito más grave.

(Julio 30, 2012, Núm. 146, art. 71, efectivo el 1 de septiembre de 2012; Diciembre 26, 2014, Núm. 246, art. 37, enmienda en términos generales, efectiva 90 días después de su aprobación.)

Artículo 72.- Efectos del concurso. (33 L.P.R.A. sec. 5105)

En los casos provistos por el Artículo anterior, se juzgarán por todos los delitos concurrentes.

La absolución o sentencia bajo alguno de ellos impedirá todo procedimiento judicial por el mismo hecho, bajo cualquiera de las demás.

Un acto criminal no deja de ser punible como delito por ser también punible como desacato.

(Julio 30, 2012, Núm. 146, art. 72, efectivo el 1 de septiembre de 2012; Diciembre 26, 2014, Núm. 246, art. 38, enmienda los primeros dos párrafos, efectiva 90 días después de su aprobación.)

Artículo 72A. – Pena del delito continuado. (33 L.P.R.A. sec. 5105-A)

Cuando en ejecución de un plan global con unidad de propósito delictivo, pluralidad de conductas e identidad de sujeto pasivo, se producen los elementos de un mismo delito, se impondrá la pena del delito incrementada hasta veinticinco (25) por ciento.

Esta disposición no aplica en delitos personalísimos.

(Julio 30, 2012, Núm. 146, efectivo el 1 de septiembre de 2012; Diciembre 26, 2014, Núm. 246, art. 39, añade este nuevo art. 72A, efectiva 90 días después de su aprobación.)

SECCIÓN CUARTA- De la reincidencia

Artículo 73.- Grados y pena de reincidencia. (33 L.P.R.A. sec. 5106)

(a) Habrá reincidencia cuando el que ha sido convicto y sentenciado por un delito grave incurre nuevamente en otro delito grave. En este tipo de reincidencia se podrá aumentar hasta veinticinco (25) por ciento la pena fija dispuesta por ley para el delito cometido.

(b) Habrá reincidencia agravada cuando el que ha sido convicto y sentenciado anteriormente por dos o más delitos graves, cometidos y juzgados en tiempos diversos e independientes unos de otros, incurre nuevamente en otro delito grave. En este tipo de reincidencia se podrá aumentar en cincuenta (50) por ciento la pena fija dispuesta por ley para el delito cometido.

(c) Habrá reincidencia habitual cuando el que ha sido convicto y sentenciado por dos o más delitos graves, cometidos y juzgados en tiempos diversos e independientes unos de otros, cometa posteriormente cualquier delito grave, cuya pena fija de reclusión sea mayor de veinte (20) años o cualquier delito grave en violación a la Ley de Explosivos de Puerto Rico, Ley Núm. 134 de 28 de junio de 1969 y a la Ley contra el Crimen Organizado, Ley Núm. 33 de 13 de junio de 1978, violación a los Artículos 401, 405, 411 y 411(a) de la Ley de Sustancias Controladas de Puerto Rico, Ley Núm. 4 de 23 de junio de 1971 o a los Artículos 2.14, 5.03, 5.07 y 5.15D de la Ley de Armas de Puerto Rico, según enmendadas. La pena a aplicar será de noventa y nueve (99) años.

(Julio 30, 2012, Núm. 146, art. 73, efectivo el 1 de septiembre de 2012; Diciembre 26, 2014, Núm. 246, art. 40, enmienda en términos generales, efectiva 90 días después de su aprobación.)

Artículo 74.- Normas para la determinación de reincidencia. (33 L.P.R.A. sec. 5107)

Para determinar la reincidencia se aplicarán, las siguientes normas:

(a) No se tomará en consideración un delito anterior si entre éste y el siguiente han mediado diez (10) años desde que la persona terminó de cumplir sentencia por dicho delito.

(b) Se tomará en consideración cualquier convicción bajo el Código Penal derogado o bajo ley especial que lleve clasificación de delito grave.

(c) Se tomará en consideración cualquier convicción en jurisdicción ajena a Puerto Rico por un hecho que constituya delito grave en Puerto Rico. De tener clasificación de menos grave en Puerto Rico, no se tomará en cuenta.

(d) No se tomarán en consideración los hechos cometidos antes de que la persona cumpliese dieciocho (18) años de edad, salvo los casos excluidos de la jurisdicción del Tribunal de Primera Instancia, Sala de Asuntos de Menores, conforme establece la ley y aquellos en que dicho tribunal haya renunciado a su jurisdicción.

(Julio 30, 2012, Núm. 146, art. 74, efectivo el 1 de septiembre de 2012; Diciembre 26, 2014, Núm. 246, art. 41, enmienda el inciso (a), efectiva 90 días después de su aprobación; Mayo 19, 2017, Núm. 27, art. 1, enmienda los incisos (a) y (c).)

CAPÍTULO III -DE LAS PENAS PARA LAS PERSONAS JURÍDICAS

Artículo 75.- Las penas para personas jurídicas. (33 L.P.R.A. sec. 5111)

Las penas que este Código establece para las personas jurídicas, según definidas en este Código, son las siguientes:

(a) Multa.

(b) Suspensión de actividades.

(c) Cancelación del certificado de incorporación.

(d) Disolución de la entidad.

(e) Suspensión o revocación de licencia, permiso o autorización.

(f) Restitución.

(Julio 30, 2012, Núm. 146, art. 75, efectivo el 1 de septiembre de 2012; Diciembre 26, 2014, Núm. 246, art. 42, enmienda el inciso (e), efectiva 90 días después de su aprobación.)

Artículo 76.- Multa. (33 L.P.R.A. sec. 5112)

La pena de multa será fijada dentro de los límites establecidos en la ley penal, teniendo en cuenta el tribunal para determinarla, la seriedad de la violación o violaciones, el beneficio económico, si alguno, resultante de la violación, las consecuencias del delito, cualquier historial previo de violaciones similares, el impacto económico de la multa sobre la persona jurídica, si ha tomado alguna medida para sancionar a sus empleados o agentes responsables de la conducta por la cual resultó convicta y si simultáneamente se ha hecho algún tipo de restitución o compensación a la víctima, y cualquier otra circunstancia pertinente.

La multa será satisfecha inmediatamente, o a plazos, según determine el tribunal. La pena de multa podrá ser impuesta a pesar de que la persona jurídica no haya obtenido beneficio económico alguno.

(Julio 30, 2012, Núm. 146, art. 76, efectivo el 1 de septiembre de 2012; Diciembre 26, 2014, Núm. 246, art. 43, enmienda en términos generales, efectiva 90 días después de su aprobación.)

Artículo 77.- Suspensión de Actividades. (33 L.P.R.A. sec. 5113)

La pena de suspensión de actividades consiste en la paralización de toda actividad de la persona jurídica, salvo las estrictas de conservación, durante el tiempo que determine el tribunal, que no podrá ser mayor de seis (6) meses.

La pena de suspensión de actividades conlleva también la pena de multa que corresponda al delito.

(Julio 30, 2012, Núm. 146, art. 77, efectivo el 1 de septiembre de 2012; Diciembre 26, 2014, Núm. 246, art. 44, corrige en el primer párrafo para sustituir la palabra personalidad por "persona", efectiva 90 días después de su aprobación.)

Artículo 78.- Suspensión o revocación de licencia, permiso o autorización. (33 L.P.R.A. sec. 5114)

Cuando en la comisión del delito, la persona jurídica viola por primera vez los requisitos exigidos por la ley para otorgar una licencia, permiso o autorización, o cuando su conducta incida en el ejercicio de la actividad autorizada, el tribunal, a su discreción podrá ordenar la suspensión de los mismos por un término que no podrá exceder de un (1) año; además de cualquier pena de multa que se le imponga, según se provea en el delito.

Si la persona jurídica viola en más de una ocasión los requisitos exigidos por ley para otorgar una licencia, permiso o autorización, o cuando la conducta incida en el ejercicio de la actividad autorizada, el tribunal a su discreción, podrá revocar permanentemente los mismos.

(Julio 30, 2012, Núm. 146, art. 78, efectivo el 1 de septiembre de 2012.)

Artículo 79.- Cancelación del certificado de incorporación o disolución. (33 L.P.R.A. sec. 5115)

La pena de cancelación del certificado de incorporación o disolución estará disponible para cualquier entidad de las mencionadas en este Código, que incurra nuevamente en un delito grave, luego de haber sido convicta y sentenciada por otro delito grave, y si de los móviles y circunstancias del delito, el tribunal puede razonablemente concluir que la entidad sigue un curso persistente de comportamiento delictuoso.

Esta pena será adicional a la pena de multa dispuesta para el delito.

(Julio 30, 2012, Núm. 146, art. 79, efectivo el 1 de septiembre de 2012.)

Artículo 80.- Restitución. (33 L.P.R.A. sec. 5116)

La pena de restitución consiste en la obligación impuesta por el tribunal a la persona jurídica de pagar a la parte perjudicada daños y pérdidas que le haya ocasionado, a su persona y a su propiedad, como consecuencia de su acto delictivo. La pena de restitución será fijada teniendo en cuenta el capital social de la persona jurídica, el estado de negocios, la naturaleza y consecuencias del delito y cualquier otra circunstancia pertinente. En estos casos la persona jurídica convicta cumplirá la pena de restitución con sus bienes presentes y futuros.

(Julio 30, 2012, Núm. 146, art. 80, efectivo el 1 de septiembre de 2012; Agosto 24, 2022, Núm. 76, sec. 2, enmienda en términos generales.)

Artículo 80A. – Del modo de aplicar las penas a la persona jurídica. (33 L.P.R.A. sec. 5116-A)

La imposición de la pena requiere de un informe pre-sentencia, cuya preparación será obligatoria en los delitos graves y a discreción del tribunal en los delitos menos graves. El informe pre-sentencia estará a disposición de las partes.

Las circunstancias atenuantes o agravantes, dispuestas en los Artículos 65 y 66, que apliquen, serán consideradas por el tribunal al ejercer su discreción para imponer su sentencia de multa, pero el tribunal no puede excederse del límite máximo estatutario dispuesto en el delito por el que la persona jurídica resultó convicta.

(Julio 30, 2012, Núm. 146, efectivo el 1 de septiembre de 2012; Diciembre 26, 2014, Núm. 246, art. 45, añade este nuevo art. 80A, efectiva 90 días después de su aprobación.)

CAPÍTULO IV- DE LAS MEDIDAS DE SEGURIDAD

SECCIÓN PRIMERA -De los fines de las medidas de seguridad

Artículo 81.- Aplicación de la medida. (33 L.P.R.A. sec. 5121)

Cuando el imputado resulte no culpable por razón de incapacidad mental o trastorno mental transitorio, o se declare su inimputabilidad en tal sentido, el tribunal conservará jurisdicción sobre la persona y podrá decretar su internación en una institución adecuada para su tratamiento, si en el ejercicio de su discreción determina, conforme a la evidencia presentada, que dicha persona, por su peligrosidad, constituye un riesgo para la sociedad o que se beneficiará con dicho tratamiento.

En caso de ordenarse la internación, la misma se prolongará por el tiempo requerido para la seguridad de la sociedad y el bienestar de la persona internada, sujeto a lo dispuesto en el párrafo siguiente. En todo caso, será obligación de las personas a cargo del tratamiento informar trimestralmente al tribunal sobre la evolución del caso.

La medida de seguridad no puede resultar ni más severa ni de mayor duración que la pena aplicable al hecho cometido, ni exceder el límite de lo necesario para prevenir la peligrosidad del autor.

(Julio 30, 2012, Núm. 146, art. 81, efectivo el 1 de septiembre de 2012; Diciembre 26, 2014, Núm. 246, art. 46, enmienda los primeros dos párrafos y añade el tercero, efectiva 90 días después de su aprobación.)

Artículo 82.- Exclusión de la pena. (33 L.P.R.A. sec. 5122)

La medida de seguridad podrá imponerse únicamente por sentencia judicial y la misma excluye la pena.

(Julio 30, 2012, Núm. 146, art. 82, efectivo el 1 de septiembre de 2012.)

SECCIÓN SEGUNDA- De la aplicación de las medidas de seguridad

Artículo 83.- Informe pre-medida de seguridad. (33 L.P.R.A. sec. 5123)

No podrá imponerse medida de seguridad sin previo examen e informe psiquiátrico o psicológico de la persona, realizado por un psiquiatra o psicólogo clínico designado por el tribunal y un informe social realizado por un oficial probatorio.

Dichos informes, con exclusión de sus fuentes informativas que se declaran confidenciales, le serán notificados a las partes.

(Julio 30, 2012, Núm. 146, art. 83, efectivo el 1 de septiembre de 2012.)

Artículo 84.- Vistas. (33 L.P.R.A. sec. 5124)

Las partes podrán controvertir estos informes en una vista a la que deberán ser llamados a declarar los autores de dichos informes, a solicitud de parte.

(Julio 30, 2012, Núm. 146, art. 84, efectivo el 1 de septiembre de 2012.)

Artículo 85.- Revisión periódica. (33 L.P.R.A. sec. 5125)

Anualmente el tribunal se pronunciará sobre el mantenimiento, la modificación o la cesación de la medida de seguridad impuesta, sin perjuicio de poder hacerlo en cualquier momento en que las circunstancias lo aconsejen o a petición de la persona bajo cuya custodia se halle el internado.

Si de la evolución favorable del tratamiento, el tribunal puede razonablemente deducir que la curación y readaptación del sentenciado puede llevarse a cabo en libertad con supervisión, ya que el sentenciado dejó de ser peligroso, podrá cesar la internación, sujeto a lo dispuesto en las leyes especiales sobre la materia.

(Julio 30, 2012, Núm. 146, art. 85, efectivo el 1 de septiembre de 2012.)

CAPÍTULO V- DE LA EXTINCIÓN DE LAS ACCIONES Y DE LAS PENAS

SECCIÓN PRIMERA- De la extinción de la acción penal

Artículo 86.- Extinción de la acción penal. (33 L.P.R.A. sec. 5131)

La acción penal se extingue por:

(a) Muerte.

(b) Indulto.

(c) Amnistía.

(d) Prescripción.

(e) Archivo por razón de legislación especial que así lo disponga.

(Julio 30, 2012, Núm. 146, art. 86, efectivo el 1 de septiembre de 2012; Diciembre 26, 2014, Núm. 246, art. 47, añade el inciso (e), efectiva 90 días después de su aprobación.)

Artículo 87.- Prescripción. (33 L.P.R.A. sec. 5132)

La acción penal prescribirá:

(a) A los cinco (5) años, en los delitos graves, y en los delitos graves clasificados en la ley especial.

(b) Al año, en los delitos menos graves, salvo los provenientes de infracciones a las leyes fiscales y todo delito menos grave, cometido por funcionarios o empleados públicos en el desempeño de sus funciones, que prescribirán a los cinco (5) años.

(c) Los delitos de encubrimiento y conspiración prescribirán a los diez (10) años, cuando se cometan en relación al delito de asesinato.

(d) A los diez (10) años, en los delitos de homicidio.

(e) A los veinte (20) años, en los delitos de agresión sexual, incesto y actos lascivos.

Lo dispuesto en los incisos (a) y (b) de este Artículo no aplica a las leyes especiales, cuyos delitos tengan un período prescriptivo mayor al aquí propuesto.

(Julio 30, 2012, Núm. 146, art. 87, efectivo el 1 de septiembre de 2012.)

Artículo 88.- Delitos que no prescriben. (33 L.P.R.A. sec. 5133)

En los siguientes delitos la acción penal no prescribe: genocidio, crimen de lesa humanidad, asesinato, secuestro, malversación de fondos públicos, falsificación de documentos públicos, y todo delito grave tipificado en este Código o en ley especial cometido por un funcionario o empleado público en el desempeño de la función pública.

Los siguientes delitos no prescribirán cuando la víctima sea un menor de dieciocho (18) años de edad, y el acusado haya sido mayor de dieciocho (18) años de edad al momento de la comisión del delito: incesto, agresión sexual, actos lascivos, trata humana, secuestro agravado, la utilización de un_menor para pornografía infantil y el proxenetismo, rufianismo y comercio de personas agravado.

(Julio 30, 2012, Núm. 146, art. 88, efectivo el 1 de septiembre de 2012; Enero 21, 2018, Núm. 34, art. 1, enmienda en términos generales.)

Artículo 89.- Cómputo del término de prescripción. (33 L.P.R.A. sec. 5134)

El término de prescripción se computará desde el día de la comisión del delito hasta la fecha en que se determine causa probable para el arresto o citación. En aquellos casos en que sea necesario recurrir en alzada, la celebración de una audiencia para la determinación de causa probable para el arresto o citación, interrumpirá el término prescriptivo.

No obstante, en los delitos en que la víctima no ha cumplido dieciocho (18) años de edad, y sean de los que tienen término de prescripción, el término de prescripción se computará a partir de que la víctima cumpla sus dieciocho (18) años de edad.

(Julio 30, 2012, Núm. 146, art. 89, efectivo el 1 de septiembre de 2012; Enero 21, 2018, Núm. 34, art. 2, enmienda el segundo párrafo.)

Artículo 90.- Participación. (33 L.P.R.A. sec. 5135)

El término prescriptivo se computará separadamente para cada uno de los partícipes.

(Julio 30, 2012, Núm. 146, art. 90, efectivo el 1 de septiembre de 2012.)

SECCIÓN SEGUNDA- De la extinción de las penas

Artículo 91.- Extinción de las penas. (33 L.P.R.A. sec. 5136)

Las penas se extinguen por: (a) Muerte del sentenciado;
(b) Indulto u otra acción de clemencia ejecutiva; (c) Amnistía;
(d) Cumplimiento de la sentencia impuesta.
(Julio 30, 2012, Núm. 146, art. 91, efectivo el 1 de septiembre de 2012.)

LIBRO SEGUNDO -PARTE ESPECIAL
TÍTULO I -DELITOS CONTRA LA PERSONA
CAPÍTULO I -DELITOS CONTRA LA VIDA
SECCIÓN PRIMERA- De los asesinatos y el homicidio

Artículo 92.- Asesinato. (33 L.P.R.A. sec. 5141)

Asesinato es dar muerte a un ser humano a propósito, con conocimiento o temerariamente.

(Julio 30, 2012, Núm. 146, art. 92, efectivo el 1 de septiembre de 2012; Diciembre 26, 2014, Núm. 246, art. 49, enmienda en términos generales, efectivo 90 días después de su aprobación.)

Artículo 93.- Grados de asesinato. (33 L.P.R.A. sec. 5142)

Constituye asesinato en primer grado:

(a) Todo asesinato perpetrado por medio de veneno, acecho, tortura, o a propósito o con conocimiento.

(b) Todo asesinato causado al perpetrarse o intentarse algún delito de incendio agravado, agresión sexual, robo, escalamiento agravado, secuestro, secuestro de un menor, estrago (excluyendo la modalidad negligente), envenenamiento de aguas de uso público (excluyendo la modalidad negligente), agresión grave, fuga, maltrato (excluyendo la modalidad negligente), abandono de un menor; maltrato, maltrato agravado, maltrato mediante restricción de la libertad, o agresión sexual conyugal, según contemplados en la Ley Núm. 54 de 15 de agosto de 1989, según enmendada, conocida como la "Ley para la Protección e Intervención de la Violencia Doméstica".

(c) Toda muerte de un funcionario del orden público o guardia de seguridad privado, fiscal, procurador de menores, procurador de asuntos de familia, juez u oficial de custodia que se encuentre en el cumplimiento de su deber.

(d) Todo asesinato causado al disparar un arma de fuego desde un vehículo de motor, o en un lugar público o abierto al público, ya sea a un punto determinado o indeterminado.

(e) Cuando ocurran las circunstancias establecidas en este inciso, el delito de asesinato se identificará como feminicidio. Cualquier sentencia condenatoria emitida por razón de asesinato en esta modalidad de feminicidio indicará tal hecho específicamente.

Se considerará feminicidio todo asesinato en el cual la víctima es una mujer cuando al cometerse el delito concurre alguna de las siguientes circunstancias:

(1) La muerte haya ocurrido al perpetrarse algún delito de maltrato, maltrato agravado, maltrato mediante restricción de la libertad o agresión sexual conyugal contemplados en la Ley Núm. 54 de 15 de agosto de 1989, según enmendada, conocida como la "Ley para la Protección e Intervención de la Violencia Doméstica";

(2) La víctima presente signos de violencia sexual de cualquier tipo;

(3) El victimario(a) haya infligido en la víctima lesiones o mutilaciones, previas o posteriores a la privación de la vida o actos de necrofilia;

(4) Existan antecedentes penales por cualquier delito relacionado con violencia y/o agresiones o en el ámbito familiar, laboral o escolar, académico o cualquier otro, del victimario en contra de la víctima;

(5) El sujeto haya realizado actos o manifestaciones esporádicas o reiteradas, de violencia en contra de la víctima, independientemente de que los hechos fueran denunciados o no por la victima;

(6) El victimario haya tenido o haya intentado establecer o restablecer con la víctima una relación sentimental, conyugal, de pareja, amistad, convivencia, intimidad, afectiva, de noviazgo o de confianza; o cualquier otra relación de hecho;

(7) Existan datos que establezcan que hubo amenazas relacionadas con el hecho delictuoso, acoso, acecho o lesiones del victimario en contra de la víctima;

(8) El victimario(a) haya privado a la víctima de establecer cualquier tipo de comunicación verbal, escrita o visual, con otras personas en cualquier periodo de tiempo previo a la privación de la vida;

(9) El victimario(a) haya abandonado, expuesto o depositado el cuerpo de la víctima en un lugar público;

(10) Exista o haya existido entre el victimario y la víctima, una relación laboral, docente o cualquier otra que implique superioridad, ventaja o establezca una relación de poder a favor del victimario (a);

(11) El asesinato haya ocurrido en presencia de las hijas o hijos de la víctima.

(f) Cuando ocurran las circunstancias establecidas en este inciso, el delito de asesinato se identificará como transfeminicidio. Cualquier sentencia condenatoria emitida por razón de asesinato en esta modalidad de transfeminicidio indicará tal hecho específicamente.

Se considerará transfeminicidio todo asesinato en el cual la víctima sea una persona cuya identidad o expresión de género, real o percibida, no corresponda con aquella asignada al nacer, cuando al cometerse el delito concurre alguna de las siguientes circunstancias:

(1) La muerte haya ocurrido al perpetrarse algún delito de maltrato, maltrato agravado, maltrato mediante restricción de la libertad o agresión sexual conyugal contemplados en la Ley Núm. 54 de 15 de agosto de 1989, según enmendada, conocida como "Ley para la Protección e Intervención con la Violencia Doméstica";

(2) La víctima presente signos de violencia sexual de cualquier tipo;

(3) El victimario (a) haya infligido a la víctima lesiones o mutilaciones, previas o posteriores, a la privación de la vida o actos de necrofilia;

(4) Existan antecedentes penales por cualquier delito relacionado con violencia y/o agresiones en el ámbito familiar, laboral, escolar, académico o cualquier otro, del victimario en contra de la víctima;

(5) El sujeto haya realizado actos o manifestaciones, esporádicas o reiteradas, de violencia en contra de la víctima, independientemente de que los hechos fueran denunciados o no por la víctima;

(6) El victimario haya tenido o haya intentado establecer o restablecer con la víctima una relación sentimental, conyugal, de pareja, amistad, convivencia, intimidad, afectiva, de noviazgo o de confianza, o cualquier otra relación de hecho;

(7) Existan datos que establezcan que hubo amenazas relacionadas con el hecho delictuoso, acoso, acecho o lesiones del victimario en contra de la víctima;

(8) El victimario (a) haya privado a la víctima de establecer cualquier tipo de comunicación verbal, escrita o visual, con otras personas en cualquier periodo de tiempo previo a la privación de la vida;

(9) El victimario (a) haya abandonado, expuesto o depositado el cuerpo de la víctima en un lugar público;

(10) Exista o haya existido entre el victimario y la víctima, una relación laboral, docente o cualquier otra que implique superioridad, ventaja o establezca una relación de poder a favor del victimario (a);

(11) El asesinato haya ocurrido en presencia de las hijas o hijos de la víctima.

Toda otra muerte de un ser humano causada temerariamente constituye asesinato en segundo grado.

(Julio 30, 2012, Núm. 146, art. 93, efectivo el 1 de septiembre de 2012; Diciembre 26, 2014, Núm. 246, art. 50, enmienda los incisos (a), (b), (c), (d) y

(e) y el último párrafo, efectivo 90 días después de su aprobación; Diciembre 28, 2020, Núm. 157, sec. 1, añade el subinciso (e)(4); Agosto 27, 2021, Núm. 40, sec. 1, enmienda el inciso (e) en términos generales y añade un nuevo inciso (f).)

Notas Importantes

-2021, ley 40- Esta ley 40, sec. 2, enmienda las secciones 2 y 3 de la Ley Núm. 157 de 2020, para que lean como siguen más adelante.

-2020, ley 157- Esta ley 157, sec. 1, añade el subinciso (e)(4) e incluye las siguientes secciones de aplicación:

Sección 2.- Protocolo para casos de muertes de mujeres de forma violenta.

El Departamento de Justicia, en conjunto con el Negociado de la Policía de Puerto Rico y el Instituto de Ciencias Forenses de Puerto Rico, desarrollarán un protocolo de investigación para los casos de feminicidio y transfeminicidio según definidos en el Artículo 93 de la Ley 146-2012, conocida como "Código Penal de Puerto Rico", según enmendada y podrán utilizar como guía las recomendaciones del Modelo de Protocolo Latinoamericano de la Investigación de las Muertes Violentas de Mujeres por Razones de Género, elaborado por la Oficina Regional para América Central del Alto Comisionado de las Naciones Unidas para los Derechos Humanos (OAACNUDH), y/o cualquier otra guía reconocida sobre el particular. El protocolo deberá estar listo en o antes de los siguientes ciento veinte (120) días a partir de la aprobación de esta Ley y este podrá ser modificado cuando se estime necesario.

Sección 3.-Compilación y manejo de estadísticas. -El Instituto de Estadísticas de Puerto Rico, en colaboración con el Negociado de la Policía de Puerto Rico, el Departamento de Salud y el Instituto de Ciencias Forenses de Puerto Rico, establecerá un sistema de compilación y manejo de datos estadísticos sobre los casos de feminicidio y transfeminicidio según definidos en el Artículo 93 de la Ley 146-2012, conocida como "Código Penal de Puerto Rico", según enmendada. Este sistema deberá estar listo en o antes de los siguientes ciento ochenta (180) días a partir de la aprobación de esta Ley. La información estadística será pública y deberá actualizarse mensualmente a partir de que se haya establecido el sistema de compilación de datos.

Sección 4.- Separabilidad. -Si cualquier cláusula, párrafo, subpárrafo, oración, palabra, letra, artículo, disposición, sección, subsección, título, capítulo, subcapítulo, acápite o parte de esta Ley fuera anulada o declarada inconstitucional, la resolución, dictamen o sentencia a tal efecto dictada no afectará, perjudicará, ni invalidará el remanente de esta Ley. El efecto de dicha sentencia quedará limitado a la cláusula, párrafo, subpárrafo, oración, palabra, letra, artículo, disposición, sección, subsección, título, capítulo, subcapítulo, acápite o parte de esta que así hubiere sido anulada o declarada inconstitucional.

Sección 5.-Vigencia. -Esta Ley comenzará a regir inmediatamente después de su aprobación.

Artículo 94.- Pena de los asesinatos. (33 L.P.R.A. sec. 5143)

A la persona convicta de asesinato en primer grado se le impondrá pena de reclusión por un término fijo de noventa y nueve (99) años. A toda persona convicta de asesinato en segundo grado se le impondrá pena de reclusión por un término fijo de cincuenta (50) años.

(Julio 30, 2012, Núm. 146, art. 94, efectivo el 1 de septiembre de 2012; Diciembre 26, 2014, Núm. 246, art. 51, enmienda en términos generales, efectivo 90 días después de su aprobación.)

Artículo 95.- Asesinato Atenuado. (33 L.P.R.A. sec. 5144)

Toda muerte causada a propósito, con conocimiento o temerariamente, que se produce como consecuencia de una perturbación mental o emocional suficiente para la cual hay una explicación o excusa razonable o súbita pendencia, será sancionada con pena de reclusión por un término fijo de quince (15) años.

(Julio 30, 2012, Núm. 146, art. 95, efectivo el 1 de septiembre de 2012; Diciembre 26, 2014, Núm. 246, art. 52, enmienda en términos generales, efectivo 90 días después de su aprobación.)

Artículo 96.- Homicidio negligente. (33 L.P.R.A. sec. 5145)

Toda persona que ocasione la muerte a otra por negligencia incurrirá en delito menos grave, pero se le impondrá pena de reclusión por un término fijo de tres (3) años.

Cuando la muerte se ocasione al conducir un vehículo de motor con negligencia que demuestre claro menosprecio de la seguridad de los demás, incurrirá en delito grave y se le impondrá pena de reclusión por un término fijo de ocho (8) años.

Cuando la muerte se ocasione al conducir un vehículo de motor con negligencia y bajo los efectos de sustancias controladas o bebidas embriagantes, según dispone y define en la Ley 22-2000, según enmendada, conocida como "Ley de Vehículos y Tránsito", incurrirá en delito grave y se le impondrá pena de reclusión por un término fijo de quince (15) años.

(Julio 30, 2012, Núm. 146, art. 96, efectivo el 1 de septiembre de 2012; Diciembre 26, 2014, Núm. 246, art. 52, enmienda el segundo y tercer párrafo, efectivo 90 días después de su aprobación.)

SECCIÓN SEGUNDA - Del suicidio

Artículo 97.- Incitación al suicidio. (33 L.P.R.A. sec. 5146)

Toda persona que a propósito ayude o incite a otra persona a cometer o iniciar la ejecución de un suicidio, será sancionada con pena de reclusión por un término fijo de ocho (8) años.

(Julio 30, 2012, Núm. 146, art. 97, efectivo el 1 de septiembre de 2012; Diciembre 26, 2014, Núm. 246, art. 53, enmienda en términos generales, efectivo 90 días después de su aprobación.)

SECCIÓN TERCERA -Del aborto

Artículo 98.- Aborto. (33 L.P.R.A. sec. 5147)

Toda persona que permita, indique, aconseje, induzca o practique un aborto, o que proporcione, facilite, administre, prescriba o haga tomar a una mujer embarazada cualquier medicina, droga o sustancia, o que utilice o emplee cualquier instrumento u otro medio con el propósito de hacerla abortar; y toda persona que ayude a la comisión de cualquiera de dichos actos, salvo indicación terapéutica hecha por un médico debidamente autorizado a ejercer la medicina en Puerto Rico, con vista a la conservación de la salud o vida de la madre, será sancionada con pena de reclusión por un término fijo de tres (3) años.

(Julio 30, 2012, Núm. 146, art. 98, efectivo el 1 de septiembre de 2012; Diciembre 26, 2014, Núm. 246, art. 54, enmienda para sustituir la palabra "intención" por "el propósito", efectivo 90 días después de su aprobación.)

Artículo 99.- Aborto cometido por la mujer o consentido por ella. (33 L.P.R.A. sec. 5148)

Toda mujer que procure de cualquier persona alguna medicina, droga o sustancia, y la tome, o que se someta a cualquier operación o a cualquier otra intervención quirúrgica o a cualquier otro medio, con el propósito de provocarse un aborto excepto el caso de que fuere necesario para salvar su salud o su vida conforme a lo dispuesto en el Artículo 98 de este Código, será sancionada con pena de reclusión por un término fijo de tres (3) años.

(Julio 30, 2012, Núm. 146, art. 99, efectivo el 1 de septiembre de 2012.)

Artículo 100.- Aborto por fuerza o violencia. (33 L.P.R.A. sec. 5149)

Toda persona que mediante el empleo de fuerza o violencia infiera daño a una mujer embarazada y sobrevenga un parto prematuro con consecuencias nocivas para la criatura, será sancionada con pena de reclusión por un término fijo de ocho (8) años.

Si sobreviene la muerte de la criatura, será sancionada con pena de reclusión por un término fijo de quince (15) años.

(Julio 30, 2012, Núm. 146, art. 100, efectivo el 1 de septiembre de 2012; Diciembre 26, 2014, Núm. 246, art. 55, enmienda, efectivo 90 días después de su aprobación.)

Artículo 101.- [Eliminado]. (33 L.P.R.A. sec. 5150)

(Julio 30, 2012, Núm. 146, art. 101, efectivo el 1 de septiembre de 2012; Diciembre 26, 2014, Núm. 246, art. 56, elimina el artículo, efectivo 90 días después de su aprobación.)

SECCIÓN CUARTA -De la Ingeniería Genética y la Reproducción Asistida

Artículo 102.- Alteración del genoma humano con fines distintos al diagnóstico, tratamiento e investigación científica en genética y medicina. (33 L.P.R.A. sec. 5151)

Toda persona que utilice tecnologías para alterar el genoma humano con fines distintos del diagnóstico, tratamiento o investigación científica en el campo de la biología humana, particularmente la genética o la medicina, será sancionada con pena de reclusión por un término fijo de quince (15) años. Si la persona convicta es una persona jurídica será sancionada con pena de multa hasta cincuenta mil dólares ($50,000).

Por los términos "diagnóstico" y "tratamiento" se entiende cualquier intervención médica encaminada a determinar la naturaleza y causas de enfermedades, discapacidades o defecto de origen genético o a remediarlas (curación o alivio).

Por "investigación científica" se entiende cualquier procedimiento o trabajo orientado al descubrimiento de nuevas terapias o a la expansión del conocimiento científico sobre el genoma humano y sus aplicaciones a la medicina.

Tanto las intervenciones dirigidas al diagnóstico y tratamiento, como los procedimientos y trabajos orientados a la investigación científica, tienen que llevarse a cabo con el consentimiento informado y verdaderamente libre de la persona de la que procede el material genético.

(Julio 30, 2012, Núm. 146, art. 102, efectivo el 1 de septiembre de 2012; Diciembre 26, 2014, Núm. 246, art. 57, enmienda, efectivo 90 días después de su aprobación.)

Artículo 103.- Clonación humana. (33 L.P.R.A. sec. 5152)

Toda persona que usando técnicas de clonación genere embriones humanos con fines reproductivos, será sancionada con pena de reclusión por un término fijo de quince (15) años. Si la persona convicta es una persona jurídica será sancionada con pena de multa hasta cincuenta mil dólares ($50,000).

(Julio 30, 2012, Núm. 146, art. 103, efectivo el 1 de septiembre de 2012; Diciembre 26, 2014, Núm. 246, art. 58, enmienda para añadir la segunda oración, efectivo 90 días después de su aprobación.)

Artículo 104.- Producción de armas por ingeniería genética. (33 L.P.R.A. sec. 5153)

Toda persona que utilice ingeniería genética para producir armas biológicas o exterminadoras de la especie humana, será sancionada con pena de reclusión por un término fijo de noventa y nueve (99) años. Si la persona convicta es una persona jurídica será sancionada con pena de multa hasta trescientos treinta mil dólares ($330,000).

(Julio 30, 2012, Núm. 146, art. 104, efectivo el 1 de septiembre de 2012; Diciembre 26, 2014, Núm. 246, art. 59, enmienda para añadir la segunda oración, efectivo 90 días después de su aprobación.)

Artículo 105.- Manipulación de gametos, cigotos y embriones humanos. (33 L.P.R.A. sec. 5154)

Toda persona que disponga de gametos, cigotos o embriones humanos para fines distintos de los autorizados por sus donantes, será sancionada con pena de reclusión por un término fijo de ocho (8) años. Si la persona convicta es una persona jurídica será sancionada con pena de multa hasta treinta mil dólares ($30,000).

(Julio 30, 2012, Núm. 146, art. 105, efectivo el 1 de septiembre de 2012; Diciembre 26, 2014, Núm. 246, art. 60, enmienda para añadir la segunda oración, efectivo 90 días después de su aprobación.)

Artículo 106.- Mezcla de gametos humanos con otras especies. (33 L.P.R.A. sec. 5155)

Toda persona que mezcle gametos humanos con gametos de otras especies con fines reproductivos, será sancionada con pena de reclusión por un término fijo de ocho (8) años. Si la persona convicta es una persona jurídica será sancionada con pena de multa hasta treinta mil dólares ($30,000).

Este Artículo no prohíbe la creación de animales en cuyo genoma se hayan incorporado genes humanos (animales transgénicos).

(Julio 30, 2012, Núm. 146, art. 106, efectivo el 1 de septiembre de 2012; Diciembre 26, 2014, Núm. 246, art. 61, enmienda para añadir la segunda oración al primer párrafo, efectivo 90 días después de su aprobación.)

Artículo 107.- Otras penas. (33 L.P.R.A. sec. 5156)

Además de las penas provistas en los delitos de esta Sección, el tribunal a su discreción, podrá ordenar la suspensión o revocación de cualquier licencia, permiso o autorización conforme el Artículo 60. Cuando una persona jurídica resulte convicta, el tribunal podrá también ordenar la suspensión o revocación de la licencia, permiso o autorización conforme el Artículo 78.

(Julio 30, 2012, Núm. 146, art. 107, efectivo el 1 de septiembre de 2012.)

CAPÍTULO II -DELITOS CONTRA LA INTEGRIDAD CORPORAL

Artículo 108.- Agresión. (33 L.P.R.A. sec. 5161)

Toda persona que ilegalmente, por cualquier medio o forma, cause a otra una lesión a su integridad corporal, incurrirá en delito menos grave.

(Julio 30, 2012, Núm. 146, art. 108, efectivo el 1 de septiembre de 2012.)

Artículo 108A.- Agresión a un árbitro, jurado, oficial o cualquier otra persona que realiza una función oficial en cualquier actividad deportiva. (33 L.P.R.A. sec. 5161A)

Toda persona que ilegalmente, por cualquier medio o forma, cause una lesión a la integridad corporal de otra persona, como resultado de las funciones de esta como árbitro, jurado, oficial o cualquier otra función oficial en cualquier actividad deportiva, incurrirá en delito menos grave y será sancionada con pena de reclusión por un término que no exceda de seis (6) meses, pena de restricción domiciliaria o de servicios comunitarios que no exceda de seis (6) meses y/o pena de multa que no exceda de cinco mil (5,000) dólares, pero no menor de dos mil quinientos (2,500) dólares.

Si la agresión ocasiona una lesión que requiera hospitalización, tratamiento prolongado, o lesiones mutilantes, será sancionada con la pena establecida en los Artículos 109 y 109A, según corresponda.

(Julio 30, 2012, Núm. 146, efectivo el 1 de septiembre de 2012; Julio 19, 2019, Num. 67, art. 1, anade este nuevo art. 108A.)

Artículo 109.- Agresión grave. (33 L.P.R.A. sec. 5162)

Si la agresión descrita en el Artículo 108 ocasiona una lesión que requiera hospitalización, o tratamiento prolongado, excluyendo las lesiones mutilantes, será sancionada con pena de reclusión por un término fijo de ocho (8) años.

Esta modalidad incluye, aquellas en las cuales se transmite una enfermedad, siendo este hecho conocido por el autor.

Si la agresión ocasiona una lesión mutilante, será sancionada con pena de reclusión por un término fijo de quince (15) años.

Se entenderá como lesión mutilante, el ocasionar un daño permanente en cualquier parte del cuerpo a una persona, desfigurar el rostro o inutilizar permanentemente su capacidad para oír, ver o hablar.

(Julio 30, 2012, Núm. 146, art. 109, efectivo el 1 de septiembre de 2012.)

Artículo 109A.- Agresión grave atenuada (33 L.P.R.A. sec. 5163)

Si la agresión descrita en el Artículo 109, Agresión grave, es causada a propósito, con conocimiento o temerariamente, como consecuencia de una perturbación mental o emocional suficiente para la cual hay una explicación o excusa razonable o súbita pendencia, será sancionada con pena de reclusión por un término fijo de ocho (8) años si se ocasiona una lesión mutilante, o de tres (3) años si se requiere hospitalización o tratamiento prolongado.

(Julio 30, 2012, Núm. 146, efectivo el 1 de septiembre de 2012; Diciembre 26, 2014, Núm. 246, art. 62, añade este nuevo art. 109A, efectivo 90 días después de su aprobación.)

Artículo 110.- Lesión negligente. (33 L.P.R.A. sec. 5164)

Toda persona que negligentemente ocasione a otra una lesión corporal que requiera hospitalización, o tratamiento prolongado, incurrirá en un delito menos grave, pero se le impondrá pena de reclusión por un término fijo de tres (3) años.

De la lesión negligente constituir una lesión mutilante, se incurrirá en delito grave el cual será sancionado con una pena de reclusión por un término fijo de ocho (8) años.

Se entenderá como lesión mutilante, el ocasionar un daño permanente en cualquier parte del cuerpo a una persona, desfigurar el rostro o inutilizar permanentemente su capacidad para oír, ver o hablar.

(Julio 30, 2012, Núm. 146, art. 110, efectivo el 1 de septiembre de 2012; Diciembre 26, 2014, Núm. 246, art. 63, enmienda para incluirlo como un delito menos grave, efectivo 90 días después de su aprobación; Noviembre 15, 2017, Num. 113, art. 1, enmienda en terminos generales.)

Artículo 111.- Prácticas lesivas a la integridad corporal en los procesos de iniciación. (33 L.P.R.A. sec. 5165)

Toda persona que obrando con negligencia ponga en riesgo la salud física o mental o que atente contra la dignidad humana de cualquier aspirante a miembro de una organización, fraternidad, sororidad, alguna que como parte de su proceso de iniciación, incida en prácticas lesivas a la dignidad e integridad personal del aspirante, incurrirá en delito menos grave.

Se entenderá como práctica lesiva a la dignidad e integridad personal, el consumo forzado de alimentos, licor, bebidas alcohólicas, drogas narcóticas o cualquier otra sustancia; someter a ejercicios físicos extenuantes; exposición riesgosa a las inclemencias del tiempo; privación extendida de alimento, descanso o sueño; aislamiento extendido; todo tipo de raspadura, golpe, azote, paliza, quemadura o marca; y todo trato que afecte adversamente la salud física o mental, o seguridad del aspirante.

Se dispone, además, que toda institución educativa que obrando con negligencia permita que los actos aquí prohibidos ocurran en cualquier lugar de su propiedad o bajo su posesión, custodia o control, incurrirá en delito menos grave.

(Julio 30, 2012, Núm. 146, art. 111, efectivo el 1 de septiembre de 2012.)

CAPÍTULO III -DELITOS CONTRA LA FAMILIA

SECCIÓN PRIMERA -De los delitos contra el estado civil

Artículo 112.- Bigamia. (33 L.P.R.A. sec. 5171)

Toda persona que contrae un nuevo matrimonio sin haberse anulado o disuelto el anterior o declarado ausente el cónyuge, conforme dispone la ley, incurrirá en delito menos grave.

(Julio 30, 2012, Núm. 146, art. 112, efectivo el 1 de septiembre de 2012.)

Artículo 113.- Contrayente soltero. (33 L.P.R.A. sec. 5172)

Toda persona soltera que contrae matrimonio con una persona casada, conociendo que dicha persona está cometiendo bigamia, incurrirá en delito menos grave.

(Julio 30, 2012, Núm. 146, art. 113, efectivo el 1 de septiembre de 2012.)

Artículo 114.- Celebración de matrimonios ilegales. (33 L.P.R.A. sec. 5173)

Toda persona autorizada a celebrar matrimonios que, a sabiendas celebre o autorice un matrimonio prohibido por la ley civil incurrirá en delito menos grave.

(Julio 30, 2012, Núm. 146, art. 114, efectivo el 1 de septiembre de 2012.)

Artículo 115.- Matrimonios ilegales. (33 L.P.R.A. sec. 5174)

Incurrirá en delito menos grave:

(a) Toda persona que celebre un matrimonio sin estar autorizada.

(b) Toda persona que contraiga un matrimonio prohibido por la ley civil.

(Julio 30, 2012, Núm. 146, art. 115, efectivo el 1 de septiembre de 2012.)

Artículo 116.- Adulterio. (33 L.P.R.A. sec. 5175)

Toda persona casada que tenga relaciones sexuales con una persona que no sea su cónyuge, incurrirá en delito menos grave.

El proceso por el delito de adulterio se instruirá dentro del año de haberse cometido el delito o de haber llegado éste a conocimiento de la parte actora.

Si el delito de adulterio se comete por una mujer casada y un hombre soltero, o un hombre casado y una mujer soltera, el hombre soltero o la mujer soltera incurrirá en el delito de adulterio.

(Julio 30, 2012, Núm. 146, art. 116, efectivo el 1 de septiembre de 2012.)

SECCIÓN SEGUNDA -De la protección debida a los menores

Artículo 117.- Incumplimiento de la obligación alimentaria. (33 L.P.R.A. sec. 5176)

Todo padre o madre que, sin justificación legal, deje de cumplir con la obligación que le impone la ley o el tribunal de proveer alimentos a sus hijos menores de edad, incurrirá en delito menos grave.

(a) Cuando la paternidad o maternidad no esté en controversia. Cuando la persona imputada ha aceptado la paternidad o maternidad ante el tribunal antes de comenzar el juicio, o cuando la paternidad o maternidad no esté en controversia, se celebrará el juicio, y de resultar culpable de incumplimiento de la obligación alimentaria, el tribunal fijará mediante resolución una suma razonable por concepto de alimentos, apercibiendo a la persona imputada que el incumplimiento de dicha resolución, sin justificación legal, podrá ser castigado como un desacato civil.

(b) Cuando la paternidad o maternidad esté en controversia. Cuando la persona imputada niegue la paternidad o maternidad, el tribunal le concederá un plazo de no más de diez (10) días para que conteste la alegación e inmediatamente celebrará un juicio en el cual se seguirán las reglas vigentes para la presentación de evidencia. Dentro del quinto día de haberse oído la prueba, el juez resolverá sobre la paternidad o maternidad, y de resultar probada, levantará un acta y dictará la resolución correspondiente, fijando, además, la cuantía que por concepto de alimentos deberá proveer al hijo. La cuantía que se fije por concepto de alimentos será retroactiva al momento en que se presente la correspondiente denuncia.

(c) Otras disposiciones procesales. Luego de los procedimientos preliminares que se establecen en los dos párrafos anteriores, el caso continuará ventilándose a base de alegaciones de incumplimiento de la obligación alimentaria, y el fallo recaerá sobre este extremo. El tribunal tiene discreción para suspender los efectos de la sentencia, si lo estima necesario para el bienestar del menor. Del fallo adverso sobre paternidad o maternidad y sobre incumplimiento de la obligación alimentaria, la persona acusada podrá apelar en un solo acto. Las vistas sobre estos casos tendrán preferencia en los calendarios de los tribunales de apelación.

La apelación de cualquier sentencia u orden dictada bajo este Artículo, no suspenderá los efectos de la resolución que ordene el pago de alimentos, y la persona acusada tiene la obligación de depositar en la Secretaría del Tribunal de Primera Instancia las cuantías fijadas por concepto de alimentos. A solicitud de parte interesada, el tribunal, luego de escuchar el testimonio de ambas partes, puede autorizar al Secretario a que disponga a favor del alimentista las cuantías consignadas, hasta que recaiga el fallo. En los casos en que el fallo dictado sea a favor de la persona acusada, el alimentista tiene la obligación de devolver las cuantías que la persona acusada había consignado. En los casos en que el fallo dictado confirme la sentencia del tribunal apelado, pero disminuya la cuantía por concepto de alimentos, la diferencia en dicha cuantía le será acreditada a la persona acusada en los pagos futuros que deba depositar para beneficio del alimentista. Si la persona acusada deja de cumplir con la consignación dispuesta, se celebrará una vista, y de no mediar razón justificada, el tribunal desestimará la apelación.

Cuando la sentencia sea firme, el tribunal dictará una orden acompañada de copia certificada del acta de aceptación de la paternidad o maternidad o de la determinación de paternidad o maternidad hecha por el juez, dirigida al encargado del Registro Demográfico para que proceda a inscribir al menor como hijo de la persona acusada, con todos los demás detalles requeridos por el acta de nacimiento para todos los efectos.

En todas las acciones relacionadas con este Artículo, incluso en las vistas sobre incumplimiento de la orden de alimentar, el interés público debe estar representado por el ministerio público.

(Julio 30, 2012, Núm. 146, art. 117, efectivo el 1 de septiembre de 2012; Diciembre 26, 2014, Núm. 246, art. 64, enmienda el primer párrafo y el inciso (a), efectivo 90 días después de su aprobación.)

Artículo 118.- Abandono de menores. (33 L.P.R.A. sec. 5177)

Todo padre o madre de un menor o cualquier persona a quien esté confiado tal menor para su manutención o educación, que lo abandone en cualquier lugar con el propósito de desampararlo, será sancionado con pena de reclusión por un término fijo de tres (3) años.

Cuando por las circunstancias del abandono se pone en peligro la vida, salud, integridad física o indemnidad sexual del menor, la persona será sancionada con pena de reclusión por un término fijo de ocho (8) años.

(Julio 30, 2012, Núm. 146, art. 118, efectivo el 1 de septiembre de 2012; Diciembre 26, 2014, Núm. 246, art. 65, enmienda para sustituir la palabra "intención" por "el propósito" en el primer párrafo, efectivo 90 días después de su aprobación.)

Artículo 119.- Exclusión. (33 L.P.R.A. sec. 5178)

No constituye el delito de abandono de menores, la entrega de un menor a una institución para el cuidado de menores, ya sea pública o privada, por parte de los padres, o uno de éstos, o el tutor encargado. Los directores, funcionarios o empleados de la institución no podrán requerir información alguna sobre la madre o el padre del menor entregado, a menos que el menor demuestre señales de maltrato.

La patria potestad del menor corresponde al Estado Libre Asociado de Puerto Rico y la custodia a la institución que le dio acogida, hasta tanto el Departamento de la Familia disponga otra cosa.

No constituye el delito de abandono de menores la entrega de un menor por su madre a una institución hospitalaria, pública o privada, de conformidad con las disposiciones de la Ley 186-2009, conocida como "Ley de Reforma Integral de Procedimientos de Adopción de 2009".

(Julio 30, 2012, Núm. 146, art. 119, efectivo el 1 de septiembre de 2012

Artículo 120.- Secuestro de menores. (33 L.P.R.A. sec. 5179)

Toda persona que mediante fuerza, violencia, intimidación, fraude o engaño sustraiga a un menor con el propósito de retenerlo y ocultarlo de sus padres, tutor u otra persona encargada de dicho menor, será sancionada con pena de reclusión por un término fijo de cincuenta (50) años.

Se consideran circunstancias agravantes a la pena, cuando la conducta prohibida en el párrafo anterior se lleve a cabo en:

(a) una institución hospitalaria, pública o privada;

(b) una escuela elemental, intermedia o secundaria, pública o privada;

(c) un edificio ocupado o sus dependencias;

(d) un centro de cuidado de niños; o

(e) un parque, área recreativa o centro comercial.

(Julio 30, 2012, Núm. 146, art. 120, efectivo el 1 de septiembre de 2012; Diciembre 26, 2014, Núm. 246, art. 66, enmienda la primera oración del segundo párrafo, efectivo 90 días después de su aprobación.)

Artículo 121.- Privación ilegal de custodia. (33 L.P.R.A. sec. 5180)

Toda persona que sin tener derecho a ello prive a un padre, madre u otra persona o entidad de la custodia legal de un menor o de un incapacitado, incurrirá en delito menos grave.

Se considera delito grave con pena de reclusión por un término fijo de ocho (8) años, cuando concurra cualquiera de las siguientes circunstancias:

(a) Si se traslada al menor fuera de la jurisdicción del Estado Libre Asociado de Puerto Rico.

(b) Si el padre o madre no custodio residente fuera de Puerto Rico retiene al menor cuando le corresponde regresarlo al hogar de quien tiene su custodia legítima.

(c) Si se oculta o si con conocimiento, se niega a divulgar el paradero de algún menor que se ha evadido de la custodia del Estado, o sobre el cual exista una orden para ingresarlo en alguna institución.

(Julio 30, 2012, Núm. 146, art. 121, efectivo el 1 de septiembre de 2012; Diciembre 26, 2014, Núm. 246, art. 67, enmienda, efectivo 90 días después de su aprobación.)

Artículo 122.- Adopción a cambio de dinero. (33 L.P.R.A. sec. 5181)

Toda persona que con el propósito de lucro reciba, ofrezca o dé dinero u otros bienes a cambio de la entrega para adopción de un menor en violación a la ley que regula dicho procedimiento, será sancionada con pena de reclusión por un término fijo de tres (3) años. Si la persona convicta es una persona jurídica será sancionada con pena de multa hasta diez mil dólares ($10,000).

Se consideran circunstancias agravantes a la pena: cuando el menor objeto de la adopción fuere el hijo biológico del acusado, o cuando entre el acusado y el menor existiere una relación de parentesco hasta el segundo grado de consanguinidad o de afinidad.

Esta disposición no incluye los casos de maternidad subrogada.

(Julio 30, 2012, Núm. 146, art. 122, efectivo el 1 de septiembre de 2012; Diciembre 26, 2014, Núm. 246, art. 68, enmienda para añadir la segunda oración al primer párrafo, efectivo 90 días después de su aprobación.)

Artículo 123.- Corrupción de menores. (33 L.P.R.A. sec. 5182)

Será sancionada con pena de reclusión por un término fijo de tres (3) años:

(a) Toda persona que utilice un menor de dieciocho (18) años de edad para la comisión de un delito.

(b) Toda persona que intoxique, induzca, aconseje, incite o ayude a intoxicar a un menor que no ha cumplido dieciocho (18) años de edad.

(c) Toda persona que autorice, induzca, permita u ordene a un menor que no ha cumplido dieciocho (18) años de edad a dedicarse a la mendicidad pública, participar en juegos de azar, o permanecer en una casa de prostitución o de comercio de sodomía.

(d) Todo dueño, empresario, administrador, gerente, director, dependiente o empleado de un establecimiento o negocio público que consienta o tolere que en dicho establecimiento se cometa cualquiera de los actos señalados en el inciso (a).

(e) Todo dueño, administrador o encargado de cualquier establecimiento, utilizado en todo o en parte como salón de bebidas, casino o sala de juegos que permita a un menor que no ha cumplido dieciocho (18) años de edad tomar parte en juegos de azar.

(f) Todo dueño, administrador, encargado o empleado de una casa de prostitución o de comercio de sodomía que permita la presencia de un menor que no ha cumplido dieciocho (18) años de edad.

Este delito no cualificará para penas alternativas a la reclusión.

Si la persona convicta es una persona jurídica será sancionada con pena de multa hasta diez mil dólares ($10,000). En los casos en que a los establecimientos o locales a que se refiere este Artículo se les ha concedido permiso o licencia, se podrá imponer, además, la cancelación o revocación de los mismos.

Conforme a lo dispuesto en el Artículo 46 de este Código, se impondrá responsabilidad criminal a la persona jurídica titular o responsable de la administración del establecimiento.

(Julio 30, 2012, Núm. 146, art. 123, efectivo el 1 de septiembre de 2012; Diciembre 26, 2014, Núm. 246, art. 69, enmienda los últimos tres párrafos, efectivo 90 días después de su aprobación.)

Artículo 124.- Seducción, persuacion, atracción y coacción de menores a través de la Internet o medios electrónicos. (33 L.P.R.A. sec. 5183)

Toda persona que, a sabiendas, utilice cualquier medio de comunicación, incluyendo los medios de comunicación telemática, red social, teléfono y/o la internet para contactar, seducir, persuadir, inducir, atraer, tentar, manipular, coaccionar o convencer a un menor para encontrarse con la persona, con el propósito de incurrir en conducta sexual prohibida por este Código Penal u otras leyes penales, será sancionada con pena de reclusión por un término fijo de ocho (8) años.

Toda persona que, a sabiendas, utilice cualquier medio de comunicación, incluyendo los medios de comunicación telemática, red social, teléfono y/o la internet para contactar, seducir, persuadir, inducir, atraer, tentar, manipular, coaccionar o convencer a un menor para que le facilite material de pornografía infantil o para que el menor le muestre imágenes de pornografía infantil propias o imágenes de pornografía infantil donde aparezca otro menor, será sancionada con pena de reclusión por un término fijo de ocho (8) años. Si en la comisión de cualquiera de los delitos descritos en este artículo, dicha persona mintiera sobre su identidad o edad al menor, será sancionada con pena de reclusión por un término fijo de doce (12) años.

Los delitos descritos en este Artículo no cualificarán para penas alternativas a la reclusión.

(Julio 30, 2012, Núm. 146, art. 124, efectivo el 1 de septiembre de 2012; Diciembre 26, 2014, Núm. 246, art. 70, enmienda para añadir la última oración, efectivo 90 días después de su aprobación; Julio 13, 2020, Núm. 65, enmienda en terminos generales.)

SECCIÓN TERCERA- De la protección debida a las personas de edad avanzada e incapacitados

Artículo 125.- Incumplimiento de la obligación alimentaria. (33 L.P.R.A. sec. 5184)

Toda persona que, sin justificación legal, deje de cumplir con la obligación que le impone la ley o el tribunal de proveer alimentos a otra persona, sea su cónyuge, ascendiente o descendiente mayor de edad, incurrirá en delito menos grave.

(Julio 30, 2012, Núm. 146, art. 125, efectivo el 1 de septiembre de 2012; Diciembre 26, 2014, Núm. 246, art. 71, enmienda para sustituir la frase "sin excusa legitima" por "sin justificación legal", efectivo 90 días después de su aprobación.)

Artículo 126.- Abandono de personas de edad avanzada e incapacitados. (33 L.P.R.A. sec. 5185)

Toda persona a quien esté confiada una persona de edad avanzada o incapacitada, que no pueda valerse por sí misma, que la abandone en cualquier lugar con el propósito de desampararla, será sancionada con pena de reclusión por un término fijo de tres (3) años.

Cuando por las circunstancias del abandono se pone en peligro la vida, salud, integridad física o indemnidad sexual de la persona, será sancionada con pena de reclusión por un término fijo de ocho (8) años.

(Julio 30, 2012, Núm. 146, art. 126, efectivo el 1 de septiembre de 2012; Diciembre 26, 2014, Núm. 246, art. 72, enmienda para sustituir la frase "con intención" por "con el propósito", efectivo 90 días después de su aprobación.)

Artículo 127.- Negligencia en el cuidado de personas de edad avanzada e incapacitados. (33 L.P.R.A. sec. 5186)

Será sancionada con pena de reclusión por un término fijo de dos (2) años, toda persona que, obrando con negligencia y teniendo la obligación que le impone la ley o el tribunal de prestar alimentos y cuidado a una persona de edad avanzada o incapacitada, ponga en peligro la vida, salud, integridad física o indemnidad sexual.

Cuando el delito sea cometido por un operador de un hogar sustituto, la persona será sancionada con pena de reclusión por un término fijo de tres (3) años. Para efectos de este Artículo, hogar sustituto significa el hogar de una familia que, mediante paga, se dedique al cuidado diurno y en forma regular de un máximo de seis (6) personas de edad avanzada, no relacionadas con dicha familia. Si el hogar sustituto operara como una persona jurídica, de ser convicto, se impondrá pena de hasta $10,000 dólares de multa.

(Julio 30, 2012, Núm. 146, art. 127, efectivo el 1 de septiembre de 2012; Agosto 12, 2014, Núm. 138, art. 11, enmienda en términos generales; Diciembre 26, 2014, Núm. 246, art. 73, enmienda ambos párrafos, efectivo 90 días después de su aprobación.)

Artículo 127-A- Maltrato a personas de edad avanzada (33 L.P.R.A. sec. 5186-A)

Toda persona que, cometa abuso físico, emocional, financiero, agresión, robo, apropiación ilegal, amenaza, fraude, o violación, contra una persona de edad avanzada, causándole daño o exponiéndole al riesgo de sufrir daño a su salud, su bienestar, o sus bienes, será sancionada con pena de reclusión por un término fijo de diez (10) años.

(Julio 30, 2012, Núm. 146, efectivo el 1 de septiembre de 2012; Agosto 12, 2014, Núm. 138, art. 9, añade este artículo 127-A.)

Artículo 127-B -Maltrato a personas de edad avanzada mediante amenaza (33 L.P.R.A. sec. 5186-B)

Toda persona que amenazare a una persona de edad avanzada con causarle daño determinado a su persona, a otra persona o a los bienes apreciados por ésta será sancionada con pena de reclusión por un término fijo de seis (6) años.

(Julio 30, 2012, Núm. 146, efectivo el 1 de septiembre de 2012; Agosto 12, 2014, Núm. 138, art. 10, añade este artículo 127-B.)

Artículo 127-C.-Explotación financiera de personas de edad avanzada (33 L.P.R.A. sec. 5186-C)

(a) Modalidades

(1) El uso impropio de fondos, propiedad mueble o inmueble o de los recursos de una persona de edad avanzada por otro individuo incluyendo, pero no limitándose a falsas pretensiones, malversación de fondos, coerción, enajenación de bienes o negación de acceso a bienes.

(2) Toda persona que, conociendo sobre la incapacidad para consentir de una persona de edad avanzada o incapacitada, goce o no de una posición de confianza en relación a aquélla, y/o tenga una relación de negocios con la persona obtenga, utilice o conspire con un tercero bien sea intencionalmente, mediante engaño o intimidación para obtener o utilizar los fondos, activos, propiedad mueble o inmueble de dicha persona de edad avanzada o con impedimento, con el propósito de privarlas temporera o permanentemente de su uso, beneficio o posesión, para uso o beneficio propio o de terceros.

(b) Penas

(1) En los casos en que la cantidad de los fondos, activos o propiedad mueble o inmueble envueltos en la explotación financiera de la persona de edad avanzada o con impedimentos, sea de hasta $2,500.00, el ofensor incurrirá en delito menos grave.

(2) En los casos en que la cantidad de fondos, activos o propiedad mueble o inmueble envueltos en la explotación financiera de la persona de edad avanzada o con impedimento, sea de $2,501.00 en adelante, el ofensor incurrirá en delito grave.

(3) En todos los casos, el Tribunal impondrá la pena de restitución en adición a la pena establecida.

(Julio 30, 2012, Núm. 146, efectivo el 1 de septiembre de 2012; Agosto 12, 2014, Núm. 138, art. 12, añade este artículo 127-C.)

Artículo 127-D.-Fraude de gravamen contra personas de edad avanzada (33 L.P.R.A. sec. 5186-D)

Toda persona que abusando de las necesidades, inexperiencia, estado de enfermedad mental o deficiencia psíquica de una persona de edad avanzada o incapacitada, con el fin de procurarse a sí mismo o a otro beneficio, le hiciere enajenar o gravar un bien mueble o inmueble, no obstante la nulidad del acto y que dicho acto resulte en perjuicio de la persona de edad avanzada o de un tercero, será sancionada con pena de reclusión por un término fijo de ocho (8) años. Además, el Tribunal impondrá la pena de restitución en adición a la pena establecida.

(Julio 30, 2012, Núm. 146, efectivo el 1 de septiembre de 2012; Agosto 12, 2014, Núm. 138, art. 13, añade este artículo 127-D.)

SECCIÓN CUARTA- Del respeto a los muertos

Artículo 128.- Profanación de cadáver o cenizas. (33 L.P.R.A. sec. 5187)

Toda persona que ilegalmente mutile, desentierre o remueva de su sepultura, o del lugar en que se halle aguardando el momento de ser enterrado o cremado, el cadáver de un ser humano o parte del mismo, o sus restos o cenizas, o que de otra forma los profane, será sancionada con pena de reclusión por un término fijo de tres (3) años.

(Julio 30, 2012, Núm. 146, art. 128, efectivo el 1 de septiembre de 2012.)

Artículo 129.- Profanación del lugar donde yacen los muertos e interrupción del funeral. (33 L.P.R.A. sec. 5189)

Toda persona que profane el lugar donde yace el cadáver de un ser humano, los objetos que allí se destinan a honrar su memoria o los que contienen sus restos o cenizas, o impida o interrumpa un funeral, velatorio o servicio fúnebre, incurrirá en delito menos grave.

(Julio 30, 2012, Núm. 146, art. 129, efectivo el 1 de septiembre de 2012.)

CAPÍTULO IV -DELITOS CONTRA LA INDEMNIDAD SEXUAL

SECCIÓN PRIMERA -De los delitos de violencia sexual

Artículo 130.- Agresión sexual. (33 L.P.R.A. sec. 5191)

Será sancionada con pena de reclusión por un término fijo de cincuenta (50) años, más la pena de restitución, salvo que la víctima renuncie a ello, toda persona que a propósito, con conocimiento o temerariamente lleve a cabo, o que provoque que otra persona lleve a cabo, un acto orogenital o una penetración sexual vaginal o anal ya sea ésta genital, digital, o instrumental, en cualquiera de las circunstancias que se exponen a continuación:

(a) Si la víctima al momento del hecho no ha cumplido dieciséis (16) años de edad, salvo cuando la víctima es mayor de catorce (14) años y la diferencia de edad entre la víctima y el acusado es de cuatro (4) años o menos.

(b) Si por enfermedad o incapacidad mental, temporal o permanentemente, la víctima está incapacitada para comprender la naturaleza del acto en el momento de su relación.

(c) Si la víctima fue compelida al acto mediante el empleo de fuerza física, violencia, intimidación o amenaza grave o inmediato daño corporal.

(d) Si la víctima se le ha anulado o disminuido sustancialmente, sin su conocimiento o sin su consentimiento, su capacidad de consentir a través de medios hipnóticos, narcóticos, deprimentes o estimulantes o de sustancias o medios similares.

(e) Si a la víctima se le obliga o induce mediante maltrato, violencia física o psicológica a participar o involucrarse en una relación sexual no deseada con terceras personas.

Será sancionada con pena de reclusión por un término fijo de veinticinco (25) años, más la pena de restitución, salvo que la víctima renuncie a ello, toda persona que a propósito, con conocimiento o temerariamente lleve a cabo, o que provoque que otra persona lleve a cabo, un acto orogenital o una penetración sexual vaginal o anal ya sea ésta genital, digital, o instrumental, en cualquiera de las circunstancias que se exponen a continuación:

(f) Si al tiempo de cometerse el acto, la víctima no tuviera conciencia de su naturaleza y esa circunstancia fuera conocida por el acusado.

(g) Si la víctima se somete al acto mediante engaño, treta, simulación u ocultación en relación a la identidad del acusado.

(h) Cuando la persona acusada se aprovecha de la confianza depositada en ella por la víctima mayor de dieciséis (16) años con la cual existe una relación de superioridad por razón de tenerla bajo su custodia, tutela, educación primaria, secundaria o especial tratamiento médico o psicoterapéutico, consejería de cualquier índole, o por existir una relación de liderazgo de creencia religiosa con la víctima o de cualquier otra índole con la víctima.

El Tribunal podrá considerar en la imposición de la pena las siguientes circunstancias agravantes a la pena:

(1) se cometa en el hogar de la víctima, o en cualquier otro lugar donde ésta tenga una expectativa razonable de intimidad;

(2) resulte en un embarazo; o

(3) resulte en el contagio de alguna enfermedad venérea, siendo este hecho conocido por el autor.

(4) si la conducta tipificada en el inciso (c) de este Artículo se comete en contra de la persona de quien el autor es o ha sido cónyuge o conviviente, o ha tenido o tiene relaciones de intimidad o noviazgo, o con la que tiene un hijo en común.

Si la conducta tipificada en el inciso (a) se comete por un menor que no ha cumplido dieciocho (18) años de edad, será sancionado con pena de reclusión por un término fijo de ocho (8) años, de ser procesado como adulto. Esta pena de reclusión no aplicará cuando la víctima sea mayor de catorce (14) años y la diferencia de edad entre la víctima y el acusado es de cuatro (4) años o menos, conforme se dispone en el inciso (a) de este Artículo.

(Julio 30, 2012, Núm. 146, art. 130, efectivo el 1 de septiembre de 2012; Diciembre 26, 2014, Núm. 246, art. 74, enmienda los incisos (a) a la (h) y el último párrafo, efectivo 90 días después de su aprobación.)

Artículo 131.- Incesto. (33 L.P.R.A. sec. 5192)

Serán sancionadas con pena de reclusión por un término fijo de cincuenta (50) años, aquellas personas que tengan una relación de parentesco, por ser ascendiente o descendiente, por consanguinidad, adopción o afinidad, o colateral por consanguinidad o adopción, hasta el tercer grado, o por compartir o poseer la custodia física o patria potestad y que a propósito, con conocimiento o temerariamente lleven a cabo un acto orogenital o una penetración sexual vaginal o anal, ya sea ésta genital, digital o instrumental.

El Tribunal podrá considerar en la imposición de la pena las siguientes circunstancias agravantes a la pena:

(a) resulte en un embarazo; o

(b) resulte en el contagio de alguna enfermedad venérea, siendo este hecho conocido por el autor.

Si la parte promovente de la conducta fuere un menor que no ha cumplido dieciocho (18) años de edad, será sancionado con pena de reclusión por un término fijo de ocho (8) años, de ser procesado como adulto.

(Julio 30, 2012, Núm. 146, art. 131, efectivo el 1 de septiembre de 2012; Diciembre 26, 2014, Núm. 246, art. 75, enmienda el primer párrafo y la primera oración del segundo párrafo, efectivo 90 días después de su aprobación.)

Artículo 132.- Circunstancias esenciales de los delitos de agresión sexual e incesto. (33 L.P.R.A. sec. 5193)

El delito de agresión sexual o de incesto consiste esencialmente en la agresión inferida a la integridad física, síquica o emocional y a la dignidad de la persona.

Cualquier acto orogenital o penetración sexual, vaginal o anal, ya sea ésta genital, digital o instrumental, por leve que sea, bastará para consumar el delito.

(Julio 30, 2012, Núm. 146, art. 132, efectivo el 1 de septiembre de 2012.)

Artículo 133.- Actos lascivos. (33 L.P.R.A. sec. 5194)

Toda persona que a propósito, con conocimiento o temerariamente, sin intentar consumar el delito de agresión sexual descrito en el Artículo 130, someta a otra persona a un acto que tienda a despertar, excitar o satisfacer la pasión o deseos sexuales del imputado, en cualquiera de las circunstancias que se exponen a continuación, será sancionada con pena de reclusión por un término fijo de ocho (8) años, más la pena de restitución, salvo que la víctima renuncie a ello:

(a) Si la víctima al momento del hecho es menor de dieciséis (16) años de edad.

(b) Si la víctima fue compelida al acto mediante el empleo de fuerza, violencia, amenaza de grave o inmediato daño corporal, o intimidación, o el uso de medios hipnóticos, narcóticos, deprimentes o estimulantes o sustancias o medios similares.

(c) Si la víctima, por enfermedad o defecto mental temporero o permanente, estaba incapacitada para comprender la naturaleza del acto.

(d) Si la víctima fue compelida al acto mediante el empleo de medios engañosos que anularon o disminuyeron sustancialmente, sin su conocimiento, su capacidad de consentir.

(e) Si al tiempo de cometerse el acto, la víctima no tuviera conciencia de su naturaleza y esa circunstancia fuera conocida por el acusado.

(f) Si el acusado tiene una relación de parentesco con la víctima, por ser ascendiente o descendiente, por consanguinidad, adopción o afinidad, o colateral por consanguinidad o adopción, hasta el tercer grado, o por compartir o poseer la custodia física o patria potestad.

(g) Cuando la persona acusada se aprovecha de la confianza depositada en ella por la víctima por existir una relación de superioridad por razón de tenerla bajo su custodia, tutela, educación primaria, secundaria, universitaria o especial, tratamiento médico o psicoterapéutico, consejería de cualquier índole, o por existir una relación de liderazgo de creencia religiosa o de cualquier índole con la víctima.

Cuando el delito se cometa en cualquiera de las modalidades descritas en los incisos (a) y (f) de este Artículo, o se cometa en el hogar de la víctima, o en cualquier otro lugar donde ésta tenga una expectativa razonable de intimidad, la pena del delito será de reclusión por un término fijo de quince (15) años más la pena de restitución, salvo que la víctima renuncie a ello.

(Julio 30, 2012, Núm. 146, art. 133, efectivo el 1 de septiembre de 2012; Diciembre 26, 2014, Núm. 246, art. 76, enmienda el primero y último párrafo, efectivo 90 días después de su aprobación.)

Artículo 134.- Bestialismo. (33 L.P.R.A. sec. 5195)

Toda persona que lleve a cabo, o que incite, coaccione o ayude a otra a llevar a cabo cualquier forma de penetración sexual con un animal, será sancionada con pena de reclusión por un término fijo de tres (3) años.

(Julio 30, 2012, Núm. 146, art. 134, efectivo el 1 de septiembre de 2012.)

Artículo 135.- Acoso sexual. (33 L.P.R.A. sec. 5196)

Toda persona que, en el ámbito de una relación laboral, docente o de prestación de servicios, solicite favores de naturaleza sexual para sí o para un tercero, y sujete las condiciones de trabajo, docencia o servicios a su cumplimiento, o mediante comportamiento sexual provoque una situación con conocimiento de que resultará intimidatoria, hostil o humillante para la víctima, será sancionada con una pena de reclusión por un término fijo de tres (3) años.

(Julio 30, 2012, Núm. 146, art. 135, efectivo el 1 de septiembre de 2012; Diciembre 26, 2014, Núm. 246, art. 77, enmienda, efectivo 90 días después de su aprobación; Junio 21, 2019, Num. 53, sec. 1, enmienda para aumentar la pena de delito menos grave a delito grave por 3 años fijo.)

SECCIÓN SEGUNDA- De los delitos contra la moral pública

Artículo 136.- Exposiciones obscenas. (33 L.P.R.A. sec. 5197)

Toda persona que exponga cualquier parte íntima de su cuerpo en cualquier sitio en que esté presente una o varias personas, incluyendo funcionarios del orden público, a quien tal exposición pueda ofender o molestar, incurrirá en delito menos grave.

Esta conducta no incluye el acto de lactancia a un infante.

(Julio 30, 2012, Núm. 146, art. 136, efectivo el 1 de septiembre de 2012.)

Artículo 137.- [Eliminado]. (33 L.P.R.A. sec. 5198)

(Julio 30, 2012, Núm. 146, art. 137, efectivo el 1 de septiembre de 2012; Diciembre 26, 2014, Núm. 246, art. 78, elimina este artículo 137, efectivo 90 días después de su aprobación.)

SECCIÓN TERCERA- De la prostitución y actividades afines

Artículo 138.- Prostitución. (33 L.P.R.A. sec. 5199)

Toda persona que sostenga, acepte, ofrezca o solicite sostener relaciones sexuales con otra persona por dinero o estipendio, remuneración o cualquier forma de pago, incurrirá en delito menos grave.

A los efectos de este Artículo, no se considerará como defensa el sexo de las partes que sostengan, acepten, ofrezcan o soliciten sostener relaciones sexuales.

(Julio 30, 2012, Núm. 146, art. 138, efectivo el 1 de septiembre de 2012; Diciembre 26, 2014, Núm. 246, art. 79, enmienda para sustituir la frase "esta sección" por "este Artículo" en el segundo párrafo, efectivo 90 días después de su aprobación.)

Artículo 139.- Casas de prostitución y comercio de sodomía. (33 L.P.R.A. sec. 5200)

Incurrirá en delito menos grave:

(a) Toda persona que tenga en propiedad o explotación, bajo cualquier denominación, una casa o anexo, un edificio o anexo, o dependencia de la misma, para concertar o ejercer la prostitución o el comercio de sodomía o de algún modo la regentee, dirija o administre o participe en la propiedad, explotación, dirección o administración de la misma.

(b) Toda persona que arriende, en calidad de dueño o administrador, o bajo cualquier denominación, una casa o anexo, un edificio o anexo, o dependencia de los mismos, para su uso como casa para concertar o ejercer la prostitución o el comercio de sodomía.

(c) Toda persona que teniendo en calidad de dueño, administrador, director, encargado, o bajo cualquier denominación, una casa o anexo, un edificio o anexo, o dependencia de los mismos, permita la presencia habitual en ellos de una o varias personas para concertar o ejercer la prostitución o el comercio de sodomía.

Se dispone que en cuanto a los establecimientos o locales a que se refiere este Artículo, el tribunal podrá ordenar también la revocación de las licencias, permisos o autorizaciones para operar.

Conforme a lo dispuesto en el Artículo 46 de este Código, se impondrá responsabilidad criminal a la persona jurídica titular o responsable de la administración del establecimiento.

(Julio 30, 2012, Núm. 146, art. 139, efectivo el 1 de septiembre de 2012; Diciembre 26, 2014, Núm. 246, art. 80, enmienda los últimos dos párrafos, efectivo 90 días después de su aprobación.)

Artículo 140.- [Eliminado]. (33 L.P.R.A. sec. 5201)

(Julio 30, 2012, Núm. 146, art. 140, efectivo el 1 de septiembre de 2012; Diciembre 26, 2014, Núm. 246, art. 81, elimina este artículo 140, efectivo 90 días después de su aprobación.)

Artículo 141.- Proxenetismo, rufianismo y comercio de personas. (33 L.P.R.A. sec. 5202)

Será sancionada con pena de reclusión por un término fijo de tres (3) años, más la pena de restitución, salvo que la víctima renuncie a ello, toda persona que:

(a) Con el propósito de lucro o para satisfacer la lascivia ajena promueva o facilite la prostitución de otra persona, aun con el consentimiento de ésta.

(b) Haga de la prostitución ajena su medio habitual de vida.

(c) Promueva o facilite la entrada o salida del Estado Libre Asociado de Puerto Rico de otra persona aun con el consentimiento de ésta, para que ejerza la prostitución o comercio de sodomía.

(Julio 30, 2012, Núm. 146, art. 141, efectivo el 1 de septiembre de 2012; Diciembre 26, 2014, Núm. 246, art. 82, enmienda el primer párrafo y el inciso (a), efectivo 90 días después de su aprobación.)

Artículo 142.- Proxenetismo, rufianismo y comercio de personas agravado. (33 L.P.R.A. sec. 5203)

Será sancionada con pena de reclusión por un término fijo de ocho (8) años, toda persona que cometa el delito descrito en el Artículo 141 si concurre cualquiera de las siguientes circunstancias:

(a) Si el autor es ascendiente, descendiente, cónyuge, hermano, tutor o encargado de la educación, guarda o custodia de la víctima.

(b) Si promueve o facilita la prostitución o el comercio de sodomía de más de una persona.

(Julio 30, 2012, Núm. 146, art. 142, efectivo el 1 de septiembre de 2012; Diciembre 28, 2020, Núm. 159, sec. 1, enmienda en términos generales.

SECCIÓN CUARTA -De la obscenidad y la pornografía infantil

Artículo 143.- Definiciones. (33 L.P.R.A. sec. 5204)

A los efectos de esta Sección, los siguientes términos o frases tienen el significado que a continuación se expresa:

(a) Conducta obscena. Es cualquier actividad física del cuerpo humano, bien sea llevada a cabo solo o con otras personas, incluyendo, pero sin limitarse, a cantar, hablar, bailar, actuar, simular, o hacer pantomimas, la cual considerada en su totalidad por la persona promedio y, según los patrones comunitarios contemporáneos:

(1) apele al interés lascivo, o sea, interés morboso en la desnudez, sexualidad o funciones fisiológicas;

(2) represente o describa en una forma patentemente ofensiva conducta sexual; y

(3) carezca de un serio valor literario, artístico, religioso, científico o educativo.

La atracción de la conducta al interés lascivo se juzgará en relación al adulto promedio, a menos que se desprenda de la naturaleza de dicha conducta o de las circunstancias de su producción, presentación, o exhibición que está diseñada para grupos de desviados sexuales, en cuyo caso la atracción predominante de la conducta se juzgará con referencia al grupo a quien va dirigido.

En procesos por violación a las disposiciones de esta Sección en donde las circunstancias de producción, presentación o exhibición indican que el acusado está explotando comercialmente la conducta obscena por su atracción lasciva, dichas circunstancias constituyen prueba prima facie de que la misma carece de un serio valor literario, artístico, religioso, científico o educativo.

Cuando la conducta prohibida se lleve a cabo para o en presencia de menores, será suficiente que el material esté dirigido a despertar un interés lascivo en el sexo.

(b) Conducta sexual. Comprende:

(1) representaciones o descripciones patentemente ofensivas de actos sexuales consumados, normales o pervertidos, actuales o simulados, incluyendo relaciones sexuales, sodomía y bestialismo, o

(2) representaciones o descripciones patentemente ofensivas de masturbación, copulación oral, sadismo sexual, masoquismo sexual, exhibición lasciva de los genitales, estimular los órganos genitales humanos por medio de objetos diseñados para tales fines, o funciones escatológicas, así sea tal conducta llevada a cabo individualmente o entre miembros del mismo sexo o del sexo opuesto, o entre humanos y animales.

(c) Material. Es cualquier libro, revista, periódico u otro material impreso, escrito, o digital, o cualquier retrato, fotografía, dibujo, caricatura, película de movimiento, cinta cinematográfica u otra representación gráfica; o cualquier representación oral o visual transmitida o retransmitida a través de cables, ondas electromagnéticas, computadoras, tecnología digital o cualesquiera medios electrónicos o de comunicación telemática; o cualquier estatua, talla o figura, escultura; o cualquier grabación, transcripción o reproducción mecánica, química o eléctrica o cualquier otro artículo, equipo o máquina.

(d) Material nocivo a menores. Es todo material que describa explícitamente la desnudez del cuerpo humano, manifestaciones de conducta sexual o excitación sexual, o de una manera que al considerarse en parte o en la totalidad de su contexto:

(1) apele predominantemente al interés lascivo, vergonzoso o morboso en los menores;

(2) resulte patentemente ofensivo de acuerdo a los criterios contemporáneos de la comunidad adulta conforme a los mejores intereses de los menores; y

(3) carezca de un serio valor social para los menores.

(e) Material obsceno. Es material que considerado en su totalidad por una persona promedio y que al aplicar patrones comunitarios contemporáneos:

(1) apele al interés lascivo, o sea, a un interés morboso en la desnudez, sexualidad o funciones fisiológicas;

(2) represente o describa en una forma patentemente ofensiva conducta sexual; y

(3) carezca de un serio valor literario, artístico, religioso, científico o educativo.

La atracción del material al interés lascivo en el sexo se juzga en referencia al adulto promedio, a menos que se desprenda de la naturaleza del material, o de las circunstancias de su diseminación, distribución o exhibición, que está diseñado para grupos de desviados sexuales, en cuyo caso dicha atracción se juzgará con referencia al grupo a quien va dirigido.

En procesos de violación a las disposiciones de esta Sección, donde las circunstancias de producción, presentación, venta, diseminación, distribución, o publicidad indican que el acusado está explotando comercialmente el material por su atracción lasciva, la prueba de este hecho constituirá prueba prima facie de que el mismo carece de serio valor literario, artístico, religioso, científico o educativo.

Cuando la conducta prohibida se lleve a cabo para o en presencia de menores será suficiente que el material esté dirigido a despertar un interés lascivo en el sexo.

(f) Pornografía infantil. Es cualquier representación de conducta sexual explícita, todo acto de masturbación, abuso sadomasoquista, relaciones sexuales reales o simuladas, relaciones sexuales desviadas, bestialismo, homosexualismo, lesbianismo, actos de sodomía, o exhibición de los órganos genitales llevados a cabo por personas menores de dieciocho (18) años de edad.

(g) Abuso sadomasoquista. Son actos de flagelación o tortura por parte de una persona a otra o a sí misma, o la condición de estar encadenado, atado o de cualquier otro modo restringido, como un acto de gratificación o estimulación sexual.

(Julio 30, 2012, Núm. 146, art. 143, efectivo el 1 de septiembre de 2012.)

Artículo 144.- Envío, transportación, venta, distribución, publicación, exhibición o posesión de material obsceno. (33 L.P.R.A. sec. 5205)

Toda persona que a sabiendas envíe o haga enviar, o transporte o haga transportar, o traiga o haga traer material obsceno a Puerto Rico para la venta, exhibición, publicación o distribución, o que posea, prepare, publique, o imprima cualquier material obsceno en Puerto Rico, con el propósito de distribuirlo, venderlo, exhibirlo a otros, o de ofrecerlo para la distribución o la venta, incurrirá en delito menos grave.

Si el delito descrito en el párrafo anterior se lleva a cabo para o en presencia de un menor o se emplea o usa a un menor para hacer o ayudar en la conducta prohibida, será sancionada con pena de reclusión por un término fijo de tres (3) años. Si la persona convicta es una persona jurídica será sancionada con pena de multa hasta diez mil dólares ($10,000).

Las disposiciones de este Artículo, en relación con la exhibición de, o la posesión con la intención de exhibir cualquier material obsceno, no se aplican a ningún empleado, proyeccionista u operador de un aparato cinematográfico, que ha sido empleado y quien está desempeñándose dentro del ámbito de su empleo, siempre y cuando tal empleado, proyeccionista u operador no tenga interés propietario de clase alguna en el lugar o negocio en donde está empleado.

(Julio 30, 2012, Núm. 146, art. 144, efectivo el 1 de septiembre de 2012; Diciembre 26, 2014, Núm. 246, art. 83, enmienda el segundo párrafo, efectivo 90 días después de su aprobación.)

Artículo 145.- Espectáculos obscenos. (33 L.P.R.A. sec. 5206)

Toda persona que a sabiendas se dedique a, o participe en la administración, producción, patrocinio, presentación o exhibición de un espectáculo que contiene conducta obscena o participe en una parte de dicho espectáculo, o que contribuya a su obscenidad, incurrirá en delito menos grave.

Si el comportamiento descrito en el párrafo anterior se lleva a cabo para o en presencia de un menor será sancionada con pena de reclusión por un término fijo de tres (3) años. Si la persona convicta es una persona jurídica será sancionada con pena de multa hasta diez mil dólares ($10,000).

(Julio 30, 2012, Núm. 146, art. 145, efectivo el 1 de septiembre de 2012; Diciembre 26, 2014, Núm. 246, art. 84, enmienda para añadir la última oración, efectivo 90 días después de su aprobación.)

Artículo 146.- Producción de pornografía infantil. (33 L.P.R.A. sec. 5207)

Toda persona que a sabiendas promueva, permita, participe o directamente contribuya a la creación o producción de material o de un espectáculo de pornografía infantil será sancionada con pena de reclusión por un término fijo de quince (15) años, más la pena de restitución, salvo que la víctima renuncie a ello. Si la persona convicta es una persona jurídica será sancionada con pena de multa hasta cincuenta mil dólares ($50,000).

(Julio 30, 2012, Núm. 146, art. 146, efectivo el 1 de septiembre de 2012; Diciembre 26, 2014, Núm. 246, art. 85, enmienda en términos generales, efectivo 90 días después de su aprobación.)

Artículo 147.- Posesión y distribución de pornografía infantil. (33 L.P.R.A. sec. 5208)

Toda persona que a sabiendas posea o compre material o un espectáculo de pornografía infantil será sancionada con pena de reclusión por un término fijo de doce (12) años, más la pena de restitución, salvo que la víctima renuncie a ello. Si la persona convicta es una persona jurídica será sancionada con pena de multa hasta cuarenta mil dólares ($40,000), más la pena de restitución, salvo que la víctima renuncie a ello.

Toda persona que a sabiendas imprima, venda, exhiba, distribuya, publique, transmita, traspase, envíe o circule material o un espectáculo de pornografía infantil será sancionada con pena de reclusión por un término fijo de quince (15) años. Si la persona convicta es una persona jurídica será sancionada con pena de multa hasta cincuenta mil dólares ($50,000).

(Julio 30, 2012, Núm. 146, art. 147, efectivo el 1 de septiembre de 2012; Diciembre 26, 2014, Núm. 246, art. 86, enmienda en términos generales, efectivo 90 días después de su aprobación.)

Artículo 148.- Utilización de un menor para pornografía infantil. (33 L.P.R.A. sec. 5209)

Toda persona que use, persuada o induzca a un menor a posar, modelar o ejecutar conducta sexual con el propósito de preparar, imprimir o exhibir material de pornografía infantil o a participar en un espectáculo de esa naturaleza será sancionada con pena de reclusión por un término fijo de quince (15) años, más la pena de restitución, salvo que la víctima renuncie a ello. Si la persona convicta es una persona jurídica será sancionada con pena de multa hasta cincuenta mil dólares ($50,000), más la pena de restitución, salvo que la víctima renuncie a ello.

Será sancionada con pena de reclusión por un término fijo de veinte (20) años, más la pena de restitución, salvo que la víctima renuncie a ello:

(a) cuando el acusado tenga relaciones de parentesco con la víctima, por ser ascendiente o descendiente, por consanguinidad, adopción o afinidad, hasta el tercer grado, o por compartir o poseer la custodia física o patria potestad; o

(b) cuando se cometa en el hogar o lugar dedicado al cuidado de la víctima.

(Julio 30, 2012, Núm. 146, art. 148, efectivo el 1 de septiembre de 2012; Diciembre 26, 2014, Núm. 246, art. 87, enmienda el primer párrafo y la primera oración del segundo párrafo, efectivo 90 días después de su aprobación.)

Artículo 149.- Exhibición y venta de material nocivo a menores. (33 L.P.R.A. sec. 5210)

Incurrirá en delito menos grave:

(a) Toda persona a cargo de la supervisión, control o custodia de un establecimiento comercial o de negocios que a sabiendas exhiba, despliegue o exponga a la vista cualquier material nocivo a los menores en aquellas áreas del establecimiento o áreas circundantes donde un menor de edad tiene acceso como parte del público en general.

(b) Toda persona a cargo de la supervisión, custodia o control de una sala de teatro donde se proyectan cintas cinematográficas que contengan material nocivo a menores y que a sabiendas venda un boleto de entrada o de otra manera permita la entrada de un menor a dicho establecimiento.

(c) Toda persona que a sabiendas venda, arriende o preste a un menor material conteniendo información o imágenes nocivas a éstos, será sancionada con una pena de reclusión por un término fijo de tres (3) años. Si la persona convicta en esta modalidad es una persona jurídica será sancionada con pena de multa hasta diez mil dólares ($10,000).

Para fines de este Artículo, establecimiento comercial o de negocios incluye, sin limitarse, a barras, discotecas, café teatro y otros lugares de diversión afines.

Conforme a lo dispuesto en el Artículo 46 de este Código, se impondrá responsabilidad criminal a la persona jurídica titular o responsable de la administración del establecimiento.

(Julio 30, 2012, Núm. 146, art. 149, efectivo el 1 de septiembre de 2012; Diciembre 26, 2014, Núm. 246, art. 88, enmienda el inciso (c), efectivo 90 días después de su aprobación.)

Artículo 150.- Propaganda de material obsceno o de pornografía infantil. (33 L.P.R.A. sec. 5211)

Incurrirá en delito menos grave toda persona que prepare, exhiba, publique, anuncie o solicite de cualquier persona que publique o exhiba un anuncio de material obsceno o que en cualquier otra forma promueva la venta o la distribución de tal material.

Si la conducta descrita en el párrafo anterior, ocurre en presencia de un menor, la persona será sancionada con pena de reclusión por un término fijo de tres (3) años. Si la persona convicta es una persona jurídica será sancionada con pena de multa hasta diez mil dólares ($10,000).

Cuando el material sea de pornografía infantil, la persona será sancionada con pena de reclusión por un término fijo de ocho (8) años. Si la persona convicta es una persona jurídica será sancionada con pena de multa hasta treinta mil dólares ($30,000).

(Julio 30, 2012, Núm. 146, art. 150, efectivo el 1 de septiembre de 2012; Diciembre 26, 2014, Núm. 246, art. 89, enmienda los últimos dos párrafos, efectivo 90 días después de su aprobación.)

Artículo 151.- Venta, distribución condicionada. (33 L.P.R.A. sec. 5212)

Incurrirá en delito menos grave toda persona que, como condición para la venta, distribución, consignación o entrega para la reventa de cualquier diario, revista, libro, publicación u otra mercancía:

(a) requiera que el comprador o consignatario reciba cualquier material obsceno;

(b) deniegue, revoque o amenace con denegar o revocar una franquicia; o

(c) imponga una penalidad monetaria o de otra clase por razón de tal persona negarse a aceptar tal material o por razón de la devolución de tal material.

Cuando el material sea de pornografía infantil, la persona será sancionada con pena de reclusión por un término fijo de ocho (8) años. Si la persona convicta es una persona jurídica será sancionada con pena de multa hasta treinta mil dólares ($30,000).

(Julio 30, 2012, Núm. 146, art. 151, efectivo el 1 de septiembre de 2012; Diciembre 26, 2014, Núm. 246, art. 90, enmienda la última oración, efectivo 90 días después de su aprobación.)

Artículo 152.- Transmisión o retransmisión de material obsceno o de pornografía infantil. (33 L.P.R.A. sec. 5213)

Toda persona que a sabiendas distribuya cualquier material obsceno a través de cualquier medio de comunicación telemática u otro medio de comunicación, incurrirá en delito menos grave.

Cuando el material sea de pornografía infantil, la persona incurrirá en delito grave y será sancionada con pena de reclusión por un término fijo de ocho (8) años. Si la persona convicta es una persona jurídica será sancionada con pena de multa hasta treinta mil dólares ($30,000).

(Julio 30, 2012, Núm. 146, art. 152, efectivo el 1 de septiembre de 2012; Diciembre 26, 2014, Núm. 246, art. 91, enmienda la última oración, efectivo 90 días después de su aprobación; Mayo 19, 2017, Num. 27, sec. 2, enmienda el segundo parrafo.)

Artículo 153.- Confiscación. (33 L.P.R.A. sec. 5214)

El Secretario de Justicia, el Superintendente de la Policía o el Secretario de Hacienda por conducto de sus delegados o agentes del orden público, pueden incautarse de propiedad o interés que cualquier persona ha adquirido en violación a las disposiciones de esta Sección, sujeto al procedimiento establecido por la Ley Uniforme de Confiscaciones de 2011, Ley 119-2011.

(Julio 30, 2012, Núm. 146, art. 153, efectivo el 1 de septiembre de 2012.)

Artículo 154.- Destrucción de material. (33 L.P.R.A. sec. 5215)

Cuando medie convicción y sentencia firme por cualquier delito comprendido en esta Sección, el tribunal ordenará que se destruya cualquier material o anuncio obsceno o de pornografía infantil que haya motivado la convicción del acusado y que se encuentre en poder o bajo control del tribunal, del ministerio público o de un funcionario del orden público.

(Julio 30, 2012, Núm. 146, art. 154, efectivo el 1 de septiembre de 2012.)

CAPÍTULO V- DELITOS CONTRA LOS DERECHOS CIVILES

SECCIÓN PRIMERA- De las restricciones a la libertad

Artículo 155.- Restricción de libertad. (33 L.P.R.A. sec. 5221)

Toda persona que restrinja a propósito o con conocimiento y de forma ilegal a otra persona de manera que interfiera sustancialmente con su libertad, incurrirá en delito menos grave.

(Julio 30, 2012, Núm. 146, art. 155, efectivo el 1 de septiembre de 2012; Diciembre 26, 2014, Núm. 246, art. 92, enmienda para sustituir "intencionalmente y sin excusa legítima" por "a propósito o con conocimiento y de forma ilegal", efectivo 90 días después de su aprobación.)

Artículo 156.- Restricción de libertad agravada. (33 L.P.R.A. sec. 5222)

Se impondrá pena de reclusión por un término fijo de tres (3) años, si el delito de restricción de libertad se comete con la concurrencia de cualquiera de las siguientes circunstancias:

(a) Mediante violencia, intimidación, fraude o engaño.

(b) Simulando ser autoridad pública.

(c) Por funcionario o empleado público con abuso de los poderes inherentes a su autoridad o funciones.

(d) Con el pretexto de que el restringido padece de enfermedad o defecto mental.

(e) En persona que no ha cumplido dieciocho (18) años de edad, discapacitado o persona que no pueda valerse por sí mismo o enfermo mental.

(f) En la persona de quien el autor o la autora es o ha sido cónyuge o conviviente, o ha tenido o tiene relaciones de intimidad o noviazgo, o con la que tiene un hijo en común.

(Julio 30, 2012, Núm. 146, art. 156, efectivo el 1 de septiembre de 2012; Diciembre 26, 2014, Núm. 246, art. 93, enmienda para bajar la pena de 8 a 3 años, efectivo 90 días después de su aprobación.)

Artículo 157.- Secuestro. (33 L.P.R.A. sec. 5223)

Toda persona que mediante fuerza, violencia, intimidación, fraude o engaño, sustrae, o retiene y oculta, a otra persona privándola de su libertad será sancionada con pena de reclusión por un término fijo de veinticinco (25) años.

Cuando se sustrae a la víctima del lugar en que se encuentre y se mueva del mismo, la sustracción de la víctima debe ser por tiempo o distancia sustancial y no meramente incidental a la comisión de otro delito.

(Julio 30, 2012, Núm. 146, art. 157, efectivo el 1 de septiembre de 2012; Diciembre 26, 2014, Núm. 246, art. 94, enmienda el segundo párrafo en términos generales, efectivo 90 días después de su aprobación.)

Artículo 158.- Secuestro agravado. (33 L.P.R.A. sec. 5224)

Será sancionada con pena de reclusión por un término fijo de cincuenta (50) años, toda persona que cometa el delito de secuestro cuando medie cualquiera de las siguientes circunstancias:

(a) Cuando se cometa contra una persona que no ha cumplido dieciocho (18) años de edad, o un discapacitado o persona que no pueda valerse por sí misma, o un enfermo mental.

(b) Cuando se cometa contra el Gobernador de Puerto Rico, contra un legislador o Secretario del Gabinete o funcionario principal de una agencia o corporación pública, juez, fiscal especial independiente, o un fiscal o procurador del Departamento de Justicia de Puerto Rico, fuere éste nombrado por el Gobernador de Puerto Rico o designado como tal por el Secretario de Justicia.

(c) Cuando se cometa con el propósito de exigir compensación monetaria o que se realice algún acto contrario a la ley o a la voluntad de la persona secuestrada, o exigir al Estado la liberación de algún recluso cumpliendo sentencia o la liberación de una persona arrestada o acusada en relación con la comisión de algún delito.

(d) Cuando el secuestro se inicie fuera de los límites territoriales del Estado Libre Asociado de Puerto Rico y se traiga o envíe a la persona a Puerto Rico.

(Julio 30, 2012, Núm. 146, art. 158, efectivo el 1 de septiembre de 2012; Diciembre 26, 2014, Núm. 246, art. 95, enmienda, efectivo 90 días después de su aprobación.)

Artículo 159.- Trata Humana con fines de servidumbre involuntaria o esclavitud, y otros tipos de explotación. (33 L.P.R.A. sec. 5225)

Incurrirá en el delito de Trata Humana y será sancionada con pena de reclusión por un término fijo de veinte (20) años, toda persona que, a sabiendas, incurra en cualquiera de los siguientes actos:

1) Imponga sobre cualquier persona una condición de servidumbre, trabajos forzados, o cualquier otro tipo de explotación, u obtenga de una persona

cualquier tipo de trabajos o servicios, mediante cualquiera de los siguientes medios:

a. ejerciendo fuerza, engaño, fraude, coacción física o emocional, coerción, intimidación, daño, o amenaza de cualquiera de estos, sobre la víctima o sobre otra persona.

b. mediante el ejercicio de abuso de poder real o pretendido, o aprovechándose de la situación de vulnerabilidad de la víctima.

c. mediante secuestro, restricción física, restricción de la libertad, interferencia con los movimientos o comunicaciones o privación o destrucción de documentos de identidad de la víctima.

d. Al imponer sobre la víctima, mediante alguno de los medios descritos en los incisos (a), (b) o (c) de este artículo, el trabajo o algún tipo de explotación como única alternativa de repago por una deuda propia o ajena.

2) Reclute, persuada, albergue, transporte, provea, mantenga o retenga a otra persona con el propósito de someterla, o a sabiendas de que será sometida a algún tipo de explotación mediante cualquiera de los medios enumerados en el inciso (1) de este Artículo.

3) Se beneficie económicamente o mediante el recibo de cualquier cosa de valor, de labores o de servicios, a sabiendas de que fueron obtenidos mediante cualquiera de los medios enumerados en este Artículo.

Para fines de este artículo, los trabajos, servicios o explotación incluyen los trabajos o servicios forzados, la servidumbre, la servidumbre por deudas, la mendicidad, el matrimonio servil, la adopción por medio de coacción o coerción, la esclavitud o sus prácticas análogas, o la extracción de órganos.

Cuando la persona que comete el delito de Trata Humana establecido en este artículo fuere el padre o madre, encargado o tutor legal de la víctima; siendo esta menor de edad o incapacitada mental o físicamente, será sancionada con pena de reclusión por un término fijo de veinticinco (25) años.

(Julio 30, 2012, Núm. 146, art. 159, efectivo el 1 de septiembre de 2012; Diciembre 26, 2014, Núm. 246, art. 96, enmienda el segundo párrafo y aumenta la pena de 12 a 15 años, efectivo 90 días después de su aprobación; Diciembrte 28, 2020, Núm. 159, sec. 2, deroga el articulo 159 anterior y añade este nuevo art. 159.)

Artículo 160.- Trata Humana con fines de explotación sexual.. (33 L.P.R.A. sec. 5226)

Incurrirá en el delito de Trata Humana en la modalidad de explotación sexual y será sancionada con pena de reclusión por un término fijo de cuarenta (40) años toda persona que:

1) reclute, persuada, albergue, transporte, provea, mantenga o retenga mediante fuerza, amenaza de fuerza, engaño, fraude, coacción, coerción, violencia, secuestro, abuso de poder o de autoridad, o valiéndose de cualquier otra situación de vulnerabilidad, a otra persona; con el propósito de someterla o a sabiendas de que será sometida, a una actividad sexual.

2) obtenga cualquier tipo de beneficio de una actividad sexual, según se define en este artículo, a sabiendas de que fue obtenida mediante fuerza, amenaza de fuerza, engaño, fraude, coacción, coerción, violencia, secuestro, abuso de poder o de autoridad, o valiéndose de cualquier otra situación de vulnerabilidad de la víctima.

3) participe en una actividad sexual, según se define en este artículo, a sabiendas de que fue obtenida por cualquiera de los medios descritos en este Artículo.

Cuando la persona sometida o compelida a explotación sexual no ha alcanzado los 18 años de edad, no será necesario que se demuestre algún elemento de vicio del consentimiento sobre dicha persona menor de 18 años, como requisito para que se configure el delito.

Cuando el delito de Trata Humana establecido en este artículo incluya pornografía infantil, incesto o agresión sexual; o cuando el autor es el padre o madre de la víctima o su ascendiente, descendiente, cónyuge, hermano, encargado o tutor legal, encargado de la educación, guarda o custodia de la víctima; o cuando la víctima sea menor edad o incapacitada mental o físicamente será sancionado con pena de reclusión por un término fijo de cincuenta (50) años.

Para fines de este artículo, se considerará como actividad sexual la prostitución, la pornografía, el matrimonio servil, bailes eróticos, embarazos forzados, y cualquier otro tipo de actividad de naturaleza sexual.

(Julio 30, 2012, Núm. 146, art. 160, efectivo el 1 de septiembre de 2012; Diciembre 26, 2014, Núm. 246, art. 97, enmienda el primer párrafo y aumenta la pena de 12 a 15 años, efectivo 90 días después de su aprobación; Diciembrte 28, 2020, Núm. 159, sec. 3, deroga el articulo 160 anterior y añade este nuevo art. 160.)

Artículo 161.- Demora en examen del arrestado. (33 L.P.R.A. sec. 5227)

Todo funcionario público o persona que habiendo arrestado a otra la mantenga bajo custodia irrazonable e innecesariamente sin conducirlo ante un juez será sancionado con pena de reclusión por un término fijo de tres (3) años.

Para determinar la tardanza en conducir a una persona ante un magistrado se usará el criterio de tiempo razonable que tal acto requiere.

(Julio 30, 2012, Núm. 146, art. 161, efectivo el 1 de septiembre de 2012.)

Artículo 162.- Incumplimiento de auto de hábeas corpus. (33 L.P.R.A. sec. 5228)

Todo funcionario público o persona a quien se haya dirigido un auto de hábeas corpus que deje de cumplirlo o se niegue a ello, después de su presentación, será sancionado con pena de reclusión por un término fijo de tres (3) años.

(Julio 30, 2012, Núm. 146, art. 162, efectivo el 1 de septiembre de 2012.)

Artículo 163.- Evasión de auto de hábeas corpus. (33 L.P.R.A. sec. 5229)

Todo funcionario o empleado público o persona que tenga bajo su custodia o autoridad a algún confinado en cuyo favor se haya librado un auto de hábeas corpus y que con el propósito de eludir la presentación de dicho auto o evadir su efecto, traspase al confinado a la custodia de otra, o lo coloque bajo el poder o autoridad de otra, u oculte o cambie el lugar de reclusión, o lo traslade fuera de la jurisdicción del que haya dictado el auto, será sancionado con pena de reclusión por un término fijo de tres (3) años.

(Julio 30, 2012, Núm. 146, art. 163, efectivo el 1 de septiembre de 2012.)

Artículo 164.- Nuevo arresto o encarcelamiento de persona excarcelada. (33 L.P.R.A. sec. 5230)

Toda persona que, por sí o como funcionario del tribunal con autoridad para detener, ilegalmente vuelva a detener, arrestar, encarcelar o privar de su libertad por la misma causa a una persona excarcelada en virtud de un auto de hábeas corpus, será sancionada con pena de reclusión por un término fijo de tres (3) años.

(Julio 30, 2012, Núm. 146, art. 164, efectivo el 1 de septiembre de 2012.)

Artículo 165.- Detención ilegal y Prolongación indebida de la pena. (33 L.P.R.A. sec. 5231)

Será sancionado con pena de reclusión por un término fijo de tres (3) años todo funcionario o empleado de una institución, centro de internación, establecimiento penal o correccional, instituciones privadas destinadas a la internación por medidas judiciales de desvío o ejecución de las penas o medidas de seguridad, que:

(a) reciba a una persona sin orden de autoridad competente o sin los requisitos legales;

(b) no obedezca la orden de libertad expedida por un juez; o

(c) prolongue a propósito la ejecución de la pena o de la medida de seguridad.

(Julio 30, 2012, Núm. 146, art. 165, efectivo el 1 de septiembre de 2012; Diciembre 26, 2014, Núm. 246, art. 98, enmienda el inciso (c) para sustituir "intencionalmente" por "a propósito", efectivo 90 días después de su aprobación.)

Artículo 166.- Orden de arresto o de allanamiento obtenida ilegalmente. (33 L.P.R.A. sec. 5232)

Toda persona que ilegalmente y sin que se haya determinado causa probable por un juez conforme a derecho consiga el libramiento y la ejecución de una orden de arresto o de allanamiento será sancionada con pena de reclusión por un término fijo de tres (3) años.

(Julio 30, 2012, Núm. 146, art. 166, efectivo el 1 de septiembre de 2012.)

Artículo 166-A.- Allanamiento ilegal. (33 L.P.R.A. sec. 5232-A)

Toda persona que a propósito, con conocimiento o temerariamente, so color de autoridad y sin una orden de allanamiento expedida por un juez, sin que medie cualquiera de las excepciones sobre un allanamiento sin orden, ejecute un allanamiento, será sancionada con pena de reclusión por un término fijo de tres (3) años.

(Julio 30, 2012, Núm. 146, efectivo el 1 de septiembre de 2012; Diciembre 26, 2014, Núm. 246, art. 99, añade este nuevo artículo 166-A, efectivo 90 días después de su aprobación.)

SECCIÓN SEGUNDA- De los delitos contra el derecho a la intimidad

Artículo 167.- Recopilación ilegal de información personal. (33 L.P.R.A. sec. 5233)

Todo empleado o funcionario público que sin autoridad de ley y para fines ilegítimos levante, mantenga o preserve expedientes, carpetas, manuales, listas, ficheros o compile información y documentos que contengan nombres y datos de personas, agrupaciones y organizaciones, sin estar dichas personas, agrupaciones o entidades vinculadas con la comisión o intento de cometer un delito, o con el propósito de discriminar en la obtención o permanencia de un empleo será sancionada con pena de reclusión por un término fijo de tres (3) años.

(Julio 30, 2012, Núm. 146, art. 167, efectivo el 1 de septiembre de 2012.)

Artículo 168.- Grabación ilegal de imágenes. (33 L.P.R.A. sec. 5234)

Toda persona que sin justificación legal o sin un propósito investigativo legítimo utilice equipo electrónico o digital de video, con o sin audio, para realizar vigilancia secreta en lugares privados, o en cualquier otro lugar donde se reconozca una expectativa razonable de intimidad será sancionada con pena de reclusión por un término fijo de tres (3) años. Si la persona convicta es una persona jurídica será sancionada con pena de multa hasta diez mil dólares ($10,000).

(Julio 30, 2012, Núm. 146, art. 168, efectivo el 1 de septiembre de 2012; Diciembre 26, 2014, Núm. 246, art. 100, añade la última oración, efectivo 90 días después de su aprobación.)

Artículo 169.- Grabación de comunicaciones por un participante. (33 L.P.R.A. sec. 5235)

Toda persona que participe en una comunicación privada personal, bien sea comunicación telemática o por cualquier otro medio de comunicación, que grabe dicha comunicación por cualquier medio mecánico o de otro modo, sin el consentimiento expreso de todas las partes que intervengan en dicha comunicación, incurrirá en delito menos grave.

(Julio 30, 2012, Núm. 146, art. 169, efectivo el 1 de septiembre de 2012.)

Artículo 170.- Violación de morada. (33 L.P.R.A. sec. 5236)

Toda persona que se introduzca o se mantenga en una casa o edificio ocupado ajeno, en sus dependencias o en el solar en que esté ubicado, sin el consentimiento o contra la voluntad expresa del morador o de su representante, o que penetre en ella clandestinamente o con engaño, incurrirá en delito menos grave.

(Julio 30, 2012, Núm. 146, art. 170, efectivo el 1 de septiembre de 2012.)

Artículo 171.- Violación de comunicaciones personales. (33 L.P.R.A. sec. 5237)

Toda persona que sin autorización y con el propósito de enterarse o permitir que cualquiera otra se entere, se apodere de los papeles, cartas, mensajes de correo electrónico o cualesquiera otros documentos o efectos de otra persona, o intercepte sus telecomunicaciones a través de cualquier medio, o sustraiga o permita sustraer los registros o récords de comunicaciones, remesas o correspondencias cursadas a través de entidades que provean esos servicios, o utilice aparatos o mecanismos técnicos de escucha, transmisión, grabación o reproducción del texto, sonido, imagen, o de cualquier otra señal de comunicación, o altere su contenido será sancionada con pena de reclusión por un término fijo de tres (3) años. Si la persona convicta es una persona jurídica será sancionada con pena de multa hasta diez mil dólares ($10,000).

A los fines de este Artículo, el hecho de que la persona tuviere acceso a los documentos, efectos o comunicaciones a que se hace referencia dentro de sus funciones oficiales de trabajo no constituirá de por sí "autorización" a enterarse o hacer uso de la información más allá de sus estrictas funciones de trabajo.

(Julio 30, 2012, Núm. 146, art. 171, efectivo el 1 de septiembre de 2012; Diciembre 26, 2014, Núm. 246, art. 101, añade la última oración del primer párrafo, efectivo 90 días después de su aprobación.)

Artículo 172.- Alteración y uso de datos personales en archivos. (33 L.P.R.A. sec. 5238)

Toda persona que, sin estar autorizada, se apodere, utilice, modifique o altere, en perjuicio del titular de los datos o de un tercero, datos reservados de carácter personal o familiar de otro que se hallen registrados en discos o archivos informáticos o electrónicos, o en cualquier otro tipo de archivo o registro público o privado, será sancionada con pena de reclusión por un término fijo de tres (3) años. Si la persona convicta es una persona jurídica será sancionada con pena de multa hasta diez mil dólares ($10,000).

(Julio 30, 2012, Núm. 146, art. 172, efectivo el 1 de septiembre de 2012; Diciembre 26, 2014, Núm. 246, art. 102, añade la última oración, efectivo 90 días después de su aprobación.)

Artículo 173.- Revelación de comunicaciones y datos personales. (33 L.P.R.A. sec. 5239)

Toda persona que difunda, publique, revele o ceda a un tercero los datos, comunicaciones o hechos descubiertos o las imágenes captadas a que se refieren los Artículos 171 (Violación de comunicaciones personales) y 172 (Alteración y uso de datos personales en archivos), o que estableciere una empresa para distribuir o proveer acceso a información obtenida por otras personas en violación de los referidos Artículos, u ofreciere o solicitare tal distribución o acceso será sancionada con pena de reclusión por un término fijo de tres (3) años. Si la persona convicta es una persona jurídica será sancionada con pena de multa hasta diez mil dólares ($10,000).

(Julio 30, 2012, Núm. 146, art. 173, efectivo el 1 de septiembre de 2012; Diciembre 26, 2014, Núm. 246, art. 103, añade la última oración, efectivo 90 días después de su aprobación.)

Artículo 174.- Protección a personas jurídicas. (33 L.P.R.A. sec. 5240)

Lo dispuesto en los Artículos 171 (Violación de comunicaciones personales), 172 (Alteración y uso de datos personales en archivos) y 173 (Revelación de comunicaciones y datos personales), será aplicable al que descubra, revele o ceda datos reservados de personas jurídicas, sin el consentimiento de sus representantes.

(Julio 30, 2012, Núm. 146, art. 174, efectivo el 1 de septiembre de 2012.)

Artículo 175.- Delito agravado. (33 L.P.R.A. sec. 5241)

Si los delitos que se tipifican en los Artículos 171 (Violación de comunicaciones personales), 172 (Alteración y uso de datos personales en archivos) y 173 (Revelación de comunicaciones y datos personales), se realizan con propósito de lucro por las personas encargadas o responsables de los discos o archivos informáticos, electrónicos o de cualquier otro tipo de archivos o registros; o por funcionarios o empleados en el curso de sus deberes será sancionada con pena de reclusión por un término fijo de ocho (8) años. Si la persona convicta es una persona jurídica será sancionada con pena de multa hasta treinta mil dólares ($30,000).

Lo dispuesto en este Artículo será aplicable también cuando se trate de datos reservados de personas jurídicas.

(Julio 30, 2012, Núm. 146, art. 175, efectivo el 1 de septiembre de 2012; Diciembre 26, 2014, Núm. 246, art. 104, añade la última oración del primer párrafo, efectivo 90 días después de su aprobación.)

Artículo 176.- Revelación de secreto profesional. (33 L.P.R.A. sec. 5242)

Toda persona que sin justa causa, en perjuicio de otra, revele secretos que han llegado a su conocimiento en virtud de su profesión, o ministerio religioso, cargo u oficio, incurrirá en delito menos grave.

(Julio 30, 2012, Núm. 146, art. 176, efectivo el 1 de septiembre de 2012.)

SECCIÓN TERCERA- De los delitos contra la tranquilidad personal

Artículo 177.- Amenazas. (33 L.P.R.A. sec. 5243)

Incurrirá en delito menos grave, toda persona que amenace a una o varias personas con causar un daño determinado a su persona o su familia, integridad corporal, derechos, honor o patrimonio.

La persona cometerá delito grave y se impondrá pena de reclusión por un término fijo de tres (3) años si dicha amenaza provoca la evacuación de un edificio, lugar de reunión, o facilidad de transporte público.

(Julio 30, 2012, Núm. 146, art. 177, efectivo el 1 de septiembre de 2012; Mayo 19, 2017, Num. 27, sec. 3, enmienda el segundo párrafo.)

Artículo 178.- Intrusión en la tranquilidad personal. (33 L.P.R.A. sec. 5244)

Toda persona que por medio de comunicación telemática, o por cualquier otro medio profiera o escriba a otra lenguaje amenazante, abusivo, obsceno o lascivo; o que con el propósito de molestar a cualquier persona efectúe repetidamente llamadas telefónicas u ocasione que el teléfono de otra persona dé timbre repetidamente, o toda persona que autorice con conocimiento que cualquier teléfono bajo su control sea utilizado para cualquier propósito prohibido en este Artículo, incurrirá en delito menos grave.

(Julio 30, 2012, Núm. 146, art. 178, efectivo el 1 de septiembre de 2012.)

SECCIÓN CUARTA- De los delitos contra la libertad de asociación

Artículo 179.- Delito contra el derecho de reunión. (33 L.P.R.A. sec. 5245)

Toda persona que interrumpa o impida mediante fuerza, intimidación y/o violencia una reunión lícita y pacífica, no importa su asunto o propósito, incurrirá en delito menos grave. Si se trata de una reunión oficial realizada, convocada o a cargo de una entidad u organismo gubernamental, ya sea ejecutivo, legislativo o judicial, incurrirá en delito menos grave con pena de reclusión por un término fijo de un (1) año.

(Julio 30, 2012, Núm. 146, art. 179, efectivo el 1 de septiembre de 2012; Mayo 19, 2017, Num. 27, sec. 4, enmienda en terminos generales.)

SECCIÓN QUINTA- De los delitos contra la igual protección de las leyes

Artículo 180.- Discriminaciones ilegales. (33 L.P.R.A. sec. 5246)

Incurrirá en delito menos grave, toda persona que, sin razón legal, por causa de ideología política, creencia religiosa, raza, color de piel, sexo, género, condición social u origen nacional o étnico, o persona sin hogar, realice cualquiera de los siguientes actos:

(a) Niegue a cualquier persona acceso, servicio e igual tratamiento en los sitios y negocios públicos, locales de clubes privados donde se celebren actividades públicas y en los medios de transporte.

(b) Se niegue a vender, traspasar o arrendar propiedad mueble o inmueble que sea pública.

(c) Niegue el otorgamiento de préstamos para la construcción de viviendas.

(d) Publique, circule o distribuya cualquier orden, aviso o anuncio que impida, prohíba o desaliente el patrocinio de, o la concurrencia a los sitios y negocios públicos y los medios de transporte, o la venta, traspaso o arrendamiento de propiedad mueble o inmueble.

(Julio 30, 2012, Núm. 146, art. 180, efectivo el 1 de septiembre de 2012.)

TÍTULO II- DELITOS CONTRA LA PROPIEDAD

CAPÍTULO I -DELITOS CONTRA LOS BIENES Y DERECHOS PATRIMONIALES

SECCIÓN PRIMERA- De las apropiaciones ilegales

Artículo 181.- Apropiación ilegal. (33 L.P.R.A. sec. 5251)

Incurrirá en delito menos grave, toda persona que ilegalmente se apropie sin violencia ni intimidación de bienes muebles pertenecientes a otra persona en cualquiera de las siguientes circunstancias:

(a) cuando se toma o sustrae un bien sin el consentimiento del dueño, o

(b) cuando se apropia o dispone de un bien que se haya recibido en depósito, comisión o administración, o por otro título que produzca obligación de entregarlos o devolverlos, o

(c) cuando mediante engaño se induce a otro a realizar un acto de disposición de un bien.

El tribunal también podrá imponer la pena de restitución.

(Julio 30, 2012, Núm. 146, art. 181, efectivo el 1 de septiembre de 2012; Diciembre 26, 2014, Núm. 246, art. 105, enmienda en términos generales, excepto la última oración, efectivo 90 días después de su aprobación.)

Artículo 182.- Apropiación ilegal agravada. (33 L.P.R.A. sec. 5252)

Toda persona que cometa el delito de apropiación ilegal descrito en el Artículo 181, y se apropie de propiedad o fondos públicos, será sancionada con pena de reclusión por un término fijo de quince (15) años. Toda persona que se apropie de bienes cuyo valor sea de diez mil dólares ($10,000) o más, será sancionada con pena de reclusión por un término fijo de ocho (8) años. Si la persona convicta es una persona jurídica será sancionada con pena de multa hasta treinta mil dólares ($30,000).

Si el valor del bien apropiado ilegalmente es menor de diez mil (10,000) dólares, pero mayor de quinientos (500) dólares, será sancionada con pena de reclusión por un término fijo de tres (3) años. Si la persona convicta es una persona jurídica será sancionada con pena de multa hasta diez mil dólares ($10,000).

Constituirá una circunstancia agravante a la pena a imponer por este delito y por el delito tipificado en el Artículo 181, cuando el bien ilegalmente apropiado, sea ganado vacuno, caballos, porcinos, cunicular y ovino, incluyendo las crías de cada uno de éstos, de frutos o cosechas, aves, peces, mariscos, abejas, animales domésticos o exóticos, y maquinarias e implementos agrícolas que se encuentren en una finca agrícola o establecimiento para su producción o crianza, así como cualquier otra maquinaria o implementos agrícolas, que se encuentren en una finca privada, empresas o establecimiento agrícola o cualquier artículo, instrumentos y/o piezas de maquinaria que a esos fines se utilicen.

El tribunal también podrá imponer la pena de restitución. Cuando la apropiación ilegal incluya propiedad o fondos públicos el tribunal impondrá la pena de restitución.

(Julio 30, 2012, Núm. 146, art. 182, efectivo el 1 de septiembre de 2012; Diciembre 26, 2014, Núm. 246, art. 106, enmienda el primer párrafo para bajar la pena de (15) a (8) años y añade otra oración, elimina el segundo párrafo y enmienda el tercer párrafo, ahora segundo, efectivo 90 días después de su aprobación; Mayo 19, 2017, Num. 27, sec. 5, enmienda el primer párrafo en terminos generales y restituye la penal original de 15 años; Agosto 24, 2022, Núm. 76, sec. 3, enmienda para añadir la última oración.)

Artículo 183.- Determinación de valor de documentos de crédito. (33 L.P.R.A. sec. 5253)

Si el bien apropiado es un comprobante de crédito o un documento, la suma de dinero representada o asegurada por aquél o el valor de la propiedad cuyo título justifique el documento, constituye el valor de la cosa apropiada.

(Julio 30, 2012, Núm. 146, art. 183, efectivo el 1 de septiembre de 2012.)

Artículo 184.- Ratería o hurto de mercancía en establecimientos comerciales. (33 L.P.R.A. sec. 5254)

Incurrirá en delito menos grave, toda persona que con el propósito de apropiarse ilegalmente de mercancía de un establecimiento comercial, para sí o para otro, sin pagar el precio estipulado por el comerciante, cometa cualquiera de los siguientes actos:

(a) oculte la mercancía en su persona, cartera, bolso, bultos u otro objeto similar o en la persona de un menor, envejeciente, impedido o incapacitado bajo su control;

(b) altere o cambie el precio adherido a la mercancía mediante etiqueta, barra de código o cualquier otra marca que permita determinar el precio de venta;

(c) cambie la mercancía de un envase a otro que refleje un precio distinto;

(d) remueva la mercancía de un establecimiento comercial; u

(e) ocasione que la caja registradora o cualquier instrumento que registre ventas refleje un precio más bajo que el marcado.

El establecimiento comercial donde esté la mercancía deberá encontrarse abierto al público general, dentro del horario establecido para ofrecer servicios.

El tribunal podrá imponer la pena de restitución en sustitución de la pena de multa o de reclusión o de servicios comunitarios.

No obstante, lo aquí dispuesto, incurrirá en delito menos grave y será sancionada con pena de reclusión por un término fijo de tres (3) años, toda persona que cometa este delito luego de una convicción por este mismo delito.

Independientemente de lo anterior, la persona podrá ser procesada por el delito de apropiación ilegal agravada cuando el precio de venta del bien exceda las cantidades dispuestas en el Artículo 182.

(Julio 30, 2012, Núm. 146, art. 184, efectivo el 1 de septiembre de 2012; Diciembre 26, 2014, Núm. 246, art. 107, enmienda para añadir la última oración del primer párrafo y enmienda el segundo párrafo, efectivo 90 días después de su aprobación; Mayo 19, 2017, Núm. 27, sec. 6, enmienda el penúltimo parrafo para anadir la clasificacion del delito menos grave.)

Artículo 185.- Interferencia con contadores y sistemas de distribución. (33 L.P.R.A. sec. 5255)

Toda persona que a propósito, con conocimiento o temerariamente altere, interfiera u obstruya el medidor o contador de agua, gas, electricidad u otro fluido, con el propósito de defraudar a otro será sancionada con pena de reclusión por un término fijo de tres (3) años. Si la persona convicta es una persona jurídica será sancionada con pena de multa hasta diez mil dólares ($10,000).

Para fines de este Artículo se considerará como una alteración, interferencia u obstrucción cualquier cambio, alteración, modificación, conexión o desconexión de cualquier medidor o contador cubierto por este Artículo o de cualquier pieza, parte, elemento o componente de dicho medidor o contador, así como la remoción o instalación de cualesquiera equipos, mecanismos, artefactos, componentes, piezas o elementos ajenos o extraños a dicho medidor o contador en su estado normal u original o que tengan el efecto de modificar o alterar el funcionamiento adecuado y correcto del mismo o la medición veraz o certera del suministro o consumo del fluido en cuestión o que vaya dirigida a dar una lectura o medición falsa, alterada o engañosa del consumo real de dicho fluido o de la cantidad de dinero adecuada por dicho suministro o consumo.

La conducta constitutiva de delito dispuesta en este Artículo comprenderá, además, la alteración, interferencia, u obstrucción del sistema y vías de suministro y distribución de agua, gas, electricidad u otro fluido, con el propósito de defraudar a otro o para impedir la medición correcta o evitar el pago del consumo real del servicio provisto de estas utilidades.

(Julio 30, 2012, Núm. 146, art. 185, efectivo el 1 de septiembre de 2012; Diciembre 26, 2014, Núm. 246, art. 108, enmienda el primer párrafo en términos generales, efectivo 90 días después de su aprobación; Febrero 26, 2016, Núm. 8, art. 1, añade el tercer párrafo.)

Artículo 186.- Uso o interferencia con equipo y sistema de comunicación o difusión de televisión por paga. (33 L.P.R.A. sec. 5256)

Toda persona que use, altere, modifique, interfiera, intervenga u obstruya cualquier equipo, aparato o sistema de comunicación, información, cable televisión, televisión por satélite ("direct broadcast satellite"), o televisión sobre protocolo de Internet, con el propósito de defraudar a otra, incurrirá en delito menos grave, y convicta que fuere, será sancionada con pena de multa que no excederá de cinco mil dólares ($5,000), o pena de reclusión por un término fijo de seis (6) meses, a discreción del tribunal.

Cuando la persona venda, instale, o realice el acto con el propósito de obtener un beneficio, lucro, o ganancia pecuniaria o material, incurrirá en delito grave, y convicta que fuere, será sancionada con pena de multa que no excederá de diez mil dólares ($10,000), o pena de reclusión por un término fijo de tres (3) años, a discreción del tribunal.

(Julio 30, 2012, Núm. 146, art. 186, efectivo el 1 de septiembre de 2012; Febrero 15, 2014, Núm. 27, art. 1, enmienda en términos generales; Diciembre 26, 2014, Núm. 246, art. 109, enmienda ambos párrafos, efectivo 90 días después de su aprobación.)

Artículo 187.- Operación ilegal de cualquier aparato de grabación o transferencia de imágenes y sonido. (33 L.P.R.A. sec. 5257)

Toda persona que, para grabar o transferir la película u obra cinematográfica que en ese momento se esté exhibiendo o proyectando, opere un aparato de grabación o transferencia de imágenes y sonidos en un teatro de películas cinematográficas o en cualquier otro lugar en donde se proyecte o exhiba dicha película, sin la autorización legal correspondiente será sancionada con pena de reclusión por un término fijo de tres (3) años.

(Julio 30, 2012, Núm. 146, art. 187, efectivo el 1 de septiembre de 2012.)

Artículo 188.- Reproducción y venta sin el nombre y dirección legal de fabricante. (33 L.P.R.A. sec. 5258)

Toda persona que a propósito o con conocimiento para obtener beneficio económico personal o comercial promueva, ofrezca para la venta, venda, alquile, transporte o induzca la venta, reventa o tenga en su posesión con el propósito de distribuir, una película, obra audiovisual o cinematográfica, que en su cubierta, etiqueta, rotulación o envoltura no exprese en una forma clara o prominente el nombre y dirección legal del fabricante, será sancionada con pena de reclusión por un término fijo de tres (3) años. Si la persona convicta es una persona jurídica será sancionada con pena de multa hasta diez mil dólares ($10,000).

El Tribunal también podrá imponer la pena de restitución.

Para fines de este Artículo, los siguientes términos tienen el significado que a continuación se expresa:

(a) "Fabricante" significa la entidad que autoriza la duplicación de la película, obra audiovisual o cinematográfica, pero no incluye el fabricante del estuche o de la envoltura en donde se habrá de guardar la película, obra audiovisual o cinematográfica.

(b) "Nombre y dirección legal" significa el nombre y la dirección verdaderos del fabricante que haya autorizado la duplicación de dicha película, obra audiovisual o cinematográfica.

(Julio 30, 2012, Núm. 146, art. 188, efectivo el 1 de septiembre de 2012; Diciembre 26, 2014, Núm. 246, art. 110, enmienda el primer párrafo en términos generales e incluye un segundo párrafo, efectivo 90 días después de su aprobación.)

SECCIÓN SEGUNDA- De los robos

Artículo 189.- Robo. (33 L.P.R.A. sec. 5259)

Toda persona que se apropie ilegalmente de bienes muebles pertenecientes a otra, sustrayéndolos de la persona en su inmediata presencia y contra su voluntad, por medio de violencia o intimidación, o inmediatamente después de cometido el hecho emplee violencia o intimidación sobre una persona para retener la cosa apropiada, será sancionada con pena de reclusión por un término fijo de quince (15) años.

El tribunal también podrá imponer la pena de restitución.

(Julio 30, 2012, Núm. 146, art. 189, efectivo el 1 de septiembre de 2012; Diciembre 26, 2014, Núm. 246, art. 111, enmienda para bajar la pena de (20) a (15) años, efectivo 90 días después de su aprobación.)

Artículo 190.- Robo agravado. (33 L.P.R.A. sec. 5260)

Será sancionada con pena de reclusión por un término fijo de veinticinco (25) años, si el delito de robo descrito en el Artículo 189 se comete en cualquiera de las siguientes circunstancias:

(a) cuando se vale de un menor que no ha cumplido dieciocho (18) años de edad;

(b) cuando el bien objeto del delito es un vehículo de motor;

(c) cuando en el curso del robo se le inflige daño físico a la víctima;

(d) cuando ocurre en un edificio ocupado donde esté la víctima o en cualquier otro lugar donde ésta tenga una expectativa razonable de intimidad;

(e) cuando medie el uso de un arma de fuego en la comisión del delito; o

(f) cuando la víctima o víctimas sean amarradas, amordazadas o se limite su libertad de movimiento durante la comisión del delito.

El tribunal también podrá imponer la pena de restitución.

(Julio 30, 2012, Núm. 146, art. 190, efectivo el 1 de septiembre de 2012; Diciembre 26, 2014, Núm. 246, art. 112, enmienda para bajar la pena de (30) a (25) años, efectivo 90 días después de su aprobación.)

SECCIÓN TERCERA- De la extorsión

Artículo 191.- Extorsión. (33 L.P.R.A. sec. 5261)

Toda persona que, mediante violencia o intimidación, o bajo pretexto de tener derecho como funcionario o empleado público, obligue a otra persona a entregar bienes o a realizar, tolerar u omitir actos, los cuales ocurren o se ejecutan con posterioridad a la violencia, intimidación o pretexto de autoridad, será sancionada con pena de reclusión por un término fijo de tres (3) años, y restitución. Si la persona convicta es una persona jurídica será sancionada con pena de restitución, y multa hasta diez mil dólares ($10,000).

(Julio 30, 2012, Núm. 146, art. 191, efectivo el 1 de septiembre de 2012; Diciembre 26, 2014, Núm. 246, art. 113, enmienda para añadir la última oración, efectivo 90 días después de su aprobación; Agosto 24, 2022, Núm. 76, sec. 4, enmienda para añadir la pena de restitución obligatoria.)

SECCIÓN CUARTA- Del recibo y disposición de bienes

Artículo 192.- Recibo, disposición y transportación de bienes objeto de delito. (33 L.P.R.A. sec. 5262)

Toda persona que compre, reciba, retenga, transporte o disponga de algún bien mueble, a sabiendas de que fue obtenido mediante apropiación ilegal, robo, extorsión, o de cualquier otra forma ilícita, incurrirá en delito menos grave.

Si el valor del bien excede de quinientos (500) dólares, la persona será sancionada con pena de reclusión por un término fijo de tres (3) años. Si la persona convicta es una persona jurídica será sancionada con pena de multa hasta diez mil dólares ($10,000).

El tribunal también podrá imponer la pena de restitución.

(Julio 30, 2012, Núm. 146, art. 192, efectivo el 1 de septiembre de 2012; Diciembre 26, 2014, Núm. 246, art. 114, enmienda para añadir la segunda oración al segundo párrafo, efectivo 90 días después de su aprobación.)

Artículo 193.- Confiscación de vehículos u otros medios de transportación. (33 L.P.R.A. sec. 5263)

Todo vehículo u otro medio de transportación que haya sido utilizado para la transportación de bienes apropiados ilegalmente, robados, obtenidos por medio de extorsión o de cualquier otra forma ilícita, será confiscado por el Secretario de Justicia, el Secretario de Hacienda o por el Superintendente de la Policía, por conducto de sus delegados, policías o agentes del orden público a favor del Estado Libre Asociado de Puerto Rico.

Para la confiscación y disposición de vehículos, bestias, embarcaciones marítimas o aéreas o de cualquier medio de transportación, se seguirá el procedimiento establecido en la Ley Uniforme de Confiscaciones de 2011, Ley 119-2011.

(Julio 30, 2012, Núm. 146, art. 193, efectivo el 1 de septiembre de 2012.)

SECCIÓN QUINTA- De los escalamientos y otras entradas ilegales

Artículo 194.- Escalamiento. (33 L.P.R.A. sec. 5264)

Toda persona que penetre en una casa, edificio u otra construcción o estructura, o sus dependencias o anexos, con el propósito de cometer cualquier delito de apropiación ilegal o cualquier delito grave, incurrirá en delito grave y será sancionada con pena de reclusión por un término fijo de tres (3) años.

(Julio 30, 2012, Núm. 146, art. 194, efectivo el 1 de septiembre de 2012; Diciembre 26, 2014, Núm. 246, art. 115, enmienda para bajar la pena de (4) años a delito menos grave, efectivo 90 días después de su aprobación; Mayo 19, 2017, Num. 27, sec. 7, clasifica el delito como delito grave y aumenta la pena a tres (3) años.)

Artículo 195.- Escalamiento agravado. (33 L.P.R.A. sec. 5265)

Será sancionada con pena de reclusión por un término fijo de ocho (8) años, si el delito de escalamiento descrito en el Artículo 194 se comete en cualquiera de las siguientes circunstancias:

(a) en un edificio ocupado, o en cualquier otro lugar donde la víctima tenga una expectativa razonable de intimidad;

(b) en aquella propiedad asignada por el gobierno para brindar vivienda pública; o

(c) cuando medie forzamiento para la penetración.

El tribunal también podrá imponer la pena de restitución.

(Julio 30, 2012, Núm. 146, art. 195, efectivo el 1 de septiembre de 2012; Diciembre 26, 2014, Núm. 246, art. 116, enmienda para bajar la pena de (18) a (8) años, efectivo 90 días después de su aprobación.)

Artículo 196. -Usurpación. (33 L.P.R.A. sec. 5266)

Incurrirá en delito menos grave, toda persona que realice cualquiera de los siguientes actos:

(a) penetre en domicilio ajeno, sin el consentimiento expreso del dueño, poseedor o encargado y realice actos de dominio, no importa de qué índole;

(b) desvíe, represe o detenga ilegalmente las aguas públicas o privadas;

(c) despoje ilegalmente a otro de la posesión de un bien inmueble o de un derecho real de uso, usufructo o habitación constituido sobre un bien inmueble; o

(d) remueva o altere ilegalmente las colindancias de un bien inmueble o cualquier clase de señales destinadas a fijar los límites de propiedades o las marcas en terrenos contiguos.

Incurrirá en delito grave con pena de reclusión por un término fijo de tres (3) años, la ocupación ilegal de terrenos u otras propiedades ajenas asignadas por el gobierno para brindar vivienda pública, con el propósito de realizar actos de dominio o posesión sobre ellos.

El tribunal también podrá imponer la pena de restitución.

(Julio 30, 2012, Núm. 146, art. 196, efectivo el 1 de septiembre de 2012.)

Artículo 197.- Entrada en heredad ajena. (33 L.P.R.A. sec. 5267)

Incurrirá en delito menos grave, toda persona que sin autorización del dueño o encargado de la misma entre a una finca o heredad ajena en cualquiera de las siguientes circunstancias:

(a) forzando una cerca o palizada; o

(b) con el propósito de cometer un delito; o

(c) con el propósito de ocupar propiedad privada o maquinarias que son parte de una obra de construcción o movimiento de terreno que cuente con los debidos permisos.

Constituirá delito menos grave y será sancionada con pena de reclusión por un término fijo de tres (3) años, la entrada a una finca o heredad ajena, cuando se configure a su vez el delito de apropiación ilegal y el bien apropiado ilegalmente sea algún producto agrícola.

En aquellos casos en que el valor monetario del producto agrícola apropiado exceda los diez mil dólares ($10,000) la persona incurrirá en delito grave y será sancionada con pena de reclusión por un término fijo de ocho (8) años.

(Junio 30, 2012, Núm. 146, art. 197, efectiva el 1 de septiembre de 2012; Abril 26, 2013, Núm. 10, art. 1, enmienda para añadir el inciso (c); Diciembre 26,

2014, Núm. 246, art. 117, enmienda los incisos (b), (c) y el último párrafo, efectiva 90 días despues de su aprobación; Mayo 19, 2017, Num. 27, sec. 8, clasifica el delito como menos grave.)

SECCIÓN SEXTA- De los daños a la propiedad

Artículo 198.- Daños. (33 L.P.R.A. sec. 5268)

Toda persona que destruya, inutilice, altere, desaparezca o cause deterioro a un bien mueble o un bien inmueble ajeno, total o parcialmente, incurrirá en delito menos grave.

El tribunal también podrá imponer la pena de restitución.

(Julio 30, 2012, Núm. 146, art. 198, efectivo el 1 de septiembre de 2012.)

Artículo 199.- Daño agravado. (33 L.P.R.A. sec. 5269)

Será sancionada con pena de reclusión por un término fijo de tres (3) años, toda persona que cometa el delito de daños en el Artículo 198 de este Código, si concurre cualquiera de las siguientes circunstancias:

(a) cuando el autor emplea sustancias dañinas, ya sean venenosas, corrosivas, inflamables o radioactivas, si el hecho no constituye delito de mayor gravedad;

(b) cuando el daño causado es de quinientos (500) dólares o más;

(c) cuando el daño se causa en bienes de interés histórico, artístico o cultural;

(d) cuando el daño se causa a bienes muebles o inmuebles pertenecientes al Estado Libre Asociado de Puerto Rico o a entidades privadas con fines no pecuniarios; o

(e) cuando el daño se causa a vehículos oficiales de las agencias del orden público.

Si la persona convicta en la modalidad de delito grave es una persona jurídica será sancionada con pena de multa hasta diez mil dólares ($10,000).

El tribunal también podrá imponer la pena de restitución.

(Junio 30, 2012, Núm. 146, art. 199, efectiva el 1 de septiembre de 2012; Diciembre 26, 2014, Núm. 246, art. 118, enmienda para añadir el penúltimo párrafo, efectiva 90 días despues de su aprobación.)

Artículo 200.-Obstrucción o Paralización de Obras. (33 L.P.R.A. sec. 5270)

Incurrirá en delito grave y será sancionada con pena de reclusión por un término fijo de tres (3) años, toda persona que con la intención de impedir, temporera o permanentemente, cualquier obra de construcción, pública o privada, o movimiento de terreno, que cuente con los permisos, autorizaciones o endosos de las agencias concernidas, realice cualquiera de los siguientes actos:

(a) Impedir la entrada o el acceso de empleados, vehículos y personas, incluyendo a los suplidores de materiales, autorizados por el dueño, contratista o encargado de la propiedad donde se realiza la obra o movimiento de terreno.

(b) Ocupar terrenos, maquinarias, o espacios que son parte de la obra de construcción o el movimiento de terreno.

El tribunal, además, impondrá la pena de restitución.

(Junio 30, 2012, Núm. 146, art. 200, efectiva el 1 de septiembre de 2012; Abril 26, 2013, Núm. 10, art. 3, deroga este artículo; Mayo 19, 2017, Núm. 27, sec. 9, añade este nuevo art. 200.)

Artículo 200A – Interferencia con actividades turísticas. (33 L.P.R.A. sec. 5270-A)

Incurrirá en delito menos grave, toda persona que, intencionalmente, obstruya y/o impida permanente o temporeramente el acceso y/o uso y/o disfrute de cualquier actividad turística, según se define en este Artículo, mediante cualquiera de los siguientes actos:

(a) Actos de violencia y/o intimidación, entendiéndose que se considerará acto violento y/o intimidatorio aquel cuya comisión envuelva el uso, intento de uso o amenaza de uso de fuerza física contra cualquier persona y/o propiedad.

(b) Ocupar y/o tomar control -sin autoridad en ley- de terrenos, espacios y/o facilidades privadas que son parte de la actividad turística con la intención de coartar, limitar y/o impedir la participación en y/o el libre disfrute de cualquier actividad turística.

Para propósitos de esta Ley se entenderá como actividad turística aquella actuación que se realice dentro de los siguientes espacios turísticos privados: hoteles, condohoteles, paradores, agrohospedajes, clubes vacacionales, parques temáticos, parques lineales y/o de recreación pasiva, facilidades deportivas operadas por, o asociados con, un hotel, o comprendidos dentro de un destino o complejo turístico (resort), marinas turísticas, y facilidades privadas en áreas portuarias para fines turísticos.

Si la persona convicta es una persona jurídica será sancionada con pena de multa de hasta treinta mil dólares ($30,000).

El tribunal podrá imponer la pena de restitución.

(Junio 30, 2012, Núm. 146, efectiva el 1 de septiembre de 2012; Mayo 19, 2017, Núm. 27, sec. 10, añade este nuevo art. 200-A.)

Artículo 201.- Fijación de carteles. (33 L.P.R.A. sec. 5271)

Toda persona que pegue, fije, imprima o pinte sobre cualquier propiedad privada sin el consentimiento del dueño, custodio o encargado, cualquier aviso, anuncio, letrero, cartel, grabado, pasquín, cuadro, mote, escrito, dibujo, figura o cualquier otro medio similar, sin importar el asunto, artículo, persona, actividad, tema, concepto o materia a que se hace referencia en los mismos, incurrirá en delito menos grave. Si el acto mencionado se realiza sobre propiedad pública, excepto en postes y columnas, incurrirá en delito menos grave que será sancionado con pena de reclusión por un término fijo de un (1) año.

El tribunal también podrá imponer la pena de restitución.

(Junio 30, 2012, Núm. 146, art. 201, efectiva el 1 de septiembre de 2012; Abril 26, 2013, Núm. 10, art. 6, reenumera como art. 200; Octubre 23, 2013, Núm. 124, art. 1, reenumera como art. 201; Mayo 19, 2017, Núm. 27, sec. 12, enmienda en terminos generales.)

SECCIÓN SÉPTIMA- De las defraudaciones

Artículo 202.- Fraude. (33 L.P.R.A. sec. 5272)

Será sancionada con pena de reclusión por un término fijo de ocho (8) años, toda persona que fraudulentamente con el propósito de defraudar:

(a) Induzca a otra a realizar actos u omisiones que afecten derechos o intereses patrimoniales sobre bienes inmuebles o bienes muebles de esa persona, del Estado o de un tercero, en perjuicio de éstos; o

(b) Realice actos u omisiones que priven a otra persona o afecten los derechos o intereses patrimoniales sobre bienes inmuebles o bienes muebles para perjuicio de ésta, del Estado o de un tercero.

Si la persona convicta es una persona jurídica será sancionada con pena de multa hasta treinta mil dólares ($30,000).

El tribunal también podrá imponer la pena de restitución.

(Junio 30, 2012, Núm. 146, art. 202, efectiva el 1 de septiembre de 2012; Abril 26, 2013, Núm. 10, art. 6, reenumera como art. 201; Octubre 23, 2013, Núm. 124, art. 1, reenumera como art. 202; Diciembre 26, 2014, Núm. 246, art. 119, enmienda la primera oración del primer parrafo y añade el segundo párrafo.)

Artículo 203.- Fraude por medio informático. (33 L.P.R.A. sec. 5273)

Toda persona que con el propósito de defraudar y mediante cualquier manipulación informática consiga la transferencia no consentida de cualquier bien o derecho patrimonial en perjuicio de un tercero o del Estado, será sancionada con pena de reclusión por un término fijo de ocho (8) años. Si la persona convicta es una persona jurídica será sancionada con pena de multa hasta treinta mil dólares ($30,000).

El tribunal también podrá imponer la pena de restitución.

(Junio 30, 2012, Núm. 146, art. 203, efectiva el 1 de septiembre de 2012; Abril 26, 2013, Núm. 10, art. 6, reenumera como art. 202; Octubre 23, 2013, Núm. 124, art. 1, reenumera como art. 203; Diciembre 26, 2014, Núm. 246, art. 120, enmienda el primer párrafo para sustituir "intención" por "el propósito" y le añade una segunda oración, efectivo 90 días después de su aprobación.)

Artículo 204.- Fraude en la ejecución de obras. (33 L.P.R.A. sec. 5274)

Toda persona que se comprometa a ejecutar cualquier tipo de obra y que, luego de recibir dinero como pago parcial o total para ejecutar el trabajo contratado, con el propósito de defraudar incumple la obligación de ejecutar o completar la obra según pactada, será sancionada con pena de reclusión por un término fijo de tres (3) años. Si la persona convicta es una persona jurídica será sancionada con pena de multa hasta diez mil dólares ($10,000).

En todos los casos el tribunal ordenará, además, que la persona convicta resarza a la parte perjudicada por el doble del importe del dinero recibido como pago parcial o total para ejecutar el trabajo contratado.

El tribunal a su discreción, podrá ordenar la suspensión o revocación de licencia, permiso o autorización conforme los Artículos 60 y 78.

(Junio 30, 2012, Núm. 146, art. 204, efectiva el 1 de septiembre de 2012; Abril 26, 2013, Núm. 10, art. 6, reenumera como art. 203; Octubre 23, 2013, Núm. 124, art. 1, reenumera como art. 204; Diciembre 26, 2014, Núm. 246, art. 121, enmienda el primer párrafo en términos generales, efectivo 90 días después de su aprobación.)

Artículo 205.- Uso, posesión o traspaso fraudulento de tarjetas con bandas electrónicas. (33 L.P.R.A. sec. 5275)

Toda persona que ilegalmente posea, use o traspase cualquier tarjeta con banda magnética, falsificada o no, que contenga información codificada, será sancionada con pena de reclusión por un término fijo de ocho (8) años. Si la persona convicta es una persona jurídica será sancionada con pena de multa hasta treinta mil dólares ($30,000).

(Junio 30, 2012, Núm. 146, art. 205, efectiva el 1 de septiembre de 2012; Abril 26, 2013, Núm. 10, art. 6, reenumera como art. 204; Octubre 23, 2013, Núm. 124, art. 1, reenumera como art. 205; Diciembre 26, 2014, Núm. 246, art. 122, enmienda para añadir una segunda oración, efectivo 90 días después de su aprobación.)

Artículo 206.- Fraude en las competencias. (33 L.P.R.A. sec. 5276)

Toda persona que promueva, facilite o asegure el resultado irregular de una competencia deportiva o de cualquier otra naturaleza, con el fin de obtener un beneficio indebido para sí o para un tercero, incurrirá en delito menos grave.

El tribunal también podrá imponer la pena de restitución.

(Junio 30, 2012, Núm. 146, art. 206, efectiva el 1 de septiembre de 2012; Abril 26, 2013, Núm. 10, art. 6, reenumera como art. 205; Octubre 23, 2013, Núm. 124, art. 1, reenumera como art. 206.)

Artículo 207.- Influencia indebida en la radio y la televisión. (33 L.P.R.A. sec. 5277)

Será sancionada con pena de reclusión por un término fijo de tres (3) años:

(a) Todo empleado de una estación de radio o de televisión o cualquier otra persona que ofrezca, solicite, dé o reciba, directamente o por intermediario, para sí o para la otra persona o para un tercero, dinero o cualquier otra forma de pago, servicio o beneficio, o acepte una proposición en tal sentido, a cambio de que se transmita por radio o televisión la música de determinado autor o intérprete o cualquier otro material o programa sin informar este hecho a la estación antes de que se transmita la música, el material o el programa de que se trate.

(b) Toda persona que como parte de la producción de un programa de radio o televisión o parte del mismo ofrezca, solicite, dé o reciba, directamente o por intermediario, para sí, para la otra persona o para un tercero, dinero o cualquier otra forma de pago, servicio o beneficio, o acepte una proposición en tal sentido, a cambio de que dicho programa o parte de éste se transmita por radio o televisión sin informar este hecho a la estación, al patrono de la persona que recibirá el pago o a la persona para quien se produce dicho programa antes de que se realice la transmisión.

(c) Toda persona que supla a otra un programa de radio o televisión o parte del mismo sin poner en conocimiento a esa persona de que se ha ofrecido, solicitado, dado o recibido, directamente o por intermediario, dinero o cualquier otra forma de pago, servicio o beneficio o que se ha aceptado una proposición en tal sentido a cambio de que dicho programa o parte de éste se transmita por radio o televisión.

(d) Se cumplirá con el deber de informar que establecen los anteriores incisos (a), (b) y (c) si durante la referida transmisión se identifica adecuadamente al patrocinador de la transmisión.

(e) No será necesario cumplir el deber de informar que establecen los anteriores incisos (a), (b) y (c) cuando la estación ha obtenido un relevo para esos fines de parte de la Comisión Federal de Comunicaciones.

Si la persona convicta es una persona jurídica será sancionada con pena de multa hasta diez mil dólares ($10,000).

El tribunal también podrá imponer la pena de restitución.

(Junio 30, 2012, Núm. 146, art. 207, efectiva el 1 de septiembre de 2012; Abril 26, 2013, Núm. 10, art. 6, reenumera como art. 206; Octubre 23, 2013, Núm.

124, art. 1, reenumera como art. 207; Diciembre 26, 2014, Núm. 246, art. 123, enmienda para añadir un tercer párrafo, efectivo 90 días después de su aprobación.)

SECCIÓN OCTAVA- De la usurpación de identidad

Artículo 208.- Impostura. (33 L.P.R.A. sec. 5278)

Toda persona que con el propósito de engañar se haga pasar por otra o la represente y bajo este carácter realice cualquier acto no autorizado por la persona falsamente representada, incurrirá en delito menos grave.

(Junio 30, 2012, Núm. 146, art. 208, efectiva el 1 de septiembre de 2012; Abril 26, 2013, Núm. 10, art. 6, reenumera como art. 207; Octubre 23, 2013, Núm. 124, art. 1, reenumera como art. 208; Diciembre 26, 2014, Núm. 246, art. 124, enmienda para sustituir "intención" por "el propósito" y elimina el segundo párrafo, efectivo 90 días después de su aprobación.)

Artículo 209.- Apropiación ilegal de identidad. (33 L.P.R.A. sec. 5279)

Toda persona que se apropie de un medio de identificación de otra persona con el propósito de realizar cualquier acto ilegal, será sancionada con pena de reclusión por un término fijo de ocho (8) años.

El tribunal también podrá imponer la pena de restitución.

Para fines de este delito, medio de identificación incluye lo siguiente: nombre, dirección, número de teléfono, número de licencia de conducir, número de seguro social, número de identificación patronal, número de tarjeta de crédito o de débito, número de tarjeta de seguro médico, número de pasaporte o tarjeta de inmigración, número serial electrónico de teléfono celular, número de cualquier cuenta bancaria, contraseñas de identificación de cuentas bancarias, telefónicas, de correo electrónico, o de un sistema de computadoras, lugar de empleo, nombre de los padres, fecha y lugar de nacimiento, lugar de empleo y dirección, o cualquier otro dato o información que pueda ser utilizado por sí o junto con otros para identificar a una persona, además de datos biométricos, tales como huellas, grabación de voz, retina, imagen del iris, red de venas de las manos o cualquier representación física particularizada.

Se impondrá la pena con circunstancias agravantes cuando el acusado, aprovechando la apropiación ilegal de identidad, haya incurrido en el delito de impostura, o en la realización de transacciones comerciales o de cualquier otra índole que afecte derechos individuales o patrimoniales de la víctima.

(Junio 30, 2012, Núm. 146, art. 209, efectiva el 1 de septiembre de 2012; Abril 26, 2013, Núm. 10, art. 6, reenumera como art. 208; Octubre 23, 2013, Núm. 124, art. 1, reenumera como art. 209; Diciembre 26, 2014, Núm. 246, art. 125,

enmienda para sustituir "intención" por "el propósito" en la primera oración, efectivo 90 días después de su aprobación.)

Artículo 210.- Disposición aplicable a esta Sección. (33 L.P.R.A. sec. 5280)

Como parte de la pena de restitución que el tribunal imponga en los delitos descritos en esta Sección, podrá exigir el resarcimiento de los gastos de la víctima para restituir su crédito, incluyendo el pago de cualquier deuda u obligación que resultó de los actos del convicto. El tribunal también podrá emitir las órdenes que procedan para corregir cualquier documento público o privado que contenga información falsa en perjuicio de la víctima, como consecuencia del comportamiento del convicto.

(Junio 30, 2012, Núm. 146, art. 210, efectiva el 1 de septiembre de 2012; Abril 26, 2013, Núm. 10, art. 6, reenumera como art. 209; Octubre 23, 2013, Núm. 124, art. 1, reenumera como art. 210.)

CAPÍTULO II- DELITOS CONTRA LA SEGURIDAD DE LAS TRANSACCIONES

SECCIÓN PRIMERA- De las falsificaciones

Artículo 211.- Falsificación de documentos. (33 L.P.R.A. sec. 5281)

Toda persona que con el propósito de defraudar haga, en todo o en parte, un documento, instrumento o escrito falso, mediante el cual se cree, transfiera, termine o de otra forma afecte cualquier derecho, obligación o interés, o que falsamente altere, limite, suprima o destruya, total o parcialmente, uno verdadero será sancionada con pena de reclusión por un término fijo de tres (3) años. Si la persona convicta es una persona jurídica será sancionada con pena de multa hasta diez mil dólares ($10,000).

(Junio 30, 2012, Núm. 146, art. 211, efectiva el 1 de septiembre de 2012; Abril 26, 2013, Núm. 10, art. 6, reenumera como art. 210; Octubre 23, 2013, Núm. 124, art. 1, reenumera como art. 211; Diciembre 26, 2014, Núm. 246, art. 126, enmienda para sustituir "intención" por "el propósito" en la primera oración y añade una segunda oración, efectivo 90 días después de su aprobación.)

Artículo 212.- Falsedad ideológica. (33 L.P.R.A. sec. 5282)

Toda persona que con el propósito de defraudar haga en un documento público o privado, declaraciones falsas concernientes a un hecho del cual el documento da fe y, cuando se trate de un documento privado, tenga efectos jurídicos en perjuicio de otra persona, será sancionada con pena de reclusión por un término fijo de tres (3) años. Si la persona convicta es una persona jurídica será sancionada con pena de multa hasta diez mil dólares ($10,000).

(Junio 30, 2012, Núm. 146, art. 212, efectiva el 1 de septiembre de 2012; Abril 26, 2013, Núm. 10, art. 6, reenumera como art. 211; Octubre 23, 2013, Núm. 124, art. 1, reenumera como art. 212; Diciembre 26, 2014, Núm. 246, art. 127, enmienda para sustituir "intención" por "el propósito" en la primera oración y añade una segunda oración, efectivo 90 días después de su aprobación.)

Artículo 213.- Falsificación de asientos en registros. (33 L.P.R.A. sec. 5283)

Toda persona que con el propósito de defraudar haga, imite, suprima o altere algún asiento en un libro de registros, archivo o banco de información en soporte papel o electrónico, será sancionada con pena de reclusión por un término fijo de tres (3) años. Si la persona convicta es una persona jurídica será sancionada con pena de multa hasta diez mil dólares ($10,000).

(Junio 30, 2012, Núm. 146, art. 213, efectiva el 1 de septiembre de 2012; Abril 26, 2013, Núm. 10, art. 6, reenumera como art. 212; Octubre 23, 2013, Núm. 124, art. 1, reenumera como art. 213; Diciembre 26, 2014, Núm. 246, art. 128, enmienda para sustituir "intención" por "el propósito" en la primera oración y añade una segunda oración, efectivo 90 días después de su aprobación.)

Artículo 214.- Falsificación de sellos. (33 L.P.R.A. sec. 5284)

Toda persona que con el propósito de defraudar falsifique o imite el sello del Estado Libre Asociado de Puerto Rico, el de un funcionario público autorizado por ley, el de un tribunal, o de una corporación, o cualquier otro sello público autorizado o reconocido por las leyes de Puerto Rico o de Estados Unidos de América o de cualquier estado, gobierno o país; o que falsifique o imite cualquier impresión pretendiendo hacerla pasar por la impresión de alguno de estos sellos, será sancionada con pena de reclusión por un término fijo de tres (3) años. Si la persona convicta es una persona jurídica será sancionada con pena de multa hasta diez mil dólares ($10,000).

(Junio 30, 2012, Núm. 146, art. 214, efectiva el 1 de septiembre de 2012; Abril 26, 2013, Núm. 10, art. 6, reenumera como art. 213; Octubre 23, 2013, Núm. 124, art. 1, reenumera como art. 214; Diciembre 26, 2014, Núm. 246, art. 129, enmienda para sustituir "intención" por "el propósito" en la primera oración y añade una segunda oración, efectivo 90 días después de su aprobación.)

Artículo 215.- Falsificación de licencia, certificado y otra documentación. (33 L.P.R.A. sec. 5285)

Toda persona que con el propósito de defraudar haga, altere, falsifique, imite, circule, pase, publique o posea como genuino cualquier licencia, certificado, diploma, expediente, récord u otro documento de naturaleza análoga que debe ser expedido por un funcionario o empleado del Estado Libre Asociado de Puerto Rico, o por cualquier institución privada autorizada para expedirlo a sabiendas de que el mismo es falso, alterado, falsificado o imitado, será sancionada con pena de reclusión por un término fijo de tres (3) años. Si la persona convicta es una persona jurídica será sancionada con pena de multa hasta diez mil dólares ($10,000).

(Junio 30, 2012, Núm. 146, art. 215, efectiva el 1 de septiembre de 2012; Abril 26, 2013, Núm. 10, art. 6, reenumera como art. 214; Octubre 23, 2013, Núm. 124, art. 1, reenumera como art. 215; Diciembre 26, 2014, Núm. 246, art. 130, enmienda para sustituir "intención" por "el propósito" en la primera oración y añade una segunda oración, efectivo 90 días después de su aprobación.)

Artículo 216.- Archivo de documentos o datos falsos. (33 L.P.R.A. sec. 5286)

Toda persona que con el propósito de defraudar ofrezca o presente un documento o dato falso o alterado para archivarse, registrarse o anotarse en alguna dependencia del Estado Libre Asociado de Puerto Rico que, de ser genuino o verdadero, pueda archivarse, o anotarse en cualquier registro o banco de información oficial en soporte papel o electrónico conforme a la ley, será sancionada con pena de reclusión por un término fijo de tres (3) años. Si la persona convicta es una persona jurídica será sancionada con pena de multa hasta diez mil dólares ($10,000).

(Junio 30, 2012, Núm. 146, art. 216, efectiva el 1 de septiembre de 2012; Abril 26, 2013, Núm. 10, art. 6, reenumera como art. 215; Octubre 23, 2013, Núm. 124, art. 1, reenumera como art. 216; Diciembre 26, 2014, Núm. 246, art. 131, enmienda para sustituir "intención" por "el propósito" en la primera oración y añade una segunda oración, efectivo 90 días después de su aprobación.)

Artículo 217.- Posesión y traspaso de documentos falsificados. (33 L.P.R.A. sec. 5287)

Toda persona que con el propósito de defraudar posea, use, circule, venda, o pase como genuino o verdadero cualquier documento, instrumento o escrito falsificado, a sabiendas de que es falso, alterado, falsificado, imitado o contiene información falsa, será sancionada con pena de reclusión por un término fijo de tres (3) años. Si la persona convicta es una persona jurídica será sancionada con pena de multa hasta diez mil dólares ($10,000).

(Junio 30, 2012, Núm. 146, art. 217, efectiva el 1 de septiembre de 2012; Abril 26, 2013, Núm. 10, art. 6, reenumera como art. 216; Octubre 23, 2013, Núm. 124, art. 1, reenumera como art. 217; Diciembre 26, 2014, Núm. 246, art. 132, enmienda para sustituir "intención" por "el propósito" en la primera oración y añade una segunda oración, efectivo 90 días después de su aprobación.)

Artículo 218.- Posesión de instrumentos para falsificar. (33 L.P.R.A. sec. 5288)

Toda persona que haga, o a sabiendas tenga en su poder, algún cuño, plancha o cualquier aparato, artefacto, equipo, programa de software, artículo, material, bien, propiedad, papel, metal, máquina, aparato de escaneo, codificador o suministro que sea específicamente diseñado o adaptado como un aparato de escaneo o un codificador, o cualquier otra cosa que pueda utilizarse en la falsificación de una tarjeta de crédito o débito, sello, documento, instrumento negociable, instrumento o escrito, será sancionada con pena de reclusión por un término fijo de tres (3) años. Si la persona convicta es una persona jurídica será sancionada con pena de multa hasta diez mil dólares ($10,000).

(Junio 30, 2012, Núm. 146, art. 218, efectiva el 1 de septiembre de 2012; Abril 26, 2013, Núm. 10, art. 6, reenumera como art. 217; Octubre 23, 2013, Núm. 124, art. 1, reenumera como art. 218; Diciembre 26, 2014, Núm. 246, art. 133, enmienda para añadir una segunda oración, efectivo 90 días después de su aprobación.)

Artículo 219.- Alteración de datos que identifican las obras musicales, científicas o literarias. (33 L.P.R.A. sec. 5289)

Toda persona que altere sin la debida autorización del autor o su derechohabiente los datos que identifican al autor, título, número de edición, casa editora o publicadora, o deforme, mutile o altere el contenido textual de un libro o escrito literario, científico o musical, disco o grabación magnetofónica o electrónica de sonidos (audio), o una obra teatral, será sancionada con pena de reclusión por un término fijo de tres (3) años. Si la persona convicta es una persona jurídica será sancionada con pena de multa hasta diez mil dólares ($10,000).

El tribunal también podrá imponer la pena de restitución.

(Junio 30, 2012, Núm. 146, art. 219, efectiva el 1 de septiembre de 2012; Abril 26, 2013, Núm. 10, art. 6, reenumera como art. 218; Octubre 23, 2013, Núm. 124, art. 1, reenumera como art. 219; Diciembre 26, 2014, Núm. 246, art. 134, enmienda para añadir una segunda oración al primera párrafo, efectivo 90 días después de su aprobación.)

Artículo 220.- Falsificación en el ejercicio de profesiones u ocupaciones. (33 L.P.R.A. sec. 5290)

Toda persona autorizada por ley a ejercer una profesión u oficio que preste su nombre o de cualquier otro modo ayude o facilite a otra no autorizada a ejercer dicha profesión u oficio o a realizar actos propios de la misma, será sancionada con pena de reclusión por un término fijo de tres (3) años.

Se considera un agravante a la pena cuando se trate de profesiones que pongan en riesgo o causen daño a la salud física o mental, la integridad corporal y la vida de seres humanos.

(Junio 30, 2012, Núm. 146, art. 220, efectiva el 1 de septiembre de 2012; Abril 26, 2013, Núm. 10, art. 6, reenumera como art. 219; Octubre 23, 2013, Núm. 124, art. 1, reenumera como art. 220; Diciembre 26, 2014, Núm. 246, art. 135, enmienda el segundo párrafo, efectivo 90 días después de su aprobación.)

SECCIÓN SEGUNDA- De los delitos contra la seguridad en las transacciones comerciales

Artículo 221.- Lavado de dinero. (33 L.P.R.A. sec. 5291)

Será sancionada con pena de reclusión por un término fijo de ocho (8) años toda persona que lleve a cabo cualquiera de los siguientes actos:

(a) convierta o transfiera bienes, a sabiendas de que dichos bienes proceden de una actividad delictiva o de una participación en ese tipo de actividad, con el propósito de ocultar o encubrir el origen ilícito de los bienes; u

(b) oculte o encubra la verdadera naturaleza, origen, localización, disposición o movimiento de la propiedad, de bienes o de derechos correspondientes, a sabiendas de que los mismos proceden de una actividad delictiva o de una participación en este tipo de actividad.

Si la persona convicta es una persona jurídica será sancionada con pena de multa hasta treinta mil dólares ($30,000).

El tribunal dispondrá la confiscación de la propiedad, derechos o bienes objeto de este delito, cuyo importe ingresará al Fondo de Compensación a Víctimas de Delito.

(Junio 30, 2012, Núm. 146, art. 221, efectiva el 1 de septiembre de 2012; Abril 26, 2013, Núm. 10, art. 6, reenumera como art. 220; Octubre 23, 2013, Núm. 124, art. 1, reenumera como art. 221; Diciembre 26, 2014, Núm. 246, art. 136, enmienda para añadir el segundo párrafo, efectivo 90 días después de su aprobación.)

Artículo 222.- Insuficiencia de fondos. (33 L.P.R.A. sec. 5292)

Toda persona que con el propósito de defraudar haga, extienda, endose o entregue un cheque, giro, letra u orden para el pago de dinero, a cargo de cualquier banco u otro depositario, a sabiendas de que el emisor o girador no tiene suficiente provisión de fondos en dicho banco o depositario para el pago total del cheque, giro, letra u orden a la presentación del mismo, ni disfruta de autorización expresa para girar en descubierto, incurrirá en delito menos grave.

Si la cantidad representada por el instrumento negociable es mayor de quinientos (500) dólares, será sancionada con pena de reclusión por un término fijo de tres (3) años. Si la persona convicta es una persona jurídica será sancionada con pena de multa hasta diez mil dólares ($10,000).

El tribunal también podrá imponer la pena de restitución.

(Junio 30, 2012, Núm. 146, art. 222, efectiva el 1 de septiembre de 2012; Abril 26, 2013, Núm. 10, art. 6, reenumera como art. 221; Octubre 23, 2013, Núm. 124, art. 1, reenumera como art. 222; Diciembre 26, 2014, Núm. 246, art. 137, enmienda para sustituir "intención" por "el propósito" al primer párrafo y añade una oración al segundo párrafo, efectivo 90 días después de su aprobación.)

Artículo 223.- Cuenta cerrada, inexistente y detención indebida del pago. (33 L.P.R.A. sec. 5293)

Toda persona que con el propósito de defraudar ordene a cualquier banco o depositario la cancelación de la cuenta designada para su pago en dicho banco o depositario, a sabiendas de que antes de dicha cancelación había hecho, extendido, endosado o entregado un cheque, giro, letra u orden para el pago de dinero con cargo a la cuenta cancelada; o gira contra una cuenta cerrada o inexistente; o detiene el pago del instrumento o instrumento negociable luego de emitirlo sin justa causa, incurrirá en delito menos grave.

Si la cantidad representada por el instrumento o instrumento negociable es mayor de quinientos (500) dólares, será sancionada con pena de reclusión por un término fijo de tres (3) años. Si la persona convicta es una persona jurídica será sancionada con pena de multa hasta diez mil dólares ($10,000).

El tribunal también podrá imponer la pena de restitución.

(Junio 30, 2012, Núm. 146, art. 223, efectiva el 1 de septiembre de 2012; Abril 26, 2013, Núm. 10, art. 6, reenumera como art. 222; Octubre 23, 2013, Núm. 124, art. 1, reenumera como art. 223; Diciembre 26, 2014, Núm. 246, art. 138, enmienda para sustituir "intención" por "el propósito" al primer párrafo y añade una oración al segundo párrafo, efectivo 90 días después de su aprobación.)

Artículo 224.- Conocimiento de falta de pago. (33 L.P.R.A. sec. 5294)

Constituye evidencia prima facie del conocimiento de la insuficiencia de los fondos, de la cuenta cerrada o inexistente, de la cancelación de la cuenta, o de la falta de autorización expresa para girar en descubierto, si el girador o endosante hace, extiende, endosa o entrega un cheque, giro, letra u orden, cuyo pago sea rehusado por el girado por cualquiera de los siguientes actos: insuficiencia de fondos, girar contra una cuenta cerrada o inexistente, cancelación de la cuenta designada para su pago o por no tener autorización expresa para girar en descubierto.

(Junio 30, 2012, Núm. 146, art. 224, efectiva el 1 de septiembre de 2012; Abril 26, 2013, Núm. 10, art. 6, reenumera como art. 223; Octubre 23, 2013, Núm. 124, art. 1, reenumera como art. 224.)

Artículo 225.- Interpelación. (33 L.P.R.A. sec. 5295)

Ninguna persona incurrirá en los delitos provistos en los Artículos 222 y 223 anteriores, a menos que se pruebe que el tenedor del cheque, giro, letra u orden, o su agente, ha avisado personalmente o mediante carta certificada con acuse de recibo al girador o al endosante a su última dirección conocida para que pague al tenedor o a su agente, en la dirección que se indique en el aviso, el importe del cheque, giro, letra u orden dentro de un plazo no menor de diez (10) días si el girador o endosante a quien se dirige el aviso reside en la localidad del tenedor y no menor de quince (15) días si reside en otro municipio o fuera del Estado Libre Asociado de Puerto Rico. Dicho término se computa desde la fecha del aviso al girador o endosante del cheque, giro, letra u orden no pagada.

Si la dirección que proveyó el girador o endosante es falsa o si rehusó proveer una dirección física, además de la postal, al momento de emitir el cheque, giro, letra u orden, se entenderá que el aviso del banco o depositario a los efectos de que el cheque, giro, letra u orden resultó con fondos insuficientes, constituye notificación suficiente conforme a lo dispuesto en el primer párrafo de este Artículo.

(Junio 30, 2012, Núm. 146, art. 225, efectiva el 1 de septiembre de 2012; Abril 26, 2013, Núm. 10, art. 6, reenumera como art. 224; Octubre 23, 2013, Núm. 124, art. 1, reenumera como art. 225.)

Artículo 226.- Falta de pago después de interpelación. (33 L.P.R.A. sec. 5296)

La falta de pago después de la interpelación por parte del que ha girado, firmado, extendido, endosado o entregado dicho cheque, giro, letra u orden, se considerará prima facie como propósito de defraudar.

(Junio 30, 2012, Núm. 146, art. 226, efectiva el 1 de septiembre de 2012; Abril 26, 2013, Núm. 10, art. 6, reenumera como art. 225; Octubre 23, 2013, Núm. 124, art. 1, reenumera como art. 226.)

Artículo 227.- Pago en término. (33 L.P.R.A. sec. 5297)

Transcurrido el término concedido en la interpelación, la parte perjudicada radicará la denuncia en la fiscalía de distrito en donde se entregó el cheque con fondos insuficientes o contra una cuenta cerrada o inexistente, el fiscal expedirá una citación dirigida al girador o endosante del cheque, giro, letra u orden de pago para comparecer a una vista de causa probable en una fecha que no excederá de diez (10) días a partir de la denuncia.

El pago del cheque, giro, letra u orden de pago, previo a la vista de causa probable, relevará de responsabilidad criminal a la persona que emitió o endosó dicho cheque, giro u orden. La persona pagará las costas del procedimiento, las cuales no serán menores de veinticinco (25) dólares.

El pago efectuado después de haberse determinado causa probable en la vista celebrada, no relevará al acusado de responsabilidad criminal en el juicio. Tal circunstancia se tendrá como un atenuante al imponer la pena contemplada para el delito.

(Junio 30, 2012, Núm. 146, art. 227, efectiva el 1 de septiembre de 2012; Abril 26, 2013, Núm. 10, art. 6, reenumera como art. 226; Octubre 23, 2013, Núm. 124, art. 1, reenumera como art. 227.)

Artículo 228.- Utilización o posesión ilegal de tarjetas de crédito y tarjetas de débito. (33 L.P.R.A. sec. 5298)

Toda persona que tenga en su posesión una tarjeta con banda electrónica a sabiendas que la misma fue falsificada, incurrirá en delito menos grave.

Será sancionada con pena de reclusión por un término fijo de ocho (8) años, toda persona que con el propósito de defraudar a otra o para obtener bienes y servicios que legítimamente no le corresponden, utilice una tarjeta de crédito o una tarjeta de débito, a sabiendas de que la tarjeta es hurtada o falsificada, la tarjeta ha sido revocada o cancelada, o el uso de la tarjeta de crédito o débito no está autorizado por cualquier razón. Si la persona convicta es una persona jurídica será sancionada con pena de multa hasta treinta mil dólares ($30,000).

Se podrá imponer la pena con agravantes, a todo funcionario o empleado público, al que se le ha concedido el uso de alguna tarjeta de crédito o débito garantizada con fondos públicos, para gestiones oficiales o relacionadas con el desempeño de sus funciones que la utilizare con el propósito de obtener beneficios para sí o para un tercero.

(Junio 30, 2012, Núm. 146, art. 228, efectiva el 1 de septiembre de 2012; Abril 26, 2013, Núm. 10, art. 6, reenumera como art. 227; Octubre 23, 2013, Núm. 124, art. 1, reenumera como art. 228; Diciembre 26, 2014, Núm. 246, art. 139, enmienda el primer párrafo, que era el último párrafo, añade una oración al segundo párrafo y sustituye "impondrá" por "podrá imponer" en el tercer párrafo, efectivo 90 días después de su aprobación.)

Artículo 229.- Utilización de aparatos de escaneo o codificadores. (33 L.P.R.A. sec. 5299)

Será sancionada con pena de reclusión por un término fijo de ocho (8) años, toda persona que con el propósito de defraudar a otra, utilice un aparato de escaneo para acceder, leer, obtener, memorizar o almacenar, temporera o permanentemente, información codificada o contenida en la cinta magnética de una tarjeta de crédito o débito o de cualquier otra índole sin la autorización de su legítimo dueño o usuario.

Será sancionada con pena de reclusión por un término fijo de ocho (8) años, toda persona que, con el propósito de defraudar a otra, utilice un codificador para colocar información codificada en la cinta o banda magnética de una tarjeta de crédito o débito, en la cinta o banda magnética de otra tarjeta o en cualquier otro medio electrónico que permita que ocurra una transacción sin el permiso del usuario autorizado de la tarjeta de crédito o débito de la cual se obtuvo la información codificada.

Si la persona convicta en cualquiera de las modalidades anteriores es una persona jurídica será sancionada con pena de multa hasta treinta mil dólares ($30,000).

(Junio 30, 2012, Núm. 146, art. 229, efectiva el 1 de septiembre de 2012; Abril 26, 2013, Núm. 10, art. 6, reenumera como art. 228; Octubre 23, 2013, Núm. 124, art. 1, reenumera como art. 229; Diciembre 26, 2014, Núm. 246, art. 140, enmienda primer párrafo para sustituir "intención" por "el propósito" y añade el tercer párrafo, efectivo 90 días después de su aprobación.)

TÍTULO III- DELITOS CONTRA LA SEGURIDAD COLECTIVA

CAPÍTULO I- DE LOS INCENDIOS Y RIESGOS CATASTRÓFICOS

SECCIÓN PRIMERA- De los incendios

Artículo 230.- Incendio. (33 L.P.R.A. sec. 5311)

Toda persona que a propósito, con conocimiento o temerariamente ponga en peligro la vida, salud o integridad física de las personas al prender fuego a un edificio o propiedad, será sancionada con pena de reclusión por un término fijo de ocho (8) años. Si la persona convicta es una persona jurídica será sancionada con pena de multa hasta treinta mil dólares ($30,000).

Para constituir un incendio no será necesario que el edificio o la propiedad quede destruida, bastando que se haya prendido en fuego, de modo que prenda en cualquier parte del material del mismo.

El tribunal también podrá imponer la pena de restitución.

(Junio 30, 2012, Núm. 146, art. 230, efectiva el 1 de septiembre de 2012; Abril 26, 2013, Núm. 10, art. 6, reenumera como art. 229; Octubre 23, 2013, Núm. 124, art. 1, reenumera como art. 230; Diciembre 26, 2014, Núm. 246, art. 141, enmienda el primer párrafo en términos generales, efectivo 90 días después de su aprobación; Mayo 19, 2017, NUm. 27, sec. 12, enmienda para anadir la frase "o propiedad" en los primeros dos parrafos.)

Artículo 231.- Incendio agravado. (33 L.P.R.A. sec. 5312)

Será sancionada con pena de reclusión por un término fijo de quince (15) años toda persona que cometa el delito de incendio descrito en el Artículo 230, cuando concurra cualquiera de las siguientes circunstancias:

(a) se cause daño a la vida, salud o integridad corporal de alguna persona;

(b) el autor haya desaparecido, dañado o inutilizado los instrumentos para apagar el incendio;

(c) ocurra en un edificio ocupado o perteneciente al Estado Libre Asociado de Puerto Rico; o

(d) la estructura almacena material inflamable, tóxico, radiactivo o químico.

Si la persona convicta es una persona jurídica será sancionada con pena de multa hasta cincuenta mil dólares ($50,000).

El tribunal también podrá imponer la pena de restitución.

(Junio 30, 2012, Núm. 146, art. 231, efectiva el 1 de septiembre de 2012; Abril 26, 2013, Núm. 10, art. 6, reenumera como art. 230; Octubre 23, 2013, Núm. 124, art. 1, reenumera como art. 231; Diciembre 26, 2014, Núm. 246, art. 142, enmienda para añadir un segundo párrafo, efectivo 90 días después de su aprobación.)

Artículo 232.- Incendio forestal. (33 L.P.R.A. sec. 5313)

Toda persona que a propósito, con conocimiento o temerariamente ponga en peligro la vida, salud o integridad física de las personas al incendiar montes, sembrados, pastos, bosques o plantaciones ajenos, será sancionada con pena de reclusión por un término fijo de tres (3) años. Si la persona convicta es una persona jurídica será sancionada con pena de multa hasta diez mil dólares ($10,000).

El tribunal también podrá imponer la pena de restitución.

(Junio 30, 2012, Núm. 146, art. 232, efectiva el 1 de septiembre de 2012; Abril 26, 2013, Núm. 10, art. 6, reenumera como art. 231; Octubre 23, 2013, Núm. 124, art. 1, reenumera como art. 232; Diciembre 26, 2014, Núm. 246, art. 143, enmienda el primer párrafo en términos generales y eliminó el tercer párrafo, efectivo 90 días después de su aprobación.)

Artículo 233.- Incendio negligente. (33 L.P.R.A. sec. 5314)

Toda persona que por negligencia ocasione un incendio de un edificio, montes, sembrados, pastos, bosques o plantaciones, que ponga en peligro la vida, salud o integridad física de las personas, será sancionada con pena de reclusión por un delito menos grave.

El tribunal también podrá imponer la pena de restitución.

(Junio 30, 2012, Núm. 146, art. 233, efectiva el 1 de septiembre de 2012; Abril 26, 2013, Núm. 10, art. 6, reenumera como art. 232; Octubre 23, 2013, Núm. 124, art. 1, reenumera como art. 233; Diciembre 26, 2014, Núm. 246, art. 144, enmienda el primer párrafo para convertir el delito en menos grave, efectivo 90 días después de su aprobación.)

SECCIÓN SEGUNDA- De los delitos de riesgo catastrófico

Artículo 234.- Estrago. (33 L.P.R.A. sec. 5315)

Será sancionada con pena de reclusión por un término fijo de quince (15) años, toda persona que a propósito, con conocimiento o temerariamente ponga en peligro la vida, la salud, la integridad corporal o la seguridad de una o varias personas, o que en violación de alguna ley, reglamento o permiso cause daño al ambiente, en cualquiera de las circunstancias que se exponen a continuación:

(a) Al provocar una explosión, una inundación o movimiento de tierras.

(b) Al ocasionar la demolición de un bien inmueble.

(c) Al utilizar un gas tóxico o asfixiante, energía nuclear, elementos ionizantes o material radioactivo, microorganismos o cualquier otra sustancia tóxica o peligrosa por su capacidad de causar destrucción generalizada o perjuicio a la salud.

Si la persona convicta es una persona jurídica será sancionada con pena de multa hasta cincuenta mil dólares ($50,000).

Si los hechos previstos en este delito se realizan por negligencia, la persona será sancionada con pena de reclusión por un término fijo de tres (3) años. Si la persona convicta es una persona jurídica será sancionada con pena de multa hasta diez mil dólares ($10,000).

El tribunal también podrá imponer la pena de restitución.

(c) Al utilizar un gas tóxico o asfixiante, energía nuclear, elementos ionizantes o material radioactivo, microorganismos o cualquier otra sustancia tóxica o peligrosa, según definida en los reglamentos de la Junta de Calidad Ambiental o por la Agencia Federal de Protección Ambiental.

Si los hechos previstos en este delito se realizan por negligencia, la persona será sancionada con pena de reclusión por un término fijo de tres (3) años.

El tribunal también podrá imponer la pena de restitución.

(Junio 30, 2012, Núm. 146, art. 234, efectiva el 1 de septiembre de 2012; Abril 26, 2013, Núm. 10, art. 6, reenumera como art. 233; Octubre 23, 2013, Núm. 124, art. 1, reenumera como art. 234; Diciembre 26, 2014, Núm. 246, art. 145, enmienda la primera oración y el inciso (c) en términos generales, añade un segundo párrafo y añade una segunda oración al tercer párrafo, efectivo 90 días después de su aprobación.)

Artículo 235.- Envenenamiento de las aguas de uso público. (33 L.P.R.A. sec. 5316)

Toda persona que, en violación de ley, reglamento o permiso a propósito, con conocimiento o temerariamente, ponga en peligro la vida o la salud de una o varias personas al envenenar, contaminar o verter sustancias tóxicas o peligrosas capaces de producir perjuicio generalizado a la salud, en pozos, depósitos, cuerpos de agua, tuberías o vías pluviales que sirvan al uso y consumo humano, será sancionada con pena de reclusión por un término fijo de quince (15) años. Si la persona convicta es una persona jurídica será sancionada con pena de multa hasta cincuenta mil dólares ($50,000).

Si los hechos previstos en este delito se realizan por negligencia, la persona será sancionada con pena de reclusión por un término fijo de tres (3) años. Si la persona convicta es una persona jurídica será sancionada con pena de multa hasta diez mil dólares ($10,000).

El tribunal también podrá imponer la pena de restitución.

(Junio 30, 2012, Núm. 146, art. 235, efectiva el 1 de septiembre de 2012; Abril 26, 2013, Núm. 10, art. 6, reenumera como art. 234; Octubre 23, 2013, Núm. 124, art. 1, reenumera como art. 235; Diciembre 26, 2014, Núm. 246, art. 146, enmienda el primer párrafo en términos generales y aumenta la pena de (12) a (15) años, añade una oración al segundo párrafo y elimina tercer párrafo anterior, efectivo 90 días después de su aprobación.)

Artículo 236.- Contaminación ambiental. (33 L.P.R.A. sec. 5317)

Toda persona que realice o provoque emisiones, radiaciones o vertidos de cualquier naturaleza en el suelo, atmósfera, aguas terrestres superficiales, subterráneas o marítimas, en violación a las leyes o reglamentos o las condiciones especiales de los permisos aplicables y que ponga en grave peligro la salud de las personas, el equilibrio biológico de los sistemas ecológicos o del medio ambiente, será sancionada con pena de reclusión por un término fijo de tres (3) años. Si la persona convicta es una persona jurídica será sancionada con pena de multa hasta diez mil dólares ($10,000).

El tribunal también podrá imponer la pena de restitución.

(Junio 30, 2012, Núm. 146, art. 236, efectiva el 1 de septiembre de 2012; Abril 26, 2013, Núm. 10, art. 6, reenumera como art. 235; Octubre 23, 2013, Núm. 124, art. 1, reenumera como art. 236; Diciembre 26, 2014, Núm. 246, art. 147, enmienda para añadir una oración al primer párrafo, efectivo 90 días después de su aprobación.)

Artículo 237.- Contaminación ambiental agravada. (33 L.P.R.A. sec. 5318)

Si el delito de contaminación ambiental, que se tipifica en el Artículo 236, se realiza por una persona sin obtener el correspondiente permiso, endoso, certificación, franquicia o concesión, o clandestinamente, o ha incumplido con las disposiciones expresas de las autoridades competentes para que corrija o suspenda cualquier acto en violación de la ley, o aportó información falsa u omitió información requerida para obtener el permiso, endoso, certificación, franquicia o concesión correspondiente, o impidió u obstaculizó la inspección por las autoridades competentes, será sancionada con pena de reclusión por un término fijo de ocho (8) años. Si la persona convicta es una persona jurídica será sancionada con pena de multa hasta treinta mil dólares ($30,000).

El tribunal a su discreción, también podrá suspender la licencia, permiso o autorización conforme los Artículos 60 y 78, e imponer la pena de restitución.

(Junio 30, 2012, Núm. 146, art. 237, efectiva el 1 de septiembre de 2012; Abril 26, 2013, Núm. 10, art. 6, reenumera como art. 236; Octubre 23, 2013, Núm. 124, art. 1, reenumera como art. 237; Diciembre 26, 2014, Núm. 246, art. 148, enmienda para añadir una oración al primer párrafo, efectivo 90 días después de su aprobación.)

CAPÍTULO II- DE LAS FALSAS ALARMAS E INTERFERENCIA CON LOS SERVICIOS PÚBLICOS

SECCIÓN PRIMERA- De las falsas alarmas

Artículo 238.- Alarma falsa. (33 L.P.R.A. sec. 5321)

Toda persona que a sabiendas dé un aviso o alarma falsa de fuego o bomba o cualquier otro artefacto explosivo, emanación de gases o sustancias dañinas a la salud, en un edificio o en cualquier otro lugar donde haya personas congregadas, incurrirá en delito menos grave.

(Junio 30, 2012, Núm. 146, art. 238, efectiva el 1 de septiembre de 2012; Abril 26, 2013, Núm. 10, art. 6, reenumera como art. 237; Octubre 23, 2013, Núm. 124, art. 1, reenumera como art. 238.)

Artículo 239.- Llamada telefónica falsa a sistema de emergencia. (33 L.P.R.A. sec. 5322)

Toda persona que a sabiendas efectúe o permita que desde cualquier teléfono bajo su control se efectúe una llamada telefónica a cualquier sistema de respuesta a llamadas telefónicas de emergencia, como el tipo conocido comúnmente como "9-1-1", para dar aviso, señal o falsa alarma de fuego, emergencia médica, comisión de delito, desastre natural o cualquier otra situación que requiera la movilización, despacho o presencia del Cuerpo de Bomberos, personal de Emergencias Médicas, la Agencia Estatal para el Manejo de Emergencias, Junta de Calidad Ambiental o fuerzas del orden público, incluyendo la Policía de Puerto Rico, o que efectúe o permita que desde cualquier teléfono bajo su control se efectúe una llamada obscena o en broma a tal sistema de respuestas a llamadas telefónicas de emergencia, será sancionada con pena de reclusión por un término fijo de tres (3) años.

El tribunal también podrá imponer la pena de restitución para subsanar cualquier utilización innecesaria de recursos o desembolsos innecesarios de fondos por parte del Estado Libre Asociado para responder a cualquier llamada telefónica obscena, en broma o constitutiva de falsa alarma a tales sistemas de emergencia.

(Junio 30, 2012, Núm. 146, art. 239, efectiva el 1 de septiembre de 2012; Abril 26, 2013, Núm. 10, art. 6, reenumera como art. 238; Octubre 23, 2013, Núm. 124, art. 1, reenumera como art. 239.)

SECCIÓN SEGUNDA- De la interferencia con los servicios públicos

Artículo 240.- Sabotaje de servicios esenciales. (33 L.P.R.A. sec. 5323)

Toda persona que a propósito, con conocimiento o temerariamente, destruya, dañe, vandalice, altere o interrumpa el funcionamiento de las instalaciones o equipos del servicio de agua, gas, electricidad, teléfono, telecomunicaciones, sistemas o redes de computadoras o cualquier otra propiedad destinada a proveer servicios públicos o privados esenciales, incluyendo el de transportación y comunicación, será sancionada con pena de reclusión por un término fijo de ocho (8) años.

Cuando la comisión de este delito resulte en impedir que una persona solicite o reciba ayuda para su vida, salud o integridad física, será sancionada con pena de reclusión por un término fijo de quince (15) años.

(Junio 30, 2012, Núm. 146, art. 240, efectiva el 1 de septiembre de 2012; Abril 26, 2013, Núm. 10, art. 6, reenumera como art. 239; Octubre 23, 2013, Núm. 124, art. 1, reenumera como art. 240; Diciembre 26, 2014, Núm. 246, art. 149, enmienda para sustituir "intencionalmente" por "a propósito, con conocimiento o temerariamente" en el primer párrafo, efectivo 90 días después de su aprobación.)

CAPÍTULO III- DELITOS CONTRA EL ORDEN PÚBLICO Y EL RESPETO A LA AUTORIDAD PÚBLICA

Artículo 241.- Alteración a la paz. (33 L.P.R.A. sec. 5331)

Incurrirá en delito menos grave, toda persona que realice cualquiera de los siguientes actos:

(a) perturbe la paz o tranquilidad de una o varias personas con conducta ofensiva que afecte el derecho a la intimidad en su hogar, o en cualquier otro lugar donde tenga una expectativa razonable de intimidad;

(b) perturbe la paz o tranquilidad de una o varias personas mediante palabras o expresiones ofensivas o insultantes al proferirlas en un lugar donde quien las oye tiene una expectativa razonable de intimidad; o

(c) perturbe la paz o tranquilidad de una o varias personas en forma estrepitosa o inconveniente mediante vituperios, oprobios, desafíos, provocaciones, palabras insultantes o actos que puedan provocar una reacción violenta o airada en quien las escucha.

(Junio 30, 2012, Núm. 146, art. 241, efectiva el 1 de septiembre de 2012; Abril 26, 2013, Núm. 10, art. 6, reenumera como art. 240; Octubre 23, 2013, Núm.

124, art. 1, reenumera como art. 241; Diciembre 26, 2014, Núm. 246, art. 150, enmienda para eliminar el segundo y tercero párrafo, efectivo 90 días después de su aprobación.)

Artículo 242.- Motín. (33 L.P.R.A. sec. 5332)

Constituye motín cuando dos o más personas, obrando juntas y sin autoridad en ley, empleen o amenacen con emplear algún tipo de fuerza o violencia que perturbe la tranquilidad pública, acompañada la amenaza con la aptitud para realizarla.

Los participantes serán sancionados con pena de reclusión por un término fijo de tres (3) años.

(Junio 30, 2012, Núm. 146, art. 242, efectiva el 1 de septiembre de 2012; Abril 26, 2013, Núm. 10, art. 6, reenumera como art. 241; Octubre 23, 2013, Núm. 124, art. 1, reenumera como art. 242.)

Artículo 242-A- Incitación a Violencia (33 L.P.R.A. sec. 5332-A)

Toda persona que incite o promueva el uso de fuerza, violencia y/o intimidación para que se cometa delito contra la persona o propiedad, por cualquier medio, incluyendo los medios de comunicación telemática y/o cualquier otro medio de difusión, publicación o distribución de información, incurrirá en delito menos grave que será sancionado con pena de reclusión por un término fijo de un (1) año. No obstante, la persona incurrirá en delito grave con pena de reclusión de tres (3) años si como resultado directo de la insitación se comete un delito grave.

(Junio 30, 2012, Núm. 146, efectiva el 1 de septiembre de 2012; Mayo 19, 2017, Núm. 27, sec. 13, añade este nuevo art. 242-A.)

Artículo 243.- Obstruir la labor de la prensa durante la celebración de actos oficiales. (33 L.P.R.A. sec. 5333)

Incurrirá en delito menos grave, toda persona que ilegalmente y sin propósito legítimo alguno, durante la celebración de actos oficiales, obstruya a propósito, la transmisión de cualquier medio de comunicación, o la toma de imágenes fotográficas, digitales o de video.

(Junio 30, 2012, Núm. 146, art. 243, efectiva el 1 de septiembre de 2012; Abril 26, 2013, Núm. 10, art. 2, enmienda para eliminar la última oración y el art. 6 reenumera como art. 242; Octubre 23, 2013, Núm. 124, art. 1, reenumera como art. 243; Diciembre 26, 2014, Núm. 246, art. 151, enmienda para sustituir "intencionalmente" por "a propósito", efectivo 90 días después de su aprobación.)

Artículo 244.- Conspiración. (33 L.P.R.A. sec. 5334)

Constituye conspiración, el convenio o acuerdo, entre dos o más personas para cometer un delito y han formulado planes precisos respecto a la participación de cada cual, el tiempo y el lugar de los hechos.

Cuando el convenio tenga como propósito la comisión de un delito menos grave, se incurrirá en delito menos grave.

Si el convenio es para cometer un delito grave, serán sancionadas con pena de reclusión por un término fijo de tres (3) años.

Ningún convenio, excepto para cometer un delito grave contra alguna persona, o para cometer el delito de incendiar o escalar un edificio, constituye conspiración a no ser que concurra algún acto para llevarlo a cabo, por uno o más de los conspiradores.

Se impondrá pena con circunstancias agravantes, cuando uno de los conspiradores fuera funcionario del orden público y se aprovechara de su cargo para cometer el delito.

(Junio 30, 2012, Núm. 146, art. 244, efectiva el 1 de septiembre de 2012; Abril 26, 2013, Núm. 10, art. 6, reenumera como art. 243; Octubre 23, 2013, Núm. 124, art. 1, reenumera como art. 244; Diciembre 26, 2014, Núm. 246, art. 152, enmienda para añadir la segunda parte del primer párrafo, efectivo 90 días después de su aprobación.)

Artículo 245.- Empleo de violencia o intimidación contra la autoridad pública. (33 L.P.R.A. sec. 5335)

Toda persona que use violencia o intimidación contra un funcionario o empleado público para obligarlo a llevar a cabo u omitir algún acto propio de su cargo o a realizar uno contrario a sus deberes oficiales, será sancionada con pena de reclusión por un término fijo de tres (3) años.

(Junio 30, 2012, Núm. 146, art. 245, efectiva el 1 de septiembre de 2012; Abril 26, 2013, Núm. 10, art. 6, reenumera como art. 244; Octubre 23, 2013, Núm. 124, art. 1, reenumera como art. 245.)

Artículo 246.- Resistencia u obstrucción a la autoridad pública. (33 L.P.R.A. sec. 5336)

Constituirá delito menos grave la resistencia u obstrucción al ejercicio de la autoridad pública a propósito o con conocimiento en cualquiera de las siguientes circunstancias:

(a) Impedir a cualquier funcionario o empleado público en el cumplimiento o al tratar de cumplir alguna de las obligaciones de su cargo.

(b) Impedir u obstruir a cualquier persona, funcionario o empleado público en el cobro autorizado por ley, de rentas, contribuciones, arbitrios, impuestos, patentes, licencias u otras cantidades de dinero en que esté interesado el Estado Libre Asociado de Puerto Rico.

(c) La negativa a impedir la comisión de un delito que afecte la vida o integridad corporal de las demás personas, después de serle requerido por una persona con autoridad para ello y sin riesgo propio o ajeno.

(d) La negativa a ayudar al arresto de otra persona, después de serle requerido por una persona con autoridad para ello y sin riesgo propio o ajeno.

(e) Resistir al arresto o huir violentamente luego de ser informado por un funcionario del orden público o persona particular en los casos permitidos por ley, de su autoridad legal para practicarlo.

(f) La negativa sin excusa legítima a comparecer o acatar una citación expedida por un fiscal o procurador de menores, cualquiera de las Cámaras de la Asamblea Legislativa, cualquier Legislatura Municipal o cualquier comisión de éstas en el curso de una investigación.

(g) La resistencia ilegal y contumaz a prestar juramento o llenar los requisitos como testigo en una causa o investigación pendiente o la negativa sin excusa legítima a contestar cualquier interrogatorio legal después de haber jurado o llenado dichos requisitos ante cualquiera de las Cámaras de la Asamblea Legislativa, de las Legislaturas Municipales o comisión de éstas.

(h) La negativa a prestar o suscribir cualquier juramento, declaración o afirmación requerida por la legislación fiscal del Estado Libre Asociado o por persona, empleado o funcionario competente.

(i) La negativa a contestar cualquier interrogatorio a suplir, dar o devolver alguna planilla, certificación, lista o formulario fiscal con información incompleta, falsa o fraudulenta, luego de ser debidamente requerida por la autoridad fiscal competente.

(Junio 30, 2012, Núm. 146, art. 246, efectiva el 1 de septiembre de 2012; Abril 26, 2013, Núm. 10, art. 6, reenumera como art. 245; Octubre 23, 2013, Núm. 124, art. 1, reenumera como art. 246; Diciembre 26, 2014, Núm. 246, art. 153, enmienda la primera oración y los incisos (a) y (b) en términos generales, efectivo 90 días después de su aprobación.)

Artículo 247.-Obstrucción de acceso o de labores en instituciones de enseñanza y de salud o edificios en donde se ofrecen servicios gubernamentales al público. (33 L.P.R.A. sec. 5337)

Toda persona que sin autoridad en ley obstruya la prestación de servicios o el acceso a una institución de enseñanza, o de salud, u obstruya la prestación de servicios o el acceso a edificios en donde se ofrecen servicios gubernamentales al público, incurrirá en delito menos grave.

Para efectos de este Artículo, una institución de enseñanza se referirá a toda escuela elemental, secundaria o superior, universidad, instituto, escuela vocacional o técnica, ya sea pública o privada, que ofrezcan programas de estudios o destrezas para niños, jóvenes o adultos en Puerto Rico.

En el caso de facilidades de salud, se referirá a establecimientos certificados y autorizados a operar como tales por el Estado, según lo establece y define la "Ley de Facilidades de Salud", Ley Núm. 101 de 26 de junio de 1965, según enmendada, tales como: hospital, centro de salud, unidad de salud pública, centro de diagnóstico o tratamiento, servicios de salud pública, casa de salud, facilidad de cuidado de larga duración, centro de rehabilitación, facilidad médica para personas con impedimentos, centro de salud mental, centro de rehabilitación psicosocial, hospital de enfermedades crónicas, hospital general, hospital mental, hospital de tuberculosis, facilidad de salud sin fines de lucro.

(Junio 30, 2012, Núm. 146, art. 247, efectiva el 1 de septiembre de 2012; Abril 26, 2013, Núm. 10, art. 4, deroga este artículo; Mayo 19, 2017, Núm. 27, art. 14, añade este nuevo articulo.)

Artículo 248.- Uso de disfraz en la comisión de delito. (33 L.P.R.A. sec. 5338)

Incurrirá en delito menos grave, toda persona que utilice una máscara o careta, postizo o maquillaje, tinte, o cualquier otro disfraz, completo o parcial, que altere de cualquier forma temporera o permanentemente su apariencia física con el propósito de:

(a) Evitar que se le descubra, reconozca o identifique en la comisión de algún delito.

(b) Ocultarse, evitar ser arrestado, fugarse o escaparse al ser denunciado, procesado o sentenciado de algún delito.

(c) Alterar o intervenir con las actividades ordinarias en una instalación pública educativa, en una instalación de salud, o en el interior de edificios de gobierno.

Será sancionada con pena de reclusión por un término fijo de tres (3) años y la persona incurrirá en delito grave, cuando el delito cometido o intentado fuera de naturaleza grave.

(Junio 30, 2012, Núm. 146, art. 248, efectiva el 1 de septiembre de 2012; Abril 26, 2013, Núm. 10, art. 6, reenumera como art. 246; Octubre 23, 2013, Núm. 124, art. 1, reenumera como art. 248; Diciembre 26, 2014, Núm. 246, art. 154, elimina el inciso (c) del primer párrafo, el segundo y los incisos (a), (b), (c) y (d) del tercer párrafo, efectivo 90 días después de su aprobación; Mayo 19, 2017, Num. 27, sec,. 15, añade el inciso (c) y ultimo parrafo.)

Artículo 249.- Riesgo a la seguridad u orden público al disparar un arma de fuego. (33 L.P.R.A. sec. 5339)

Será sancionada con pena de reclusión por un término fijo de veinte (20) años toda persona que, poniendo en riesgo la seguridad u orden público, a propósito, con conocimiento o temerariamente dispare un arma de fuego:

(a) desde un vehículo de motor, ya sea terrestre o acuático; o

(b) en una discoteca, bar, centro comercial, negocio o establecimiento; o

(c) en un sitio público o abierto al público.

(Junio 30, 2012, Núm. 146, art. 249, efectiva el 1 de septiembre de 2012; Abril 26, 2013, Núm. 10, art. 6, reenumera como art. 247; Octubre 23, 2013, Núm. 124, art. 1, reenumera como art. 249; Diciembre 26, 2014, Núm. 246, art. 155,

enmienda para añadir "a proposito, con conocimiento o temerariamente" en la primera oración, efectivo 90 días después de su aprobación.)

TÍTULO IV- DELITOS CONTRA LA FUNCIÓN GUBERNAMENTAL
CAPÍTULO I- DELITOS CONTRA EL EJERCICIO GUBERNAMENTAL
SECCIÓN PRIMERA- De los delitos contra el ejercicio del cargo público

Artículo 250.- Enriquecimiento ilícito. (33 L.P.R.A. sec. 5341)

Todo funcionario o empleado público, ex-funcionario o ex-empleado público que, para beneficio personal o de un tercero, utilice información o datos que sólo haya podido conocer por razón del ejercicio de su cargo, empleo o encomienda, será sancionado con pena de reclusión por un término fijo de tres (3) años.

Si la persona obtiene el beneficio perseguido, será sancionada con pena de reclusión por un término fijo de ocho (8) años.

El tribunal también podrá imponer la pena de restitución.

(Junio 30, 2012, Núm. 146, art. 250, efectiva el 1 de septiembre de 2012; Abril 26, 2013, Núm. 10, art. 6, reenumera como art. 248; Octubre 23, 2013, Núm. 124, art. 1, reenumera como art. 250.)

Artículo 251.- Enriquecimiento injustificado. (33 L.P.R.A. sec. 5342)

Todo funcionario o empleado público, ex-funcionario o ex-empleado público que injustificadamente haya enriquecido su patrimonio o el de un tercero, cuando tal enriquecimiento haya ocurrido con posterioridad a la asunción del cargo, empleo o encomienda y hasta cinco (5) años de haber concluido su desempeño, será sancionado con pena de reclusión por un término fijo de ocho (8) años.

Se entiende que hubo enriquecimiento no sólo cuando el patrimonio se haya incrementado con dinero o bienes, sino también cuando se hayan cancelado o extinguido obligaciones que lo afectaban.

El tercero beneficiado también incurrirá en este delito.

(Junio 30, 2012, Núm. 146, art. 251, efectiva el 1 de septiembre de 2012; Abril 26, 2013, Núm. 10, art. 6, reenumera como art. 249; Octubre 23, 2013, Núm. 124, art. 1, reenumera como art. 251.)

Artículo 252.- Aprovechamiento ilícito de trabajos o servicios públicos. (33 L.P.R.A. sec. 5343)

Toda persona que utilice de forma ilícita, para su beneficio o para beneficio de un tercero, propiedad, trabajos o servicios pagados con fondos públicos será sancionada con pena de reclusión por un término fijo de tres (3) años, y restitución. Si la persona convicta es una persona jurídica será sancionada con pena de restitución, y multa de hasta diez mil dólares ($10,000).

Se podrá imponer la pena con circunstancias agravantes cuando el delito sea cometido por un funcionario o empleado público.

(Junio 30, 2012, Núm. 146, art. 252, efectiva el 1 de septiembre de 2012; Abril 26, 2013, Núm. 10, art. 6, reenumera como art. 250; Octubre 23, 2013, Núm. 124, art. 1, reenumera como art. 252; Diciembre 26, 2014, Núm. 246, art. 156, enmienda para añadir una segunda oración al primer párrafo y sustituir "impondrá" por "podrá imponer" en el segundo párrafo, efectivo 90 días después de su aprobación; Agosto 24, 2022, Núm. 76, sec. 5, enmienda para añadir la pena de restitución obligatoria.)

Artículo 253.- Negociación incompatible con el ejercicio del cargo público. (33 L.P.R.A. sec. 5344)

Todo funcionario o empleado público que por razón de su cargo, directamente o mediante un tercero, promueva, autorice o realice un contrato, subasta o cualquier operación en que tenga interés patrimonial sin mediar la dispensa o autorización que permita la ley, será sancionado con pena de reclusión por un término fijo de tres (3) años.

El tercero beneficiado también incurrirá en este delito. Si la persona convicta es una persona jurídica será sancionada con pena de multa hasta diez mil dólares ($10,000).

Si la persona obtiene el beneficio perseguido, será sancionada con pena de reclusión por un término fijo de ocho (8) años. Si la persona convicta es una persona jurídica será sancionada con pena de multa hasta treinta mil dólares ($30,000).

El tribunal también podrá imponer la pena de restitución.

(Junio 30, 2012, Núm. 146, art. 253, efectiva el 1 de septiembre de 2012; Abril 26, 2013, Núm. 10, art. 6, reenumera como art. 251; Octubre 23, 2013, Núm. 124, art. 1, reenumera como art. 253; Diciembre 26, 2014, Núm. 246, art. 157, enmienda para añadir otra oración al segundo párrafo y al tercer párrafo, efectivo 90 días después de su aprobación.)

Artículo 254.- Intervención indebida en las operaciones gubernamentales. (33 L.P.R.A. sec. 5345)

Toda persona que intervenga sin autoridad de ley o indebidamente en la realización de un contrato, en un proceso de subasta o negociación o en cualquier otra operación del Gobierno del Estado Libre Asociado de Puerto Rico, con el propósito de beneficiarse o beneficiar a un tercero, será sancionada con pena de reclusión por un término fijo de tres (3) años. Si la persona convicta es una persona jurídica será sancionada con pena de multa hasta diez mil dólares ($10,000).

Si la persona obtiene el beneficio perseguido, será sancionada con pena de reclusión por un término fijo de ocho (8) años. Si la persona convicta es una persona jurídica será sancionada con pena de multa hasta treinta mil dólares ($30,000).

El tribunal también podrá imponer la pena de restitución.

(Junio 30, 2012, Núm. 146, art. 254, efectiva el 1 de septiembre de 2012; Abril 26, 2013, Núm. 10, art. 6, reenumera como art. 252; Octubre 23, 2013, Núm. 124, art. 1, reenumera como art. 254; Diciembre 26, 2014, Núm. 246, art. 158, enmienda para añadir otra oración al segundo párrafo y al tercer párrafo, efectivo 90 días después de su aprobación.)

Artículo 255.- Usurpación de cargo público. (33 L.P.R.A. sec. 5346)

Incurrirá en delito menos grave, toda persona que:

(a) usurpe un cargo, empleo o encomienda para el cual no ha sido elegido, nombrado o designado, o lo ejerza sin poseer las cualificaciones requeridas; o

(b) ejerza obstinadamente alguna de las funciones del cargo, empleo o encomienda al que fue designado, después de cumplido su término de servicio o después de recibir una comunicación oficial que ordene la terminación o suspensión de funciones.

(Junio 30, 2012, Núm. 146, art. 255, efectiva el 1 de septiembre de 2012; Abril 26, 2013, Núm. 10, art. 6, reenumera como art. 253; Octubre 23, 2013, Núm. 124, art. 1, reenumera como art. 255; Diciembre 26, 2014, Núm. 246, art. 159, enmienda el inciso (a), efectivo 90 días después de su aprobación.)

Artículo 256.- Retención de propiedad. (33 L.P.R.A. sec. 5347)

Todo funcionario o empleado público, ex-funcionario o ex-empleado público que, después de cumplido el término del cargo, empleo o encomienda, abolido el cargo o cesado en su ejercicio por renuncia o separación, retenga en su poder o se niegue a hacer entrega de la propiedad, los archivos, expedientes, documentos, códigos de acceso, discos, archivos electrónicos y demás información o material oficial perteneciente a su despacho en soporte papel o electrónico, será sancionado con pena de reclusión por un término fijo de tres (3) años.

Cuando la propiedad o material bajo su custodia se mutile, dañe, destruya o sustraiga, será sancionado con pena de reclusión por un término fijo de ocho (8) años.

(Junio 30, 2012, Núm. 146, art. 256, efectiva el 1 de septiembre de 2012; Abril 26, 2013, Núm. 10, art. 6, reenumera como art. 254; Octubre 23, 2013, Núm. 124, art. 1, reenumera como art. 256.)

Artículo 257.- Alteración o mutilación de propiedad. (33 L.P.R.A. sec. 5348)

Todo funcionario o empleado público que esté encargado o que tenga control de cualquier propiedad, archivo, expediente, documento, registro computadorizado o de otra naturaleza o banco de información, en soporte papel o electrónico que lo altere, destruya, mutile, remueva u oculte en todo o en parte, será sancionado con pena de reclusión por un término fijo de tres (3) años.

Cuando se produzca la pérdida de propiedad o fondos públicos el tribunal impondrá la pena de restitución.

(Junio 30, 2012, Núm. 146, art. 257, efectiva el 1 de septiembre de 2012; Abril 26, 2013, Núm. 10, art. 6, reenumera como art. 255; Octubre 23, 2013, Núm. 124, art. 1, reenumera como art. 257; Agosto 24, 2022, Núm. 76, sec. 6, enmienda para añadir la pena de restitución obligatoria.)

Artículo 258.- Certificaciones falsas. (33 L.P.R.A. sec. 5349)

Todo funcionario o empleado público, autorizado por ley para expedir certificaciones y otros documentos que expida como verdadera una certificación o documento que contenga declaraciones que le constan ser falsas, será sancionado con pena de reclusión por un término fijo de tres (3) años.

(Junio 30, 2012, Núm. 146, art. 258, efectiva el 1 de septiembre de 2012; Abril 26, 2013, Núm. 10, art. 6, reenumera como art. 256; Octubre 23, 2013, Núm. 124, art. 1, reenumera como art. 258.)

Artículo 259.- Soborno. (33 L.P.R.A. sec. 5350)

Todo funcionario o empleado público, jurado, testigo, árbitro o cualquier persona autorizada en ley para tomar decisiones, o para oír o resolver alguna cuestión o controversia que solicite o reciba, directamente o por persona intermedia, para sí o para un tercero, dinero o cualquier beneficio, o acepte una proposición en tal sentido por realizar, omitir o retardar un acto regular de su cargo o funciones, o por ejecutar un acto contrario al cumplimiento regular de sus deberes, o con el entendido de que tal remuneración o beneficio habrá de influir en cualquier acto, decisión, voto o dictamen de dicha persona en su carácter oficial, será sancionado con pena de reclusión por un término fijo de ocho (8) años.

Cuando el autor sea un funcionario público, árbitro o persona autorizada en ley para oír o resolver una cuestión o controversia, será sancionada con pena de restitución, y reclusión por un término fijo de quince (15) años.

(Junio 30, 2012, Núm. 146, art. 259, efectiva el 1 de septiembre de 2012; Abril 26, 2013, Núm. 10, art. 6, reenumera como art. 257; Octubre 23, 2013, Núm. 124, art. 1, reenumera como art. 259; Agosto 24, 2022, Núm. 76, sec. 7, enmienda para añadir la pena de restitución obligatoria.)

Artículo 260.- Oferta de Soborno. (33 L.P.R.A. sec. 5351)

Toda persona que, directamente o por persona intermediaria, dé o prometa a un funcionario o empleado público, testigo, o jurado, árbitro o a cualquier otra persona autorizada en ley para oír o resolver una cuestión o controversia, dinero o cualquier beneficio con el fin previsto en el Artículo 259, será sancionada con pena de reclusión por un término fijo de ocho (8) años. Si la persona convicta es una persona jurídica será sancionada con pena de multa hasta treinta mil dólares ($30,000).

(Junio 30, 2012, Núm. 146, art. 260, efectiva el 1 de septiembre de 2012; Abril 26, 2013, Núm. 10, art. 6, reenumera como art. 258; Octubre 23, 2013, Núm. 124, art. 1, reenumera como art. 260; Diciembre 26, 2014, Núm. 246, art. 160, enmienda para añadir la última oración, efectivo 90 días despues de su aprobación.)

Artículo 261.- Influencia indebida. (33 L.P.R.A. sec. 5352)

Toda persona que obtenga o trate de obtener de otra cualquier beneficio al asegurar o pretender que se halla en aptitud de influir en cualquier forma en la conducta de un funcionario o empleado público en lo que respecta al ejercicio de sus funciones, será sancionada con pena de reclusión por un término fijo de tres (3) años. Si la persona convicta es una persona jurídica será sancionada con pena de multa hasta diez mil dólares ($10,000).

Si la persona obtiene el beneficio perseguido será sancionada con pena de reclusión por un término fijo de ocho (8) años. Si la persona convicta es una persona jurídica será sancionada con pena de multa hasta treinta mil dólares ($30,000).

El tribunal impondrá la pena de restitución cuando se produzca la pérdida de propiedad o fondos públicos. En cualquier otra circunstancia el tribunal podrá imponer la pena de restitución discrecionalmente.

(Junio 30, 2012, Núm. 146, art. 261, efectiva el 1 de septiembre de 2012; Abril 26, 2013, Núm. 10, art. 6, reenumera como art. 259; Octubre 23, 2013, Núm. 124, art. 1, reenumera como art. 261; Diciembre 26, 2014, Núm. 246, art. 161, enmienda para añadir una oración al primero y segundo párrafo, efectivo 90 días después de su aprobación; Agosto 24, 2022, Núm. 76, sec. 8, enmienda para añadir la pena de restitución obligatoria.)

Artículo 262.- Incumplimiento del deber. (33 L.P.R.A. sec. 5353)

Todo funcionario o empleado público que mediante acción u omisión y a propósito, con conocimiento o temerariamente, incumpla un deber impuesto por la ley o reglamento y, como consecuencia de tal omisión se ocasione pérdida de fondos públicos o daño a la propiedad pública, incurrirá en delito menos grave el cual conllevará pena de restitución.

Si el valor de la pérdida de los fondos públicos o el daño a la propiedad pública sobrepasa de diez mil (10,000) dólares será sancionado con pena de restitución, y reclusión por un término fijo de tres (3) años.

(Junio 30, 2012, Núm. 146, art. 262, efectiva el 1 de septiembre de 2012; Abril 26, 2013, Núm. 10, art. 6, reenumera como art. 261; Octubre 23, 2013, Núm. 124, art. 1, reenumera como art. 262; Diciembre 26, 2014, Núm. 246, art. 162, enmienda el primer párrafo en términos generales, efectivo 90 días después de su aprobación; Agosto 24, 2022, Núm. 76, sec. 9, enmienda en términos generales y añade la pena de restitución obligatoria.)

Artículo 263.- Negligencia en el cumplimiento del deber. (33 L.P.R.A. sec. 5354)

Todo funcionario o empleado público que obstinadamente mediante acción u omisión y negligentemente incumpla con las obligaciones de su cargo o empleo y como consecuencia de tal descuido se ocasione pérdida de fondos públicos o daño a la propiedad pública incurrirá en delito menos grave, el cual conllevará pena de restitución.

Si el valor de la pérdida de los fondos públicos o el daño a la propiedad pública sobrepasa de diez mil (10,000) dólares será sancionado con pena de restitución, y reclusión por un término fijo de tres (3) años.

(Junio 30, 2012, Núm. 146, art. 263, efectiva el 1 de septiembre de 2012; Abril 26, 2013, Núm. 10, art. 6, reenumera como art. 262; Octubre 23, 2013, Núm. 124, art. 1, reenumera como art. 263; Diciembre 26, 2014, Núm. 246, art. 163, enmienda el primer párrafo en términos generales, efectivo 90 días después de su aprobación; Agosto 24, 2022, Núm. 76, sec. 10, enmienda para añadir la pena de restitución obligatoria.)

SECCIÓN SEGUNDA- De los delitos contra los fondos públicos

Artículo 264.- Malversación de fondos públicos. (33 L.P.R.A. sec. 5355)

Será sancionado con pena de reclusión por un término fijo de ocho (8) años, independientemente de si obtuvo o no beneficio para sí o para un tercero, todo funcionario o empleado público que sea directa o indirectamente responsable de la administración, traspaso, cuidado, custodia, ingresos, desembolsos o contabilidad de fondos públicos que:

(a) se los apropie ilegalmente, en todo o en parte;

(b) los utilice para cualquier fin que no esté autorizado o que sea contrario a la ley o a la reglamentación;

(c) los deposite ilegalmente o altere o realice cualquier asiento o registro en alguna cuenta o documento relacionado con ellos sin autorización o contrario a la ley o a la reglamentación;

(d) los retenga, convierta, traspase o entregue ilegalmente, sin autorización o contrario a la ley o a la reglamentación; o

(e) deje de guardar o desembolsar fondos públicos en la forma prescrita por ley.

Cuando el autor sea un funcionario público o la pérdida de fondos públicos sobrepase de cincuenta mil (50,000) dólares será sancionado con pena de reclusión por un término fijo de quince (15) años.

El tribunal impondrá la pena de restitución.

(Junio 30, 2012, Núm. 146, art. 264, efectiva el 1 de septiembre de 2012; Abril 26, 2013, Núm. 10, art. 6, reenumera como art. 262; Octubre 23, 2013, Núm. 124, art. 1, reenumera como art. 264; Agosto 24, 2022, Núm. 76, sec. 11, enmienda para añadir la pena de restitución obligatoria.)

Artículo 265.- Posesión y uso ilegal de información, recibos y comprobantes de pago de contribuciones. (33 L.P.R.A. sec. 5356)

Toda persona que tenga en su poder, sin estar autorizado para ello, formularios de recibos o comprobantes de pago de impuestos, patentes, contribuciones, arbitrios o licencias; o que expida, use o dé algún recibo de pago de contribución, arbitrios, impuesto o patente contrario a lo dispuesto por ley o reglamentación; reciba el importe de dicha contribución, arbitrio, licencia, impuesto o patente sin expedir recibo o comprobante; o realice cualquier asiento ilegal o falso en el recibo, comprobante que expida o en los documentos o bancos de información fiscal, será sancionada con pena de reclusión por un término fijo de tres (3) años.

(Junio 30, 2012, Núm. 146, art. 265, efectiva el 1 de septiembre de 2012; Abril 26, 2013, Núm. 10, art. 6, reenumera como art. 263; Octubre 23, 2013, Núm. 124, art. 1, reenumera como art. 265.)

Artículo 266.- Compra y venta ilegal de bienes en pago de contribuciones. (33 L.P.R.A. sec. 5357)

Será sancionado con pena de reclusión por un término fijo de tres (3) años todo colector o agente que directa o indirectamente realice cualquiera de los siguientes actos:

(a) Compre cualquier porción de bienes muebles o bienes inmuebles vendidos para el pago de contribuciones adeudadas.

(b) Venda o ayude a vender cualesquiera bienes inmuebles o bienes muebles, a sabiendas de que dichas propiedades están exentas de embargo, o exentas del pago de contribuciones, o satisfechas las contribuciones para las cuales se vende.

(c) Venda o ayude a vender, cualesquiera bienes inmuebles o bienes muebles para el pago de contribuciones, con el propósito de defraudar al dueño de los mismos.

(d) Expida un certificado de venta de bienes inmuebles enajenados en las circunstancias descritas en los incisos anteriores.

(e) De cualquier modo cohíba o restrinja a postores en cualquier subasta pública para el pago de contribuciones adeudadas.

(Junio 30, 2012, Núm. 146, art. 266, efectiva el 1 de septiembre de 2012; Abril 26, 2013, Núm. 10, art. 6, reenumera como art. 264; Octubre 23, 2013, Núm. 124, art. 1, reenumera como art. 266.)

Artículo 267.- Impedir la inspección de libros y documentos. (33 L.P.R.A. sec. 5358)

Todo empleado encargado del cobro, recibo o desembolso de fondos públicos que, requerido para que permita al funcionario competente inspeccionar los libros, documentos, registros y archivos pertenecientes a su oficina, se niegue a permitirlo, deje de hacerlo u obstruya la operación, incurrirá en delito menos grave.

(Junio 30, 2012, Núm. 146, art. 267, efectiva el 1 de septiembre de 2012; Abril 26, 2013, Núm. 10, art. 6, reenumera como art. 265; Octubre 23, 2013, Núm. 124, art. 1, reenumera como art. 267.)

CAPÍTULO II- DELITOS CONTRA LA FUNCIÓN JUDICIAL

Artículo 268.- Declaración o alegación falsa sobre delito. (33 L.P.R.A. sec. 5361)

Toda persona que mediante querella, solicitud, información, confidencia, independientemente que sea anónima o bajo falso nombre, dirigida a personas o funcionarios con autoridad en ley para hacer investigaciones de naturaleza criminal, declare o alegue falsamente teniendo conocimiento de su falsedad, que se ha cometido un delito, que provoque así el inicio de una investigación encaminada a esclarecerlo, incurrirá en delito menos grave.

Si el hecho alegado falsamente es uno que constituye delito grave, la persona incurrirá en delito grave y será sancionada con pena de reclusión por un término fijo de tres (3) años.

(Junio 30, 2012, Núm. 146, art. 268, efectiva el 1 de septiembre de 2012; Abril 26, 2013, Núm. 10, art. 6, reenumera como art. 266; Octubre 23, 2013, Núm. 124, art. 1, reenumera como art. 268; Mayo 19, 2017, Num. 27, sec. 16, para clasificar como delito grave.)

Artículo 269.- Perjurio. (33 L.P.R.A. sec. 5362)

Toda persona que jure o afirme, testifique, declare, deponga o certifique la verdad ante cualquier tribunal, organismo, funcionario o persona competente y declare ser cierto cualquier hecho esencial o importante con conocimiento de su falsedad o declare categóricamente sobre un hecho esencial o importante cuya certeza no le consta, incurrirá en perjurio y será sancionada con pena de reclusión por un término fijo de tres (3) años. Si la persona convicta es una persona jurídica será sancionada con pena de multa hasta diez mil dólares ($10,000).

También incurrirá en perjurio toda persona que bajo las circunstancias establecidas en el párrafo anterior, preste dos o más testimonios, declaraciones, deposiciones o certificaciones irreconciliables entre sí. En este caso será innecesario establecer la certeza o falsedad de los hechos relatados.

Para propósitos de este Artículo, "organismo" incluye toda institución que tiene funciones cuasi judiciales, cuasi legislativas o cuasi adjudicativas.

(Junio 30, 2012, Núm. 146, art. 269, efectiva el 1 de septiembre de 2012; Abril 26, 2013, Núm. 10, art. 6, reenumera como art. 267; Octubre 23, 2013, Núm. 124, art. 1, reenumera como art. 269; Diciembre 26, 2014, Núm. 246, art. 164, enmienda para añadir una segunda oración al primer párrafo, efectivo 90 días después de su aprobación.)

Artículo 270.- Perjurio agravado. (33 L.P.R.A. sec. 5363)

Será sancionada con pena de reclusión por un término fijo de ocho (8) años, si la declaración prestada en las circunstancias establecidas en el delito de perjurio tiene como consecuencia la privación de libertad o convicción de un acusado. Si la persona convicta es una persona jurídica será sancionada con pena de multa hasta treinta mil dólares ($30,000).

(Junio 30, 2012, Núm. 146, art. 270, efectiva el 1 de septiembre de 2012; Abril 26, 2013, Núm. 10, art. 6, reenumera como art. 268; Octubre 23, 2013, Núm. 124, art. 1, reenumera como art. 270; Diciembre 26, 2014, Núm. 246, art. 165, enmienda para añadir una segunda oración, efectivo 90 días después de su aprobación.)

Artículo 271.- Forma de juramento. (33 L.P.R.A. sec. 5364)

A los efectos del delito de perjurio y de perjurio agravado, no se exigirá forma especial alguna de juramento o afirmación. Se usará la forma que el declarante tenga por más obligatoria o solemne.

(Junio 30, 2012, Núm. 146, art. 271, efectiva el 1 de septiembre de 2012; Abril 26, 2013, Núm. 10, art. 6, reenumera como art. 269; Octubre 23, 2013, Núm. 124, art. 1, reenumera como art. 271.)

Artículo 272.- Defensas no admisibles. (33 L.P.R.A. sec. 5365)

No se admitirá como defensa en ninguna causa por perjurio o perjurio agravado:

(a) La circunstancia de haberse prestado o tomado el juramento en forma irregular.

(b) El hecho de que el acusado ignoraba la importancia de la declaración falsa hecha por él o que ésta en realidad no afectó a la causa. Bastará que tal declaración sea esencial o importante y que hubiera podido utilizarse para afectar a dicho proceso.

(Junio 30, 2012, Núm. 146, art. 272, efectiva el 1 de septiembre de 2012; Abril 26, 2013, Núm. 10, art. 6, reenumera como art. 270; Octubre 23, 2013, Núm. 124, art. 1, reenumera como art. 272.)

Artículo 273.- Cuándo se considera consumada la declaración o certificación. (33 L.P.R.A. sec. 5366)

Se considera consumada una declaración o certificación, a los efectos del delito de perjurio o de perjurio agravado, desde el momento en que sea prestada por el declarante con el propósito de que se publique, divulgue o se utilice como verdadera.

(Junio 30, 2012, Núm. 146, art. 273, efectiva el 1 de septiembre de 2012; Abril 26, 2013, Núm. 10, art. 6, reenumera como art. 271; Octubre 23, 2013, Núm. 124, art. 1, reenumera como art. 273.)

Artículo 274.- Justicia por sí mismo. (33 L.P.R.A. sec. 5367)

Toda persona que con el propósito de ejercer un derecho existente o pretendido, haga justicia por sí misma en lugar de recurrir a la autoridad pública, incurrirá en delito menos grave.

Si comete el delito mediante violencia o intimidación en las personas o fuerza en las cosas, será sancionada con pena de reclusión por un término fijo de tres (3) años.

(Junio 30, 2012, Núm. 146, art. 274, efectiva el 1 de septiembre de 2012; Abril 26, 2013, Núm. 10, art. 6, reenumera como art. 272; Octubre 23, 2013, Núm. 124, art. 1, reenumera como art. 274.)

Artículo 275.- Fuga. (33 L.P.R.A. sec. 5368)

Toda persona sometida legalmente a detención preventiva, a pena de reclusión o de restricción de libertad, o a medida de seguridad de internación, a tratamiento y rehabilitación en un programa del Estado Libre Asociado o privado, supervisado y licenciado por una agencia del mismo, o a un procedimiento especial de desvío bajo la Regla 247.1 de Procedimiento Criminal o bajo una ley especial, que se fugue o que se evada de la custodia legal que ejerce sobre ella otra persona con autoridad legal y toda persona que a sabiendas actúe en colaboración con aquella, será sancionada con pena de reclusión por un término fijo de tres (3) años.

La pena se impondrá consecutiva con la sentencia que corresponda por el otro delito o a la que esté cumpliendo. En este delito no estarán disponibles las penas alternativas a la reclusión para la persona que se fugue.

(Junio 30, 2012, Núm. 146, art. 275, efectiva el 1 de septiembre de 2012; Abril 26, 2013, Núm. 10, art. 6, reenumera como art. 273; Octubre 23, 2013, Núm. 124, art. 1, reenumera como art. 275; Diciembre 26, 2014, Núm. 246, art. 166, enmienda para añadir la frase "a sabiendas" en el primer párrafo y enmienda la última oración del segundo párrafo, efectivo 90 días después de su aprobación.)

Artículo 276.- Ayuda a fuga. (33 L.P.R.A. sec. 5369)

Toda persona encargada de la custodia de otra persona que a sabiendas cause, ayude, permita o facilite su fuga en cualquiera de las circunstancias previstas en el delito de fuga, será sancionada con pena de reclusión por un término fijo de ocho (8) años si la persona a quien ayudó a fugarse estuviere cumpliendo pena de reclusión o de restricción de libertad. En todos los demás casos, será sancionada con pena de reclusión por un término fijo de tres (3) años.

(Junio 30, 2012, Núm. 146, art. 276, efectiva el 1 de septiembre de 2012; Abril 26, 2013, Núm. 10, art. 6, reenumera como art. 274; Octubre 23, 2013, Núm. 124, art. 1, reenumera como art. 276; Diciembre 26, 2014, Núm. 246, art. 167, enmienda en términos generales, excepto la última oración, efectivo 90 días después de su aprobación.)

Artículo 277.- Posesión e introducción de objetos a un establecimiento penal. (33 L.P.R.A. sec. 5370)

Toda persona que introduzca, venda o ayude a vender, o tenga en su poder con el propósito de introducir o vender drogas narcóticas, estupefacientes o cualquier sustancia controlada o armas de cualquier clase, bebidas alcohólicas o embriagantes, explosivos, proyectiles, teléfonos celulares, u otros medios de comunicación portátil o cualquier otro objeto que pudiera afectar el orden o la seguridad de una institución penal o de cualquier establecimiento penal bajo el sistema correccional, dentro o fuera del mismo, a un confinado, a sabiendas de que es un confinado, será sancionada con pena de reclusión por un término fijo de tres (3) años.

Toda persona confinada en una institución penal o juvenil que, sin estar autorizado, posea teléfonos celulares u otros medios de comunicación portátil, o cualquier otro objeto que pudiera afectar el orden o la seguridad de una institución penal o de cualquier establecimiento penal bajo el sistema correccional, dentro o fuera del mismo, será sancionado con pena de reclusión por un término fijo de tres (3) años.

(Junio 30, 2012, Núm. 146, art. 277, efectiva el 1 de septiembre de 2012; Abril 26, 2013, Núm. 10, art. 6, reenumera como art. 275; Octubre 23, 2013, Núm. 124, art. 1, reenumera como art. 277; Diciembre 26, 2014, Núm. 246, art. 168, enmienda para sustituir "intención" por "el propósito" en el primer párrafo, efectivo 90 días después de su aprobación.)

Artículo 278.- Manipulación o daño al sistema de supervisión electrónica. (33 L.P.R.A. sec. 5371)

Toda persona que manipule o cause cualquier daño al sistema de supervisión electrónica que le haya sido impuesto, será sancionada con pena de reclusión por un término fijo de tres (3) años.

(Junio 30, 2012, Núm. 146, art. 278, efectiva el 1 de septiembre de 2012; Abril 26, 2013, Núm. 10, art. 6, reenumera como art. 276; Octubre 23, 2013, Núm. 124, art. 1, reenumera como art. 278.)

Artículo 279.- Desacato. (33 L.P.R.A. sec. 5372)

Incurrirá en delito menos grave, toda persona que realice cualquiera de los siguientes actos:

(a) Perturbe el orden, cause ruido o disturbio o se conduzca en forma desdeñosa o insolente hacia un tribunal de justicia o un juez durante el desarrollo de una investigación judicial o una sesión, tendiendo con ello directamente a interrumpir los procedimientos o menoscabar el respeto debido a su autoridad, o en presencia del jurado mientras esté en estrado o deliberando en alguna causa;

(b) Desobedezca cualquier decreto, mandamiento, citación u otra orden legal expedida o dictada por algún tribunal.

(c) Demuestre resistencia ilegal y contumaz a prestar juramento o llenar los requisitos como testigo en una causa pendiente ante cualquier tribunal, se niegue sin excusa legítima a contestar cualquier interrogatorio legal después de haber jurado o llenado dichos requisitos.

(d) Exprese crítica injuriosa o infamatoria de los decretos, órdenes, sentencias o procedimientos de cualquier tribunal que tienda a desacreditar al tribunal o a un juez.

(e) Publique cualquier informe falso o manifiestamente inexacto sobre procedimientos judiciales, a sabiendas de su falsedad.

(Junio 30, 2012, Núm. 146, art. 279, efectiva el 1 de septiembre de 2012; Abril 26, 2013, Núm. 10, art. 6, reenumera como art. 277; Octubre 23, 2013, Núm. 124, art. 1, reenumera como art. 279.)

Artículo 280.- Encubrimiento. (33 L.P.R.A. sec. 5373)

Toda persona que con conocimiento de la ejecución de un delito, oculte al responsable del mismo o procure la desaparición, alteración u ocultación de prueba para impedir la acción de la justicia, será sancionada con pena de reclusión por un término fijo de tres (3) años. Si la persona convicta es una persona jurídica será sancionada con pena de multa hasta diez mil dólares ($10,000).

Cuando el encubridor actúe con ánimo de lucro o se trate de un funcionario o empleado público y cometa el delito aprovechándose de su cargo o empleo, será sancionado con pena de reclusión por un término fijo de ocho (8) años. Si la persona convicta es una persona jurídica será sancionada con pena de multa hasta treinta mil dólares ($30,000).

(Junio 30, 2012, Núm. 146, art. 280, efectiva el 1 de septiembre de 2012; Abril 26, 2013, Núm. 10, art. 6, reenumera como art. 278; Octubre 23, 2013, Núm. 124, art. 1, reenumera como art. 280; Diciembre 26, 2014, Núm. 246, art. 169, enmienda para añadir una segunda oración en ambos párrafos, efectivo 90 días después de su aprobación.)

Artículo 281.- Impedimento o persuasión de incomparecencia de testigos. (33 L.P.R.A. sec. 5374)

Toda persona que sin justificación legal impida o intente impedir, estorbe o intente estorbar, o disuada o intente disuadir a otra, que sea o pueda ser testigo, de comparecer u ofrecer su testimonio en cualquier investigación, procedimiento, vista o asunto judicial, legislativo o administrativo, o en cualesquiera otros trámites autorizados por ley, será sancionada con pena de reclusión por un término fijo de tres (3) años. Si la persona convicta es una persona jurídica será sancionada con pena de multa de hasta diez mil dólares ($10,000)."

(Junio 30, 2012, Núm. 146, art. 281, efectiva el 1 de septiembre de 2012; Abril 26, 2013, Núm. 10, art. 6, reenumera como art. 279; Octubre 23, 2013, Núm. 124, art. 1, reenumera como art. 281; Diciembre 26, 2014, Núm. 246, art. 170, enmienda para añadir una segunda oración, efectivo 90 días después de su aprobación; Mayo 19, 2017, Num. 27, sec. 17, enmienda en términos generales.)

Artículo 282.- Fraude o engaño sobre testigos. (33 L.P.R.A. sec. 5375)

Toda persona que realice algún fraude o engaño con el propósito de afectar el testimonio de un testigo o persona que va a ser llamada a prestar testimonio en cualquier investigación, procedimiento, vista o asunto judicial, legislativo o administrativo o en cualesquiera otros trámites autorizados por ley, o que a sabiendas haga alguna manifestación o exposición o muestre algún escrito a dicho testigo o persona con el propósito de afectar indebidamente su testimonio, será sancionada con pena de reclusión por un término fijo de tres (3) años. Si la persona convicta es una persona jurídica será sancionada con pena de multa hasta diez mil dólares ($10,000).

(Junio 30, 2012, Núm. 146, art. 282, efectiva el 1 de septiembre de 2012; Abril 26, 2013, Núm. 10, art. 6, reenumera como art. 280; Octubre 23, 2013, Núm.

124, art. 1, reenumera como art. 282; Diciembre 26, 2014, Núm. 246, art. 171, enmienda para añadir una segunda oración, efectivo 90 días después de su aprobación.)

Artículo 283.- Amenaza o intimidación a testigos. (33 L.P.R.A. sec. 5376)

Toda persona que amenace con causar daño físico a una persona, su familia o daño a su patrimonio, o incurra en conducta que constituya intimidación o amenaza, ya sea física, escrita, verbal, o no-verbal, cuando dicha persona sea testigo o por su conocimiento de los hechos pudiera ser llamado a prestar testimonio en cualquier investigación, procedimiento, vista o asunto judicial, legislativo o asunto administrativo, que hubiese o no comenzado, si este último conlleva sanciones en exceso de cinco mil dólares ($5,000) o suspensión de empleo o sueldo, con el propósito de que no ofrezca su testimonio, lo preste parcialmente o varíe el mismo, será sancionada con pena de reclusión por un término fijo de ocho (8) años.

Se considerará una circunstancia agravante a la pena, cuando la víctima sea menor de 18 años.

(Junio 30, 2012, Núm. 146, art. 283, efectiva el 1 de septiembre de 2012; Abril 26, 2013, Núm. 10, art. 6, reenumera como art. 281; Octubre 23, 2013, Núm. 124, art. 1, reenumera como art. 283; Diciembre 26, 2014, Núm. 246, art. 172, enmienda el segundo párrafo en términos generales, efectivo 90 días después de su aprobación.)

Artículo 284.- Conspiración, amenazas o atentados contra funcionarios del sistema de justicia o sus familiares. (33 L.P.R.A. sec. 5377)

Toda persona que conspire, amenace, atente o cometa un delito contra la persona o propiedad de un policía, alguacil, oficial de custodia, agente del Negociado de Investigaciones Especiales, agente investigador u otro agente del orden público, fiscal, procurado de menores, procurador de asuntos de familia, juez, o cualquier otro funcionario público relacionado con la investigación, arresto, acusación, procesamiento, convicción o detención criminal, contra los familiares dentro del cuarto grado de consanguinidad o segundo de afinidad de estos funcionarios, y tal conspiración, amenaza, tentativa de delito contra la persona o propiedad surgiere en el curso o como consecuencia de cualquier investigación, procedimiento, vista o asunto que esté realizando o haya realizado en el ejercicio de las responsabilidades oficiales asignadas a su cargo, será sancionada con pena de reclusión por un término fijo de tres (3) años.

(Junio 30, 2012, Núm. 146, art. 284, efectiva el 1 de septiembre de 2012; Abril 26, 2013, Núm. 10, art. 6, reenumera como art. 282; Octubre 23, 2013, Núm. 124, art. 1, reenumera como art. 284; Diciembre 26, 2014, Núm. 246, art. 173, enmienda en términos generales, efectivo 90 días después de su aprobación.)

Artículo 285.- Destrucción de pruebas. (33 L.P.R.A. sec. 5378)

Toda persona que sabiendo que alguna prueba documental o cualquier objeto pudiera presentarse en cualquier investigación, procedimiento, vista o asunto judicial, legislativo o administrativo, o cualesquiera otros trámites autorizados por ley, la destruya o esconda con el propósito de impedir su presentación, será sancionada con pena de reclusión por un término fijo de tres (3) años. Si la persona convicta es una persona jurídica será sancionada con pena de multa hasta diez mil dólares ($10,000).

(Junio 30, 2012, Núm. 146, art. 285, efectiva el 1 de septiembre de 2012; Abril 26, 2013, Núm. 10, art. 6, reenumera como art. 283; Octubre 23, 2013, Núm. 124, art. 1, reenumera como art. 285; Diciembre 26, 2014, Núm. 246, art. 174, enmienda para añadir la última oración, efectivo 90 días después de su aprobación.)

Artículo 286.- Preparación de escritos falsos. (33 L.P.R.A. sec. 5379)

Toda persona que prepare algún libro, papel, documento, registro, instrumento escrito, u otro objeto falsificado o antedatado con el propósito de presentarlo o permitir que se presente como genuino y verdadero, en cualquier investigación, procedimiento, vista o asunto judicial, legislativo o administrativo, o cualesquiera otros trámites autorizados por la ley, será sancionada con pena de reclusión por un término fijo de tres (3) años. Si la persona convicta es una persona jurídica será sancionada con pena de multa hasta diez mil dólares ($10,000).

(Junio 30, 2012, Núm. 146, art. 286, efectiva el 1 de septiembre de 2012; Abril 26, 2013, Núm. 10, art. 6, reenumera como art. 284; Octubre 23, 2013, Núm. 124, art. 1, reenumera como art. 286; Diciembre 26, 2014, Núm. 246, art. 175, enmienda para añadir la última oración, efectivo 90 días después de su aprobación.)

Artículo 287.- Presentación de escritos falsos. (33 L.P.R.A. sec. 5380)

Toda persona que en cualquier investigación, procedimiento, vista o asunto judicial, legislativo o administrativo, o cualesquiera otros trámites autorizados por ley, ofrezca en evidencia como auténtica o verdadera alguna prueba escrita sabiendo que ha sido alterada, antedatada o falsificada, será sancionada con pena de reclusión por un término fijo de tres (3) años. Si la persona convicta es una persona jurídica será sancionada con pena de multa hasta diez mil dólares ($10,000).

(Junio 30, 2012, Núm. 146, art. 287, efectiva el 1 de septiembre de 2012; Abril 26, 2013, Núm. 10, art. 6, reenumera como art. 285; Octubre 23, 2013, Núm. 124, art. 1, reenumera como art. 287; Diciembre 26, 2014, Núm. 246, art. 176, enmienda para añadir la última oración, efectivo 90 días después de su aprobación.)

Artículo 288.- Certificación de listas falsas o incorrectas. (33 L.P.R.A. sec. 5381)

Toda persona a quien legalmente corresponda certificar la lista de personas elegidas para servir como jurados que certifique una lista falsa o incorrecta o conteniendo nombres distintos de los elegidos; o que estando obligado por ley a anotar en papeletas separadas los nombres puestos en las listas certificadas, no anote y coloque en la urna los mismos nombres que constan en la lista certificada, sin añadir ni quitar ninguno, será sancionada con pena de reclusión por un término fijo de tres (3) años.

(Junio 30, 2012, Núm. 146, art. 288, efectiva el 1 de septiembre de 2012; Abril 26, 2013, Núm. 10, art. 6, reenumera como art. 286; Octubre 23, 2013, Núm. 124, art. 1, reenumera como art. 288.)

Artículo 289.- Alteración de lista de jurado. (33 L.P.R.A. sec. 5382)

Toda persona que añada un nombre a la lista de personas elegidas para prestar servicios de jurado en los tribunales, bien depositando dicho nombre en la urna de jurados o en otra forma; o que extraiga cualquier nombre de la urna, o destruya ésta, o cualquiera de las papeletas conteniendo los nombres de los jurados, o mutile o desfigure dichos nombres, de modo que no puedan ser leídos, o los altere en las papeletas, salvo en los casos permitidos por ley, será sancionada con pena de reclusión por un término fijo de tres (3) años.

(Junio 30, 2012, Núm. 146, art. 289, efectiva el 1 de septiembre de 2012; Abril 26, 2013, Núm. 10, art. 6, reenumera como art. 287; Octubre 23, 2013, Núm. 124, art. 1, reenumera como art. 289.)

Artículo 290.- Obstrucción a los procedimientos de selección de jurados. (33 L.P.R.A. sec. 5383)

Será sancionada con pena de reclusión por un término fijo de tres (3) años toda persona que de cualquier forma:

(a) Interfiera en los procedimientos para la selección de jurados con el propósito de impedir la ordenada administración de los procesos penales.

(b) Provea información falsa al Negociado de Administración del Servicio de Jurado o al tribunal durante los procedimientos de selección de jurados.

Se podrá imponer la pena con circunstancias agravantes, cuando la persona esté vinculada en un caso particular como acusada, testigo, candidata calificada a jurado o como funcionario del tribunal.

(Junio 30, 2012, Núm. 146, art. 290, efectiva el 1 de septiembre de 2012; Abril 26, 2013, Núm. 10, art. 6, reenumera como art. 288; Octubre 23, 2013, Núm. 124, art. 1, reenumera como art. 290; Diciembre 26, 2014, Núm. 246, art. 177, enmienda para sustituir "intención" por "el propósito" en el inciso (a) y sustituir "impondrá" por "podrá imponer" en el segundo párrafo, efectivo 90 días después de su aprobación.)

Artículo 291.- Promesa de rendir determinado veredicto o decisión. (33 L.P.R.A. sec. 5384)

Será sancionado con pena de reclusión por un término fijo de ocho (8) años todo jurado o persona sorteada o citada como tal, o todo juez, árbitro o persona autorizada por ley para oír y resolver una cuestión o controversia que:

(a) prometa o acuerde pronunciar un veredicto o decisión a favor o en contra de una de las partes; o

(b) admita algún libro, papel, documento o informe relativo a cualquier causa o asunto pendiente ante ella, excepto en el curso regular de los procedimientos.

(Junio 30, 2012, Núm. 146, art. 291, efectiva el 1 de septiembre de 2012; Abril 26, 2013, Núm. 10, art. 6, reenumera como art. 289; Octubre 23, 2013, Núm. 124, art. 1, reenumera como art. 291.)

Artículo 292.- Influencia indebida en la adjudicación. (33 L.P.R.A. sec. 5385)

Será sancionada con pena de reclusión por un término fijo de tres (3) años toda persona que intente influir sobre algún juez, jurado o persona citada o sorteada como tal, o elegida o nombrada como árbitro, o persona autorizada por ley para oír o resolver una cuestión o controversia, por lo que respecta a su veredicto o decisión en cualquier causa o procedimiento que esté pendiente ante ella o que será sometido a su resolución, valiéndose al efecto de alguno de los siguientes medios:

(a) Cualquier comunicación, oral o escrita, tenida con dicha persona, excepto en el curso ordinario de los procedimientos.

(b) Cualquier libro, papel o documento mostrándole fuera del curso regular de los procedimientos.

(c) Cualquier amenaza, intimidación, persuasión o súplica.

(Junio 30, 2012, Núm. 146, art. 292, efectiva el 1 de septiembre de 2012; Abril 26, 2013, Núm. 10, art. 6, reenumera como art. 290; Octubre 23, 2013, Núm. 124, art. 1, reenumera como art. 292.)

Artículo 293.- Negación u ocultación de vínculo familiar. (33 L.P.R.A. sec. 5386)

Será sancionado con pena de reclusión por un término fijo de tres (3) años:

(a) Todo abogado, fiscal o procurador que esté interviniendo en un caso por jurado, o Juez que esté presidiendo el caso, y a propósito oculte el hecho de que tiene vínculos de consanguinidad o afinidad dentro del cuarto grado con uno de los jurados seleccionados para actuar en el caso.

(b) Cualquier persona seleccionada a actuar como jurado que, con el propósito de evitar ser recusado, oculte o niegue que tiene vínculos de consanguinidad o afinidad dentro del cuarto grado con el acusado, o su abogado, juez, fiscales o testigos que estén interviniendo en el caso.

(Junio 30, 2012, Núm. 146, art. 293, efectiva el 1 de septiembre de 2012; Abril 26, 2013, Núm. 10, art. 6, reenumera como art. 291; Octubre 23, 2013, Núm. 124, art. 1, reenumera como art. 293; Diciembre 26, 2014, Núm. 246, art. 178, enmienda para añadir la frase "a propósito" en el inciso (a), efectivo 90 días después de su aprobación.)

Artículo 294.- Despido o suspensión de empleado por servir como jurado o testigo. (33 L.P.R.A. sec. 5387)

Todo patrono que autorice, consienta o lleve a efecto el despido, y toda persona que amenace con despedir, o despida, suspenda, reduzca en salario, rebaje en categoría o imponga o intente imponer condiciones de trabajo onerosas a un empleado, por el hecho de que dicho empleado haya sido citado para servir, esté sirviendo, o haya servido como jurado o haya sido citado o esté obligado a comparecer bajo apercibimiento de desacato ante un juez, tribunal, fiscal, agencia administrativa, tanto estatal como federal, ambas Cámaras de la Asamblea Legislativa y sus comisiones, Legislatura Municipal y sus comisiones o todo patrono que se niegue a reinstalar a dicho empleado, cuando éste haya solicitado su reinstalación dentro de las cuarenta y ocho (48) horas siguientes al cese de su función como jurado o testigo, incurrirá en delito menos grave.

(Junio 30, 2012, Núm. 146, art. 294, efectiva el 1 de septiembre de 2012; Abril 26, 2013, Núm. 10, art. 6, reenumera como art. 292; Octubre 23, 2013, Núm. 124, art. 1, reenumera como art. 294.)

CAPÍTULO III- DELITOS CONTRA LA FUNCIÓN LEGISLATIVA

Artículo 295.- Alteración del texto de proyectos. (33 L.P.R.A. sec. 5391)

Toda persona que altere el texto de cualquier proyecto de ley, ordenanza o resolución que se haya presentado para su votación y aprobación a cualquiera de las Cámaras que componen la Asamblea Legislativa o las Legislaturas Municipales y sus respectivas comisiones, con el propósito de conseguir que se vote o apruebe por cualquiera de dichas Cámaras o Legislaturas Municipales, o que se certifique por el Presidente de las mismas, en términos distintos de los que se propusiere, será sancionada con pena de reclusión por un término fijo de tres (3) años.

(Junio 30, 2012, Núm. 146, art. 295, efectiva el 1 de septiembre de 2012; Abril 26, 2013, Núm. 10, art. 6, reenumera como art. 293; Octubre 23, 2013, Núm. 124, art. 1, reenumera como art. 295.)

Artículo 296.- Alteración de copia registrada. (33 L.P.R.A. sec. 5392)

Toda persona que altere el texto registrado de una ley, ordenanza o resolución aprobada por la Asamblea Legislativa, por cualquiera de sus Cámaras o por cualquier Legislatura Municipal y sus respectivas comisiones con el propósito de conseguir que dicha ley, ordenanza o resolución, sea aprobada por el Gobernador o el Alcalde, certificada por el Secretario de Estado o Secretario Municipal, según sea el caso, o impresa o divulgada por el publicador oficial de los estatutos y ordenanzas en un lenguaje distinto del votado, aprobado, firmado o promulgado, será sancionada con pena de reclusión por un término fijo de tres (3) años.

(Junio 30, 2012, Núm. 146, art. 296, efectiva el 1 de septiembre de 2012; Abril 26, 2013, Núm. 10, art. 6, reenumera como art. 294; Octubre 23, 2013, Núm. 124, art. 1, reenumera como art. 296.)

Artículo 297.- Derogado. (33 L.P.R.A. sec. 5393)

(Junio 30, 2012, Núm. 146, art. 297, efectiva el 1 de septiembre de 2012; Abril 26, 2013, Núm. 10, art. 5, deroga este artículo.)

Artículo 298.- Negativa de testigos a comparecer, testificar o presentar evidencia a la Asamblea Legislativa o a las Legislaturas Municipales. (33 L.P.R.A. sec. 5394)

Será sancionada con pena de reclusión por un término fijo de tres (3) años toda persona que:

(a) Habiendo sido citada como testigo ante cualquiera de las Cámaras de la Asamblea Legislativa, Legislaturas Municipales o comisiones de éstas, se niegue a comparecer y acatar dicha citación, o deje de hacerlo sin justificación legal; o

(b) que hallándose ante cualquiera de las Cámaras de la Asamblea Legislativa, de las Legislaturas Municipales o comisiones de éstas, sin justificación legal se niegue a prestar juramento o afirmación, o a contestar a cualquier pregunta esencial y pertinente, o a presentar, después de habérsele fijado un término conveniente al efecto, cualquier libro, documento o expediente que tenga en su poder o se halle bajo su autoridad.

Si la persona convicta es una persona jurídica será sancionada con pena de multa hasta diez mil dólares ($10,000).

Será sancionada con pena de reclusión por un término fijo de tres (3) años toda persona que:

(a) Habiendo sido citada como testigo ante cualquiera de las Cámaras de la Asamblea Legislativa, Legislaturas Municipales o comisiones de éstas, se niegue a comparecer y acatar dicha citación, o deje de hacerlo sin excusa legítima; o

(b) Que hallándose ante cualquiera de las Cámaras de la Asamblea Legislativa, de las Legislaturas Municipales o comisiones de éstas, obstinadamente se niegue a prestar juramento, o a contestar a cualquier pregunta esencial y pertinente, o a presentar, después de habérsele fijado un término conveniente al efecto, cualquier libro, documento o expediente que tenga en su poder o se halle bajo su autoridad.

(Junio 30, 2012, Núm. 146, art. 298, efectiva el 1 de septiembre de 2012; Abril 26, 2013, Núm. 10, art. 6, reenumera como art. 295; Octubre 23, 2013, Núm. 124, art. 1, reenumera como art. 298; Diciembre 26, 2014, Núm. 246, art. 179, enmienda los incisos (a), (b) para sustituir "sin excusa legítima" y "obstinadamente" por "sin justificación legal" y añade un segundo parrafo, efectivo 90 días después de su aprobación.)

TÍTULO V- DELITOS CONTRA LA HUMANIDAD
CAPÍTULO ÚNICO -DELITOS CONTRA LOS DERECHOS HUMANOS

Artículo 299.- Genocidio. (33 L.P.R.A. sec. 5401)

Genocidio es cualquiera de los actos mencionados a continuación, perpetrados con el propósito de destruir total o parcialmente a un grupo como tal, sea nacional, étnico, racial o religioso:

(a) Matanza de miembros del grupo.

(b) Lesión grave a la integridad física o mental de los miembros del grupo.

(c) Sometimiento a propósito del grupo a condiciones de existencia que hayan de acarrear su destrucción física, total o parcial.

(d) Medidas destinadas a impedir nacimientos en el seno del grupo.

(e) Traslado por la fuerza de menores de edad del grupo a otro grupo.

A la persona convicta de genocidio, se le impondrá pena de reclusión por un término fijo de noventa y nueve (99) años.

(Junio 30, 2012, Núm. 146, art. 299, efectiva el 1 de septiembre de 2012; Abril 26, 2013, Núm. 10, art. 6, reenumera como art. 296; Octubre 23, 2013, Núm. 124, art. 1, reenumera como art. 299; Diciembre 26, 2014, Núm. 246, art. 180, enmienda para sustituir "la intención" por "el propósito" en la primera oración e "intencional" por "a propósito" en el inciso (c), efectivo 90 días después de su aprobación.)

Artículo 300.- Crímenes de lesa humanidad. (33 L.P.R.A. sec. 5402)

Crimen de lesa humanidad es cualquiera de los actos siguientes cuando se cometa como parte de un ataque generalizado o sistemático contra una población civil:

(a) El asesinato.

(b) El exterminio.

(c) La servidumbre involuntaria o esclavitud, según definida en el Artículo 159 de este Código.

(d) La trata humana, según definida en el Artículo 160 de este Código.

(e) La deportación o traslado forzoso de población.

(f) La encarcelación u otra privación grave de la libertad física en violación de normas fundamentales de derecho internacional.

(g) La tortura.

(h) La agresión sexual, esclavitud sexual, prostitución forzada, embarazo forzado, esterilización forzada u otros abusos sexuales de gravedad comparable.

(i) La persecución de un grupo o colectividad con identidad propia fundada en motivos políticos, raciales, nacionales, étnicos, culturales, religiosos, de género, u otros motivos universalmente reconocidos como inaceptables con arreglo al derecho internacional.

(j) La desaparición forzada de personas.

(k) El crimen de apartheid.

(l) Otros actos inhumanos de carácter similar que causen a propósito grandes sufrimientos o atenten gravemente contra la integridad física, o la salud mental.

Toda persona que cometa crímenes de lesa humanidad en las modalidades establecidas en los incisos (a), (b), (h) en la modalidad de agresión sexual y (j) de este Artículo, será sancionada con pena de reclusión por un término fijo de noventa y nueve (99) años.

Toda persona que cometa crímenes de lesa humanidad bajo las modalidades restantes, será sancionada con pena de reclusión por un término fijo de veinticinco (25) años.

A los efectos de este Artículo, los siguientes términos o frases tendrán el significado que a continuación se expresa:

(a) "Exterminio" es la imposición a propósito de condiciones de vida, la privación del acceso a alimentos o medicinas, entre otras, encaminadas a causar la destrucción de parte de una población.

(b) "Deportación o traslado forzoso de población" es el desplazamiento de las personas afectadas, por expulsión u otros actos coactivos, de la zona en que estén legítimamente presentes, sin motivos autorizados por el derecho internacional.

(c) "Embarazo forzado" es el confinamiento ilícito de una mujer a la que se ha dejado embarazada por la fuerza, con el propósito de modificar la composición étnica de una población o de cometer otras violaciones graves del derecho internacional. En modo alguno se entenderá que esta definición afecta las normas de derecho relativas al embarazo.

(d) "Persecución" es la privación a propósito y grave de derechos fundamentales en contravención del derecho internacional en razón de la identidad del grupo o de la colectividad.

(e) "Crimen de apartheid" es una línea de conducta que implique la comisión múltiple de actos contra una población civil de conformidad con la política de un estado o de una organización de cometer esos actos o para promover esa política cometidos en el contexto de un régimen institucionalizado de opresión y dominación sistemáticas de un grupo racial sobre uno o más grupos raciales, y con el propósito de mantener ese régimen.

(f) "Desaparición forzada de personas" comprende la aprehensión, la detención o el secuestro de personas por un estado o una organización política o paramilitar con su autorización, apoyo o aquiescencia, seguido de la negativa a informar sobre la privación de libertad o dar información sobre la suerte o el paradero de esas personas, con el propósito de dejarlas fuera del amparo de la ley por un período prolongado.

(Junio 30, 2012, Núm. 146, art. 300, efectiva el 1 de septiembre de 2012; Abril 26, 2013, Núm. 10, art. 6, reenumera como art. 297; Octubre 23, 2013, Núm. 124, art. 1, reenumera como art. 300; Diciembre 26, 2014, Núm. 246, art. 181, enmienda el inciso (l) y los sub-incisos (a), (c), (d), (e) y (f) para sustituir "intencionalmente", "intencional" por "a propósito" o "el propósito", efectivo 90 días después de su aprobación.)

TÍTULO VI- DISPOSICIONES COMPLEMENTARIAS
Artículo 301.- Derogación. (33 L.P.R.A. sec. 5410)

Se deroga la Ley 149-2004, según enmendada, conocida como "Código Penal del Estado Libre Asociado de Puerto Rico".

(Junio 30, 2012, Núm. 146, art. 301, efectiva el 1 de septiembre de 2012; Abril 26, 2013, Núm. 10, art. 6, reenumera como art. 298; Octubre 23, 2013, Núm. 124, art. 1, reenumera como art. 301.)

Artículo 302.- Revisión continúa de este Código y de las leyes penales. (33 L.P.R.A. sec. 5411)

La Asamblea Legislativa de Puerto Rico contará con un ente revisor que, entre otras funciones, evaluará las leyes relacionadas con la administración de la justicia criminal, las Reglas de Procedimiento Criminal y leyes que tipifican delitos para proponer los cambios que sean necesarios para atemperar sus disposiciones a lo provisto en este Código.

Las recomendaciones del ente revisor promoverán el cumplimiento de los objetivos plasmados en este Código y colaborarán en el establecimiento de una base racional y científica para su revisión futura y la aprobación de leyes especiales que contengan disposiciones penales. La función integradora y revisora de la entidad se llevará a cabo conforme a un plan de trabajo que realice estudios y proponga cambios legislativos a base de las prioridades que le establezca la Asamblea Legislativa de Puerto Rico y sus respectivas Comisiones de lo Jurídico. La entidad tendrá facultad para redactar enmiendas o derogaciones y sugerir nueva legislación que pueda complementar o integrarse a este Código mediante anejos o nuevos títulos, partes o secciones. Los trabajos iniciales de esta Comisión Conjunta consistirán en atemperar las leyes penales especiales a este Código, proceso que deberá culminar antes de que las disposiciones del mismo entren en vigor.

(Junio 30, 2012, Núm. 146, art. 302, efectiva el 1 de septiembre de 2012; Abril 26, 2013, Núm. 10, art. 6, reenumera como art. 299; Octubre 23, 2013, Núm. 124, art. 1, reenumera como art. 302.)

Artículo 303.- Aplicación de este Código en el tiempo. (33 L.P.R.A. sec. 5412)

La conducta realizada con anterioridad a la vigencia de este Código en violación a las disposiciones del Código Penal aquí derogado o de cualquier otra ley especial de carácter penal se regirá por las leyes vigentes al momento del hecho.

Si este Código suprime algún delito no deberá iniciarse el encausamiento, las acciones en trámite deberán sobreseerse, y las sentencias condenatorias deberán declararse nulas y liberar a la persona. Sólo se entenderá que un delito ha sido suprimido cuando la conducta imputada no constituiría delito alguno bajo este Código. El hecho de que se le cambie el nombre o denominación a un delito, o que se modifique la tipificación del mismo no constituirá la supresión de tal delito.

(Junio 30, 2012, Núm. 146, art. 303, efectiva el 1 de septiembre de 2012; Abril 26, 2013, Núm. 10, art. 6, reenumera como art. 300; Octubre 23, 2013, Núm. 124, art. 1, reenumera como art. 303; Diciembre 26, 2014, Núm. 246, art. 182,

enmienda el segundo párrafo en términos generales, efectivo 90 días después de su aprobación.)

Artículo 304.- Separabilidad de disposiciones.

Si cualquier cláusula, párrafo, artículo, sección, capítulo, título o parte de este Código fuere declarada inconstitucional por un tribunal competente, la sentencia a tal efecto dictada no afectará, perjudicará, ni invalidará el resto de este Código. El efecto de dicha sentencia quedará limitado a la cláusula, párrafo, artículo, sección, capítulo, título o parte del mismo que así hubiere sido declarado inconstitucional.

(Junio 30, 2012, Núm. 146, art. 304, efectiva el 1 de septiembre de 2012; Abril 26, 2013, Núm. 10, art. 6, reenumera como art. 301; Octubre 23, 2013, Núm. 124, art. 1, reenumera como art. 304.)

Artículo 305.- Poder para castigar por desacato. (33 L.P.R.A. sec. 5413)

Este Código no afecta la facultad conferida por ley a cualquier tribunal, agencia, administración o funcionario público para castigar por desacato.

(Junio 30, 2012, Núm. 146, art. 305, efectiva el 1 de septiembre de 2012; Abril 26, 2013, Núm. 10, art. 6, reenumera como art. 302; Octubre 23, 2013, Núm. 124, art. 1, reenumera como art. 305.)

Artículo 306.- Delitos no incorporados al Código. (33 L.P.R.A. sec. 5414)

La inclusión en este Código de algunos delitos o disposiciones previstas en leyes especiales no implica la derogación de dichas leyes ni de aquellos delitos especiales no incorporados a este Código.

(Junio 30, 2012, Núm. 146, art. 306, efectiva el 1 de septiembre de 2012; Abril 26, 2013, Núm. 10, art. 6, reenumera como art. 303; Octubre 23, 2013, Núm. 124, art. 1, reenumera como art. 306.)

Artículo 307.- Cláusula de transición para la fijación de penas en las leyes penales especiales. (33 L.P.R.A. sec. 5415)

Los delitos graves que se tipifican en leyes penales especiales bajo el sistema de clasificación de delitos de la Ley 149-2004, según enmendada, conocida como "Código Penal del Estado Libre Asociado de Puerto Rico", estarán sujetos a las siguientes penas, hasta que se proceda a enmendarlas para atemperarlas al sistema de sentencias fijas adoptado en el Código de 2012, según enmendado.

(a) Delito grave de primer grado — conllevará una pena de reclusión por un término fijo de noventa y nueve (99) años. En tal caso, la persona puede ser considerada para libertad bajo palabra por la Junta de Libertad Bajo Palabra al cumplir treinta y cinco (35) años naturales de su sentencia, o diez (10) años naturales, si se trata de un menor procesado y sentenciado como adulto.

(b) Delito grave de segundo grado severo — conllevará una pena de reclusión por un término fijo de veinticinco (25) años. En tal caso, la persona puede ser considerada para libertad bajo palabra por la Junta de Libertad Bajo Palabra al cumplir el setenta y cinco (75) por ciento del término de reclusión impuesto.

(c) Delito grave de segundo grado — conllevará una pena de reclusión por un término fijo de quince (15) años. En tal caso, la persona puede ser considerada para libertad bajo palabra por la Junta de Libertad Bajo Palabra al cumplir el setenta y cinco (75) por ciento del término de reclusión impuesto.

(d) Delito grave de tercer grado — conllevará una pena de reclusión, restricción terapéutica, restricción domiciliaria, servicios comunitarios, o combinación de estas penas, por un término fijo de ocho (8) años. En tal caso, la persona podrá ser considerada para libertad bajo palabra por la Junta de Libertad Bajo Palabra al cumplir el setenta y cinco (75) por ciento del término de reclusión impuesto.

(e) Delito grave de cuarto grado — conllevará una pena de reclusión restricción terapéutica, restricción domiciliaria, servicios comunitarios, o combinación de estas penas, por un término fijo de tres (3) años. En tal caso, la persona puede ser considerada para libertad bajo palabra por la Junta de Libertad Bajo Palabra al cumplir el setenta y cinco (75) por ciento del término de reclusión impuesto.

(f) Delito menos grave- conllevará una pena no mayor de noventa (90) días o una pena de servicios comunitarios no mayor de noventa (90) días, o reclusión o restricción domiciliaria hasta noventa (90) días, o una combinación de estas penas cuya suma total de días no sobrepase los noventa (90) días.

(Junio 30, 2012, Núm. 146, art. 307, efectiva el 1 de septiembre de 2012; Abril 26, 2013, Núm. 10, art. 6, reenumera como art. 304; Octubre 23, 2013, Núm. 124, art. 1, reenumera como art. 307; Diciembre 26, 2014, Núm. 246, art. 183, enmienda los incisos (a), (b), (c), (d) y (e) y se añade un nuevo inciso (f) en términos generales, efectivo 90 días después de su aprobación; Mayo 2017, Num. 27, sec. 18, enmienda los incisos (a), (b), (c), (d) y (e).)

Artículo 308.- Términos para cualificar para consideración de la Junta de Libertad bajo Palabra. (33 L.P.R.A. sec. 5416)

Toda persona convicta bajo las disposiciones de este Código, podrá ser considerada para libertad bajo palabra por la Junta de Libertad Bajo Palabra al cumplir el setenta y cinco por ciento (75%) del término de reclusión impuesto.

En delitos graves cuyo término de reclusión señalada en el tipo sea de cincuenta (50) años, la persona podrá ser considerada para libertad bajo palabra por la Junta de Libertad Bajo Palabra al cumplir veinte (20) años de su sentencia o diez (10) años, si se trata de un menor de edad procesado y sentenciado como adulto.

En caso de la persona convicta de asesinato en primer grado, un delito cuya pena sea de noventa y nueve (99) años o reincidencia habitual la persona podrá ser considerada para libertad Bajo palabra por la Junta de Libertad bajo Palabra, al cumplir treinta y cinco (35) años naturales de su sentencia, o quince (15) años naturales, si se trata de un menor de edad procesado y sentenciado como adulto. Las personas convictas al amparo del inciso (c) del Artículo 93 estarán excluidas del privilegio de Libertad Bajo Palabra.

En los casos en que se imponga a un menor de edad procesado y sentenciado como adulto, una sentencia por más de un delito a ser cumplida de manera consecutiva, el término para cualificar será calculado tomando solamente como base la pena del delito mayor. En caso de que la pena más alta a cumplirse sea idéntica para dos (2) o más delitos, se utilizará el término de uno (1) solo de ellos, independientemente si la ley en virtud de la cual resulta convicto sea una ley especial

(Junio 30, 2012, Núm. 146, art. 308, efectiva el 1 de septiembre de 2012; Abril 26, 2013, Núm. 10, art. 6, reenumera como art. 305; Octubre 23, 2012, Núm. 124, art. 1, reenumera como art. 308; Diciembre 26, 2014, Núm. 246, art. 184, enmienda en términos generales, efectivo 90 días después de su aprobación; Junio 7, 2022, Núm. 30, art. 1, enmienda en términos generales.)

Notas Importantes

-2022, ley 30- Esta ley 30, enmienda este artículo 308 y el art. 3 de la Ley Núm. 118 de 1974 e incluye los siguientes artículos de aplicación:

Artículo 3.-Esta Ley aplicará de manera retroactiva, independientemente del Código Penal o ley penal especial vigente al momento de los hechos delictivos. Las cláusulas de prohibiciones absolutas de libertad bajo palabra en los delitos de leyes penales especiales no serán aplicables al caso de menores juzgados y sentenciados como adultos cuando contravengan lo aquí establecido.

Artículo 4.-Las disposiciones de esta Ley prevalecerán sobre cualquier otra disposición de ley que no estuviere en armonía con lo aquí establecido.

Artículo 5.-Si cualquier parte de esta Ley fuese declarada nula o inconstitucional por un tribunal de jurisdicción y competencia, este fallo no afectará ni invalidará el resto de la Ley, y su efecto quedará limitado al aspecto objeto de dicho dictamen judicial.

Artículo 6.-Esta Ley entrará en vigor inmediatamente después de su aprobación.

Artículo 309.- Vigencia.

Este Código comenzará a regir el 1 de septiembre de 2012.

(Junio 30, 2012, Núm. 146, art. 309, efectiva el 1 de septiembre de 2012; Abril 26, 2013, Núm. 10, art. 6, no le asignó reenumeración a este artículo.)

Notas Importantes
Enmiendas
-2014, ley 246 – Esta ley 246, enmienda la mayoría de los artículos de este Código con vigencia el 26 de marzo de 2015.
-2013, ley 124 – Esta ley 124, deja en reserva los arts. 200, 247 y 297 derogados y reenumera todos los artículos desde el art. 200 al 306 a sus artículos originales como art. 201 al art. 308. **Nota del editor:** El artículo 309 se quedó igual al original.
-2013, ley 10 – Esta ley 10 enmienda los art. 197 y 243; deroga los artículos 200, 247 y 297 y renumera los siguientes hasta el art. 308 como arts. 200 al art. 305.

Ley de Prevención e Intervención con la Violencia Doméstica.

Ley Núm. 54 de 15 de agosto de 1989, según enmendada.

Art. 1.0 ANALISIS DE SUBCAPITULOS

Art. 1.1 Título Corto (8 L.P.R.A. omitida)

Esta ley se conocerá como "Ley para la Prevención e Intervención con la Violencia Doméstica".

(Agosto 1989, Núm. 54, art. 1.1)

Art. 1.2 Política pública. (8 L.P.R.A. sec. 601)

El Gobierno del Estado Libre Asociado de Puerto Rico reconoce que la violencia doméstica es uno de los problemas más graves y complejos que confronta nuestra sociedad. La violencia doméstica lacera la integridad y dignidad de toda víctima, independientemente del sexo, estado civil, orientación sexual, identidad de género o estatus migratorio de cualquiera de las personas involucradas en la relación. En el desarrollo de la política sobre este asunto, debemos dar énfasis a atender las dificultades que las situaciones de violencia doméstica presentan para toda víctima, particularmente a mujeres y menores, para preservar su integridad física y emocional, procurar su seguridad y salvar sus vidas.

La violencia doméstica es una de las manifestaciones más críticas de los efectos de la inequidad en las relaciones entre hombres y mujeres. La inequidad que motiva la violencia doméstica se manifiesta en relaciones consensuales de pareja, independientemente del sexo, estado civil, orientación sexual, identidad de género o estatus migratorio de cualquiera de las personas involucradas en la relación. Las ideas, actitudes y conductas discriminatorias también permean las instituciones sociales llamadas a resolver y a prevenir el problema de la violencia doméstica y sus consecuencias. Los esfuerzos de estas instituciones hacia la identificación, comprensión y atención del mismo han sido limitados y en ocasiones inadecuados.

El Gobierno del Estado Libre Asociado de Puerto Rico se reafirma en su compromiso constitucional de proteger la vida, la seguridad y la dignidad de hombres y mujeres, independientemente de su sexo, estado civil, orientación sexual, identidad de género o estatus migratorio. Además, reconoce que la violencia doméstica atenta contra la integridad misma de la persona, de su familia y de los miembros de ésta y constituye una seria amenaza a la estabilidad y a la preservación de la convivencia civilizada de nuestro pueblo.

Como política pública, el Gobierno del Estado Libre Asociado de Puerto Rico repudia enérgicamente la violencia doméstica por ser contraria a los valores de paz, dignidad y respeto que este pueblo quiere mantener para los individuos, las familias y la comunidad en general. A través de esta política pública se propicia el desarrollo, establecimiento y fortalecimiento de remedios eficaces para ofrecer protección y ayuda a las víctimas, alternativas para la rehabilitación de los ofensores y estrategias para la prevención de la violencia doméstica.

(Agosto 1989, Núm. 54, art. 2; Mayo 29, 2013, Núm. 23, art. 1, enmienda en términos generales.)

Art. 1.3 Definiciones. (8 L.P.R.A. sec. 602)

A los efectos de esta Ley los siguientes términos tendrán el significado que se expresa a continuación:

(a) "Agente del orden público" significa cualquier miembro u oficial del Cuerpo de la Policía de Puerto Rico o un policía municipal debidamente adiestrado y acreditado por el Departamento de la Policía Estatal.

(b) Albergue- Significa cualquier institución cuya función principal sea brindar protección, seguridad, servicios de apoyo y alojamiento temporero a la victima sobreviviente de violencia doméstica y a sus hijas e hijos. Esta definición no aplicara al termino albergada, según se utiliza en el inciso (a) del Articulo 3.2 de esta Ley. Para efectos de dicho inciso se entenderá el termino de albergada en su acepción común y ordinaria.

(c) "Albergada". Significa aquella persona víctima sobreviviente de violencia doméstica que reside de forma temporera en un albergue según definido en esta Ley.

(d) "Cohabitar"-Significa sostener una relación consensual de pareja similar a la de los cónyuges en cuanto al aspecto de convivencia, independientemente del sexo, estado civil, orientación sexual, identidad de género o estatus migratorio de cualquiera de las personas involucradas en la relación de pareja.

(e) "Empleado o Empleada" significa toda persona que brinde servicio a cualquier persona, sociedad o corporación que emplee a una o más personas bajo cualquier contrato de servicios expreso o implícito, oral o escrito, incluyéndose entre éstas expresamente a aquéllos o aquéllas cuya labor fuere de un carácter accidental.

(f) "Grave daño emocional" significa y surge cuando, como resultado de la violencia doméstica, haya evidencia de que la persona manifiesta en forma recurrente una o varias de las características siguientes: miedo paralizador, sentimientos de desamparo o desesperanza, sentimientos de frustración y fracaso, sentimientos de inseguridad, desvalidez, aislamiento, autoestima debilitada u otra conducta similar, cuando sea producto de actos u omisiones reiteradas.

(g) "Intercesor o Intercesora" significa toda persona que tenga adiestramientos o estudios acreditados en el área de consejería, orientación, psicología, trabajo social o intercesión legal, que esté certificada por la Oficina de la Procuradora de las Mujeres.

(h) "Intimidación" significa toda acción o palabra que manifestada en forma recurrente tenga el efecto de ejercer una presión moral sobre el ánimo de una persona, la que, por temor a sufrir algún daño físico o emocional en su persona, sus bienes o en la persona de otro, o maltrato a animales de compañía o mascota de la víctima o de los hijos de la víctima o del victimario, es obligada a llevar a cabo un acto contrario a su voluntad. Cuando se cometiere intimidación que ocasione a la persona temor a sufrir maltrato de un animal o mascota, el maltrato animal al que se refiere este inciso se definirá conforme a la definición de maltrato animal que dispone el Artículo 2(n) de la Ley 154-2008, según enmendada.

(i) "Orden de protección" significa todo mandato expedido por escrito bajo el sello de un tribunal, en la cual se dictan las medidas a un agresor para que se abstenga de incurrir o llevar a cabo determinados actos o conducta constitutivos de violencia doméstica.

(j) Patrono" significa toda persona natural o jurídica que emplee uno o varios empleados o empleadas, obreros u obreras, trabajadores o trabajadoras; y al jefe o jefa, funcionario o funcionaria, gerente, oficial, gestor o gestora, administrador o administradora, superintendente, capataz, mayordomo o mayordoma, agente o representante de dicha persona natural o jurídica.

(k) "Persecución" significa mantener a una persona bajo vigilancia constante o frecuente con su presencia en los lugares inmediatos o relativamente cercanos al hogar, residencia, escuela, trabajo o vehículo en el cual se encuentre la persona, para infundir temor o miedo en el ánimo de una persona prudente y razonable.

(l) "Peticionado" significa toda persona contra la cual se solicita una orden de protección.

(m) Peticionario. — Significa toda persona de dieciocho (18) años o más de edad que solicita de un tribunal que expida una orden de protección

(n) "Relación de pareja" Significa la relación entre cónyuges, ex cónyuges, las personas que cohabitan o han cohabitado, las que sostienen o han sostenido una relación consensual y los que han procreado entre sí un hijo o una hija, independientemente del sexo, estado civil, orientación sexual, identidad de género o estatus migratorio de cualquiera de las personas involucradas en la relación.

(o) "Relación sexual" significa toda penetración sexual, sea vaginal, anal, orogenital, digital o instrumental.

(p) "Tribunal" significa el tribunal de Primera Instancia del Tribunal General de Justicia y las oficinas de los jueces municipales.

(q) "Violencia doméstica" –Significa un patrón de conducta constante de empleo de fuerza física o violencia psicológica, intimidación o persecución contra una persona por parte de su cónyuge, ex cónyuge, una persona con quien cohabita o haya cohabitado, con quien sostiene o haya sostenido una relación consensual o una persona con quien se haya procreado una hija o un hijo, independientemente del sexo, estado civil, orientación sexual, identidad de género o estatus migratorio de cualquiera de las personas involucradas en la relación, para causarle daño físico a su persona, sus bienes o a la persona de otro o para causarle grave daño emocional.

(r) "Violencia psicológica"- Significa un patrón de conducta constante ejercitada en deshonra, descrédito o menosprecio al valor persona, limitación irrazonable al acceso y manejo de los bienes comunes, chantaje, vigilancia constante, aislamiento, privación de acceso o alimentación o descanso adecuado, maltrato a algún animal o mascota, amenazas de privar de la custodia de los hijos o hijas, o destrucción de objetos apreciados por la persona, excepto aquellos que pertenecen privativamente al ofensor. La conducta de maltrato animal a la que se refiere este inciso se define conforme a la definición de maltrato animal, según contenida en el Artículo 2(n) de la Ley 154-2008, según enmendada.

(Agosto 15, 1989, Núm. 54, art. 1.3; Septiembre 23, 2004, Núm. 480, art. 1, adiciona el inciso (j) y renumera los incisos (j), (k) y (1) como incisos (k), (l) y (m), efectiva el 1 de mayo de 2005 cuando entra en vigor el Nuevo Código Penal de P.R. 2004; Septiembre 29, 2004, Núm. 525, art. 1, adiciona los incisos (b) y (c) y renumera los incisos (b) a la (m) como incisos (d) a la (o); Septiembre 29, 2004, Núm. 538, art. 1, adiciona los incisos (c)[e] y (f)[i] y se redesignan los incisos(c)[e] al (l)[o] como los incisos (d)[f] al (n)[q], efectiva 60 días después de su aprobación; Diciembre, 28, 2005, Núm. 165, art. 1, enmienda inciso (b); Mayo 29, 2013, Núm. 23, art. 2, enmienda los incisos (d), (m) y (p); Abril 3, 2017, Núm. 18, art. 1, añade el inciso (g) y reenumera los siguientes; Enero 21, 2018, Núm. 26, art. 1, enmienda el inciso (m); Julio 18, 2021, Núm. 57, sec. 1, enmienda el inciso (h) y (r).)

Nota del Editor: El inciso (c) se reasigna como [e] y el (f) como [i] y se reasignan los incisos [e] al [o] como incisos [f] al [q]. Esta reasignación se hizo debido a que otros dos incisos habían sido adicionado en la ley Núm. 525 del 2004 anterior y para mantener la intención legislativa del orden alfabético de los términos incluidos.)

ART. 2.0 ORDENES DE PROTECCION Y ASPECTOS PROCESALES

Art. 2.1 Ordenes de protección. (8 L.P.R.A. sec. 621)

Cualquier persona, de dieciocho (18) años o más de edad, que haya sido víctima de violencia doméstica o de conducta constitutiva de delito, según tipificado en esta Ley o en el Código Penal del Estado Libre Asociado de Puerto Rico o en cualquier otra ley especial, en el contexto de una relación de pareja, según definida por el inciso (m) del Artículo 1.3 de esta Ley, podrá radicar por sí, por conducto de su representante legal o por un agente del orden público una petición en el Tribunal y solicitar una orden de protección, sin que sea necesaria la radicación previa de una denuncia o acusación.

Cuando el Tribunal así lo entienda o emita una orden de protección o de acecho, de inmediato el Tribunal ordenará a la parte promovida entregar a la Policía de Puerto Rico para su custodia, cualquier arma de fuego perteneciente al promovido y sobre la cual se le haya expedido una licencia de tener o poseer o de portación, o de tiro al blanco, de caza o de cualquier tipo, según fuera el caso. La orden de entrega de cualquier arma de fuego, así como la suspensión de cualquier tipo de licencia de armas de fuego, se pondrá en rigor de forma compulsoria. Asimismo, al emitirse dicha orden por un Tribunal, dicho dictamen tendrá el efecto de suspender la licencia de poseer o portar cualquier arma de fuego, incluyendo de cualquier tipo, tales como pero sin limitarse a, tiro al blanco, de caza o de cualquier tipo, aun cuando forme parte del desempeño profesional del imputado. Dicha restricción se aplicará como mínimo por el mismo período de tiempo en que se extienda la orden. Cualquier violación a los términos de la orden de protección, que resulte en una convicción, conllevará la revocación permanente de cualquier tipo de licencia de armas que el promovido poseyere, y se procederá a la confiscación de las armas que le pertenezcan. El objetivo de este estatuto es eliminar la posibilidad de que el imputado pueda utilizar cualquier arma de fuego para causarle daño corporal, amenaza o intimidación al peticionario o a los miembros de su núcleo familiar.

Cuando el tribunal determine que existen motivos suficientes para creer que la parte peticionaria ha sido víctima de violencia doméstica, podrá emitir una orden de protección. Dicha orden podrá incluir, sin que se entienda como una limitación, lo siguiente:

(a) Adjudicar la custodia provisional de los niños y niñas menores de edad de la parte peticionaria.

(b) Suspender toda relación filial con respecto a los hijos menores de edad de la parte peticionada, cuando la parte peticionaria se encuentre albergada.

Para hacer dicha determinación el tribunal tendrá que considerar los siguientes elementos:

(1) La capacidad del albergue de proveer seguridad para las personas involucradas en el proceso de relaciones filiales;

(2) que el albergue cuente con los recursos necesarios para la transportación de los menores y las menores a las relaciones filiales;

(3) la distancia entre el albergue y el lugar dónde se llevarán a cabo las relaciones filiales;

(4) la peligrosidad que representa, si alguna, la parte peticionada para las personas involucradas en el proceso de relaciones filiales: niños/niñas, personal del albergue y la madre;

(5) la presencia de un recurso aprobado por la parte peticionaria como intermediario en las relaciones filiales;

(6) que la parte peticionada no haya incurrido en conducta constitutiva de violencia doméstica en presencia de los menores según establecido en el Artículo 3 de esta Ley;

(7) que no haya una orden de protección a favor de los menores contra la parte peticionada;

(8) la duración del patrón de violencia doméstica;

(9) el tiempo transcurrido desde el último contacto con los menores y quien solicita las relaciones paternofiliales;

(10) la calidad de la relación de los menores con la parte peticionada;

(11) si la parte peticionada ha incumplido con alguna orden de protección;

(12) si la parte peticionada ha incurrido en conducta amenazante contra el personal del albergue;

(13) si la parte peticionada ha agredido verbal, física o emocionalmente a los menores;

(14) si la parte peticionada ha afectado la salud emocional de los menores.

De no concurrir cualquiera de los elementos descritos en este inciso el tribunal, amparado en el mejor bienestar del menor, hará cualquier otra determinación basada en los Artículos 50, 51 y 52 de la Ley para el Bienestar y la Protección Integral de la Niñez.

(c) Ordenar a la parte peticionada desalojar la residencia que comparte con la parte peticionaria, independientemente del derecho que se reclame sobre la misma.

(d) Ordenar a la parte peticionada abstenerse de molestar, hostigar, perseguir, intimidar, amenazar o de cualesquiera otra forma interferir con el ejercicio de la custodia provisional sobre los menores que ha sido adjudicada a una de éstas.

(e) Ordenar a la parte peticionada abstenerse de penetrar en cualquier lugar donde se encuentre la parte peticionaria, cuando a discreción del tribunal dicha limitación resulte necesaria para prevenir que la parte peticionada moleste, intimide, amenace o de cualquier otra forma interfiera con la parte peticionaria o con los menores cuya custodia provisional le ha sido adjudicada.

(f) Ordenar a la parte peticionada pagar una pensión para los menores cuando la custodia de éstos haya sido adjudicada a la parte peticionaria, o para los menores y la parte peticionaria cuando exista una obligación legal de así hacerlo.

(g) Prohibir a la parte peticionada esconder o remover de la jurisdicción a los hijos e hijas menores de las partes.

(h) Prohibir a la parte peticionada disponer en cualquier forma de los bienes privativos de la parte peticionaria o los bienes de la sociedad legal de gananciales o la comunidad de bienes, cuando los hubiere. Disponiéndose, que cuando se trate de actos de administración de negocio, comercio o industria la parte contra la cual se expida la orden deberá someter un informe financiero mensual al tribunal de sus gestiones administrativas.

(i) Ordenar cualesquiera medidas provisionales respecto a la posesión y uso de la residencia de las partes y sobre aquellos bienes muebles enumerados y comprendidos en los incisos (1), (2), (3), (4), (4)(a), (5) y (6) de la [32 LPRA sec. 1130] la cual establece las propiedades exentas de ejecución.

(j) Ordenar a la parte peticionada pagar una indemnización económica de su caudal privativo por los daños que fueren causados por la conducta constitutiva de violencia doméstica. Dicha indemnización podrá incluir, pero no estará limitada a compensación por gastos de mudanza, gastos por reparaciones a la propiedad, gastos legales, gastos médicos, psiquiátricos, psicológicos, de consejería, orientación, alojamiento, albergue y otros gastos similares, sin perjuicio de otras acciones civiles a las que tenga derecho la parte peticionaria.

(k) Emitir cualquier orden necesaria para dar cumplimiento a los propósitos y política pública de esta Ley.

(Agosto 15, 1989, Núm. 54, art. 2.1; Enmendada en el 1995, Núm. 159; enmendada en Abril 23, 2004, ley 100, art. 1 enmienda el inciso (c) en términos generales; Septiembre 29, 2004, Núm. 525, art. 2, adiciona el inciso (b) y renumera los incisos (b) a la (k) como incisos (c) a la (l).); Septiembre 29, 2004, Núm. 542, art. 1, enmienda el primer párrafo, se adiciona un segundo párrafo, se elimina el inciso (j) ahora [k] y se redesigna el inciso (k) ahora [l] como inciso (j) ahora [k]; Febrero 13, 2010, Núm. 14, art. 1, enmienda el 2do párrafo; Mayo

29, 2013, Núm. 23, art. 3, enmienda el primer párrafo; Enero 21, 2018, Núm. 26, art. 2, enmienda el primer párrafo.)

Nota del editor: Se reasigna el eliminar el inciso [k] y no inciso (j) y redesigna el inciso [l] como inciso [k], ya que la Ley Núm. 525 de 2004 había renumerados los incisos (b) a la (k) como incisos (c) a la (l).

Art. 2.1A.- Prohibición de órdenes de protección reciprocas (8 L.P.R.A. sec. 621a)

El Tribunal no podrá emitir órdenes de protección recíprocas a las partes, a menos que cada una:

(a) haya radicado una petición independiente solicitando una orden de protección en contra de la otra parte;

(b) haya sido notificada de la petición radicada por la otra parte;

(c) demuestre en una vista evidenciaria que la otra parte incurrió en conducta constitutiva de violencia doméstica; y

(d) demuestre que la violencia doméstica no ocurrió en defensa propia.

(Agosto 1989, Núm. 54; Adicionado como Art. 2.1A en Abril 23, 2004, ley 100, art. 2)

Art. 2.2 Competencia. (8 L.P.R.A. sec. 622)

Cualquier juez del Tribunal de Primera Instancia o juez municipal podrá dictar una orden de protección conforme a esta Ley. Toda orden de protección podrá ser revisada, en los casos apropiados, en cualquier sala de superior jerarquía y en aquellas instancias pertinentes en las Salas de Relaciones de Familia.

(Agosto 1989, Núm. 54, art. 2.2)

Art. 2.3 Procedimiento. (8 L.P.R.A. sec. 623)

Cualquier persona mayor de edad, de dieciocho (18) años o más de edad, podrá solicitar los remedios civiles que establece este Artículo para sí, o a favor de cualquiera otra persona cuando ésta sufra de incapacidad física o mental, en caso de emergencia o cuando la persona se encuentre impedida de solicitarla por sí misma.

También podrán solicitar los remedios civiles que establece este Artículo, los padres, madres y los hijos o hijas mayores de edad, a favor de sus hijos o hijas y madres o padres que son o han sido víctimas de violencia doméstica o de conducta constitutiva de delito según tipificado en esta Ley. En estos casos, los padres, madres y los hijos o las hijas mayores de edad, deberán haber presenciado los actos de violencia doméstica; o que la víctima haya confiado o revelado a éstos que ha sido víctima de actos constitutivos de violencia doméstica. Dicha solicitud deberá ser bajo juramento y deberá incluir que el solicitante informó a la víctima, previo al comienzo del proceso de solicitud, de su intención de solicitar la orden de protección a su favor.

Un patrono podrá solicitar una orden de protección a favor de las empleadas, empleados, visitantes y cualquier otra persona que se encuentre en su lugar de trabajo si una de sus empleadas o empleados es o ha sido víctima de violencia doméstica o de conducta constitutivos de violencia doméstica han ocurrido en el lugar de trabajo.

Antes de iniciar este procedimiento, el patrono deberá notificar de su intención de solicitar la orden de protección a la empleada o empleado que es o ha sido víctima de violencia doméstica o de conducta constitutiva de delito según tipificado en esta Ley.

El derecho a solicitar los remedios aquí establecidos no se verá afectado porque la parte peticionaria haya abandonado su residencia para evitar la violencia doméstica.

(a) Inicio de la acción. - En procedimiento para obtener una orden de protección se podrá comenzar:

(1) Mediante la radicación de una petición verbal o escrita; o

(2) dentro de cualquier caso pendiente entre las partes; o

(3) a solicitud del Ministerio Fiscal en un procedimiento penal, o como una condición para una probatoria o libertad condicional.

Para facilitar a las personas interesadas el trámite de obtener una orden de protección bajo esta Ley, la Administración de los Tribunales tendrá disponible en la Secretaría de los Tribunales de Puerto Rico y en las oficinas de los jueces municipales formularios sencillos, para solicitar y tramitar dicha orden. Asimismo, les proveerá la ayuda y orientación necesaria para cumplimentarlos y presentarlos.

(Agosto 15, 1989, Núm. 54, art. 2.3; Septiembre 29, 2004, Núm. 538, art. 2, efectiva 60 días después de su aprobación; Enero 21, 2018, Núm. 26, art. 1, enmienda el primer párrafo; Enero 3, 2020, Núm. 11, art. 1, añade el segundo párrafo y enmienda el tercer párrafo.)

Art. 2.4 Notificación. (L.P.R.A. sec. 624)

(a) Una vez radicada una petición de orden de protección de acuerdo a lo dispuesto en esta Ley, el tribunal expedirá una citación a las partes bajo apercibimiento de desacato, para una comparecencia dentro de un término que no excederá de cinco (5) días.

(b) La notificación de las citaciones y copia de la petición se hará conforme a las Reglas de Procedimiento Civil de Puerto Rico, [32 LPRA Ap. III], y será diligenciada por un alguacil del tribunal o por cualquier otro oficial del orden público a la brevedad posible y tomará preferencia sobre otro tipo de citación, excepto aquéllas de similar naturaleza. El tribunal mantendrá un expediente para cada caso en el cual se anotará toda citación emitida al amparo de esta Ley.

(c) La incomparecencia de una persona debidamente citada al amparo de esta Ley será condenable como desacato al tribunal que expidió la citación.

(d) Cuando la petición sea radicada, la notificación de la misma se efectuará conforme a lo establecido en las Reglas de Procedimiento Civil de Puerto Rico, [32 LPRA Ap. III].

(e) A solicitud de la parte peticionaria el tribunal podrá ordenar que la entrega de la citación se efectúe por cualquier persona mayor de 18 años de edad que no sea parte del caso.

(Agosto 1989, Núm. 54, art. 2.4.)

Art. 2.5 Ordenes ex parte. (8 L.P.R.A. sec. 625)

No obstante lo establecido en otras disposiciones legales, el tribunal podrá emitir una orden de protección de forma *ex parte* si determina que:

(a) Se han hecho gestiones de forma diligente para notificar a la parte peticionada con copia de la citación expedida por el tribunal y de la petición que se ha radicado ante el tribunal y no se ha tenido éxito; o

(b) existe la probabilidad de que dar notificación previa a la parte peticionada provocará el daño irreparable que se intenta prevenir al solicitar la orden de protección, o

(c) cuando la parte peticionaria demuestre que existe una probabilidad sustancial de riesgo inmediato de maltrato.

Siempre que el tribunal expida una orden de protección de manera ex parte, lo hará con carácter provisional, notificará inmediatamente, y dentro del término que no podrá exceder de cuarenta y ocho (48) horas a la parte peticionada, con copia de la misma o de cualquier otra forma, y le brindará una oportunidad para oponerse a ésta. A esos efectos señalará una vista a celebrarse dentro de los próximos veinte (20) días, de haberse expedido dicha orden *ex parte*, salvo que la parte peticionada solicite prórroga a tal efecto. Durante esta vista el tribunal podrá dejar sin efecto la orden o extender los efectos de la misma por el término que estime necesario. El no diligenciar la orden dentro del término de cuarenta y ocho (48) horas, aquí establecido, no tendrá como consecuencia dejar dicha orden sin efecto.

(Agosto 15, 1989, Núm. 54, art. 2.5; Septiembre 23, 2004, Núm. 485, art. 1, enmienda el último párrafo para cambiar de 5 a 20 días el periodo de vigencia de la orden y el tiempo para señalar una vista; Agosto 17, 2012, Núm. 185, art. 1, enmienda el último párrafo para incluir el termino de 48 horas.)

Art. 2.6 Contenido de las órdenes de protección. (8 L.P.R.A. sec. 626)

(a) Toda orden de protección debe establecer específicamente las determinaciones del tribunal, los remedios ordenados y el periodo de vigencia.

(b) Toda orden de protección debe establecer la fecha y hora en que fue expedida y notificar expresamente a las partes que cualquier violación a la misma constituirá desacato al tribunal, lo que podría resultar en pena de reclusión, multa o ambas.

(c) Cualquier orden de protección de naturaleza ex parte debe incluir la fecha y hora en que fue expedida, así como el tiempo de vigencia de la misma. Además, debe indicar la fecha, hora y lugar en que se celebrará la vista para la extensión o anulación de la misma y las razones por las cuales fue necesario expedir dicha orden ex parte.

(d) El Tribunal entregará la cantidad de copias de la Orden de Protección que solicite la víctima, hasta un máximo de cinco (5).

(e) Junto a toda orden de protección, el Tribunal incluirá una guía de recomendaciones sobre medidas cautelares que deberá tomar la víctima de violencia doméstica para lograr mayor efectividad de la misma. Esta guía debe incluir, entre otras, las siguientes recomendaciones:

1. Una orientación a la víctima para que notifique y provea copia de la Orden de Protección, así como una foto de la persona agresora o la persona contra quien se expida la orden de protección, en los siguientes lugares:

a. en el cuartel de la Policía Estatal y Municipal más cercano a su residencia.

b. en las entradas con control de acceso de su comunidad o urbanización, de manera que puedan identificar a la persona agresora o la persona contra quien se expida una orden de protección;

c. a sus vecinos inmediatos;

d. en su lugar de empleo, para que los guardias de seguridad en el área de trabajo tengan conocimiento de la orden expedida;

e. en la escuela de sus hijos(as), a fin de que estos(as) no citen al (a la) querellado(a) o padre/madre contra quien se expidió la orden, simultáneamente con la víctima.

2. Además, se le orientará a la parte peticionaria que debe en todo momento:

a. Mantener una copia de la Orden de Protección consigo;

b. Informar inmediatamente a la Policía sobre cualquier violación a la Orden de Protección;

c. Que nunca permita al agresor(a) o a la persona contra quien se expida la orden de protección entrar a su residencia.

d. Que no acepte citaciones que haga la persona agresora o la persona contra quien se expida una orden de protección, o cualquier otra persona que la víctima tenga conocimiento que tiene relación con su agresor(a) a ningún lugar, ya sea privado o público.

e. Que no acepte llamadas telefónicas, ni conteste mensajes a través de programas de mensajería instantánea, ni a través de redes sociales por medio de la Internet, o mediante cualquier otro método de comunicación por parte de la persona agresora o la persona contra quien se expida una orden de protección, o de cualquier otra persona que la víctima tenga conocimiento que tienen relación con su agresor(a).

f. Que camine con precaución y trate siempre de estar acompañada en lugares públicos y en los estacionamientos al regresar a su vehículo de motor.

g. De percatarse que la parte o la persona contra quien se expida una orden de protección lo(a) sigue, deberá acudir al cuartel de la Policía más cercano o a cualquier lugar seguro e informar a la Policía.

Siendo esta disposición voluntaria, no cumplir con esta medida no constituirá violación a Ley alguna ni transferencia de responsabilidad a la víctima. Además de las aquí mencionadas, el Tribunal podrá incluir cualquier otra disposición que entienda pertinente hacer.

(f) El Tribunal tendrá discreción, luego de haber escuchado la prueba que le fuere presentada o a petición del Ministerio Público, de imponer como condición adicional a la solicitud de la Orden de Protección, que el peticionado participe de manera compulsoria de un programa o taller de educación, ya sea público o privado, sobre el alcance de esta Ley. Esto, para prevenir que se incurra en conducta constitutiva de un delito de violencia doméstica y para concienciar sobre el efecto nocivo de la misma sobre la familia. El Tribunal ordenará y establecerá el mismo como parte de las disposiciones a cumplir cuando otorgue la Orden de Protección. Dicho programa o taller deberá ser tomado dentro del período de la vigencia de la Orden. El término del programa no será menor de treinta (30) horas. Además, la parte peticionada deberá evidenciar al Tribunal, en un término de tres (3) días laborables, a partir de la fecha en que fue notificado de la expedición de la Orden de Protección en su contra, que se inscribió en algún programa o taller con este fin. Al vencimiento de la Orden, la parte peticionada deberá presentar evidencia al Tribunal de su cumplimiento con dicho programa o taller.

Disponiéndose, que habiendo transcurrido el período de vigencia de la Orden de Protección, sin que la parte peticionada haya notificado y evidenciado al Tribunal del cumplimiento de la presente disposición, la parte peticionada podrá ser encontrada incursa en desacato por incumplimiento de las disposiciones de la orden de protección. En los casos en que el peticionado haya estado sujeto a más de una (1) Orden de Protección en su contra, con la misma o cualquier peticionaria, y ese dato sea conocido o traído a la atención del Tribunal, éste ordenará la inscripción en el programa o taller sobre violencia doméstica de manera obligatoria.

El Tribunal impondrá a la parte peticionada el pago de los costos del programa o taller, si alguno. Cuando la parte peticionada demuestre su incapacidad para sufragar el costo del programa o taller, la parte peticionada estará sujeta a horas de servicio comunitario en calidad de pago por el costo del programa o taller.

Los programas o talleres de educación sobre el alcance de la orden de protección, así como de toda conducta constitutiva de violencia doméstica y el efecto nocivo sobre la familia, entre otros temas, deberán ser revisados y elaborados en coordinación con la Oficina de la Procuradora de las Mujeres y la Junta Reguladora de los Programas de Reeducación y Readiestramiento para Personas Agresoras.

(Agosto 15, 1989, Núm. 54, art. 2.6; Agosto 29, 2011, Núm. 193, art. 1, añade el inciso (e); Agosto 4, 2012, Núm. 156, art. 1, añade un nuevo inciso (e), renumerado como inciso (f) por existir un inciso (e), efectivo 90 días después de su aprobación; Diciembre 19, 2014, Núm. 229, art. 1, enmienda el inciso (e) y se adiciona un nuevo inciso (f) al Artículo 2.6 del Capítulo II.)

Art. 2.7 Notificación a las partes y a las agencias del orden público y bienestar de menores. (8 L.P.R.A. sec. 627)

(a) Copia de toda orden de protección deberá ser archivada en la secretaría del tribunal que la expide. La secretaría del tribunal proveerá copia de la misma, a petición de las partes o de cualesquiera persona[s] interesada[s].

(b) Cualquier orden expedida al amparo de esta Ley deberá ser notificada personalmente a la parte peticionada, ya sea a través de un alguacil del tribunal, un oficial del orden público, cualquier persona mayor de 18 años que no sea parte del caso o de acuerdo al procedimiento establecido en las Reglas de Procedimiento Civil, [32 LPRA Ap. III].

(c) Luego de ser notificada la orden a la parte peticionada, un alguacil del Tribunal desde donde se otorgue la misma, tendrá un término de tiempo no mayor de veinticuatro (24) horas para informarle, personalmente, a la parte peticionaria, que se ha efectuado tal diligenciamiento.

(d) La secretaría del tribunal enviará copia de las órdenes expedidas al amparo de esta ley a la dependencia de la Policía encargada de mantener un expediente de las órdenes de protección así expedidas. De igual forma, la secretaría enviará copia de las referidas órdenes expedidas para que sean ingresadas en el Archivo Electrónico de Órdenes de Protección, conforme a los procedimientos establecidos en la Ley Núm. 420-2000, conocida como "Ley de Archivo de Órdenes de Protección". A tenor con la Ley Núm. 420-2000, la Policía deberá incluir toda la información contenida en la orden protección, así como incidentes procesales en la notificación de las partes y agencias envueltas.

(e) La Policía de Puerto Rico ofrecerá protección adecuada a la parte en cuyo beneficio se expida una orden de protección.

(f) La secretaría del tribunal enviará a la Administración para el Sustento de Menores del Departamento de la Familia copia de las órdenes de protección donde se disponga para el pago de una pensión alimentaria para un menor de edad, conforme a lo dispuesto en el inciso (e) del Artículo 2.1 de esta Ley.

(g) La Secretaría del Tribunal enviará copia de las órdenes de protección expedidas al amparo de esta Ley, a las Divisiones de Violencia Doméstica de la Policía de la jurisdicción donde reside la parte peticionaria, al patrono de la peticionaria según informado por ésta; y a la compañía de seguridad que tenga a cargo el control de acceso de la residencia de la peticionaria, si aplica. Estos deberán informar a la Policía de Puerto Rico sobre cualquier violación a la orden expedida.

Toda persona natural o jurídica que por sí o a través de sus agentes, representantes o empleados incumpla con las disposiciones de este inciso, será castigada con pena de multa de doscientos cincuenta dólares ($250.00).

(h) La Secretaría del Tribunal enviará copia de las órdenes de protección expedidas al amparo de esta Ley, a la Junta de Libertad Bajo Palabra, cuando la parte agresora se encuentre bajo la jurisdicción de dicha Junta.

(i) La Secretaría del Tribunal enviará copia de las órdenes de protección expedidas al amparo de esta Ley, a los familiares y/o personas, natural o jurídica, que la víctima, previa orientación, determine de manera libre y voluntaria que se le notifique. Estos familiares y/o personas, natural o jurídica, serán notificados por correo, correo electrónico o cualquier otra, a la dirección provista por la víctima.

(Agosto 15, 1989, Núm. 54, art. 2.7; enmendado en el 2003, ley 122, adiciona el inciso (e); Agosto 17, 2012, Núm. 185, art. 2, añade los incisos (f) y (g); Diciembre 21, 2012, Núm. 305, art. 1, enmienda el inciso (c) y el título del artículo; Agosto 1, Núm. 60, 2017, sec. 1, añade un nuevo inciso (c) y se redesignan los siguientes; Febrero 7, 2020, Núm. 25, sec. 1, añade el inciso (i).)

Art. 2.8 Incumplimiento de órdenes de protección. (8 L.P.R.A. sec. 628)

Cualquier violación a sabiendas de una orden de protección expedida, de conformidad con esta Ley, será castigada como delito grave de tercer grado en su mitad inferior, disponiéndose que los tribunales vendrán obligados a imponer supervisión electrónica, de concederse cualquier tipo de sentencia suspendida.

No obstante, lo dispuesto por la Regla 11 de las Reglas de Procedimiento Criminal, según enmendada, aunque no mediare una orden a esos efectos, todo oficial del orden público deberá efectuar un arresto, si se le presenta una orden de protección expedida al amparo de esta Ley o de una ley similar, contra la persona a ser arrestada; o si determina que existe dicha orden mediante comunicación con las autoridades pertinentes, el patrono de la peticionaria o la compañía de seguridad que tenga a cargo el control de acceso donde reside la peticionaria y tienen motivos fundados para creer que se han violado las disposiciones del mismo.

(Agosto 15, 1989, Núm. 54, art. 2.8; Diciembre 18, 2005, Núm. 165, art. 2, enmendado en términos generales; Agosto 17, 2012, Núm. 185, art. 3, enmienda ambos párrafos.).

Art. 2.9.-Evaluación de Trabajo Social. (8 L.P.R.A. sec. 629)

En todo caso en que se expida una orden de protección, y de la evidencia desfilada en la vista, surja que alguno o todos los hijos de las partes presenciaron y/o percibieron el acto de maltrato, el tribunal podrá referir el caso al Departamento de la Familia, para que la persona querellada de maltrato sea referida y acuda a evaluación de trabajo social, para determinar si se requiere algún tipo de ayuda psicológica, que propenda a la protección de los hijos o hijas.

El tribunal podrá citar a la parte querellada a una vista de seguimiento para corroborar que acudió al Departamento de la Familia, y que se sometió a la evaluación de trabajo social. El Departamento de la Familia emitirá un informe sobre la evaluación de trabajo social, en el cual se podrá recomendar cualquier tipo de ayuda psicológica a la parte querellada.

Si la parte querellada no cumple con el referido, se considerará que ha violado la orden de protección.

(Agosto 15, 1989, Núm. 54; Agosto 9, 2008, Núm. 225, art. 1, añade este nuevo artículo 2.9; Agosto 17, 2012, Núm. 185, art. 4, enmienda el primer párrafo.)

ART. 3.0 CONDUCTA DELICTIVA; PENALIDADES Y OTRAS MEDIDAS

Art. 3.1. Maltrato. (8 L.P.R.A. sec. 631)

Toda persona que empleare fuerza física o violencia psicológica, intimidación o persecución en la persona de su cónyuge, ex cónyuge, o la persona con quien cohabita o haya cohabitado, o la persona con quien sostuviere o haya sostenido una relación consensual, o la persona con quien haya procreado un hijo o hija, independientemente del sexo, estado civil, orientación sexual, identidad de género o estatus migratorio de cualquiera de las personas involucradas en la relación, para causarle daño físico a su persona, al animal de compañía o mascota de la víctima, de los hijos o del victimario, a los bienes apreciados por esta, excepto aquellos que pertenecen privativamente al ofensor, o a la persona de otro o para causarle grave daño emocional, incurrirá en delito grave de cuarto grado en su mitad superior.

El tribunal podrá imponer la pena de restitución, además de la pena de reclusión establecida.

(Agosto 15, 1989, Núm. 54, art. 3.1; enmendado en Septiembre 23, 2004, Núm. 480, art. 2, efectiva el 1 de mayo de 2005, cuando entra efectivo el Nuevo Código Penal de P.R. de 2004; Diciembre, 28, 2005, art. 3, enmienda en términos generales; Mayo 29, 2013, Núm. 23, art. 4, enmienda el primer párrafo; Junio 18, 2022, Núm. 57, sec. 2, enmienda en términos generales.)

Art. 3.2 Maltrato Agravado. (8 L.P.R.A.sec. 632)

Se impondrá pena correspondiente a delito grave de tercer grado en su mitad inferior cuando en la persona del cónyuge, ex cónyuge o de la persona con quien se cohabita o se haya cohabitado, o con quien se sostiene o haya sostenido una relación consensual, o con quien se haya procreado un hijo o hija, independientemente del sexo, estado civil, orientación sexual, identidad de género o estatus migratorio de cualquiera de las personas involucradas en la relación, se incurriere en maltrato según tipificado en esta Ley, mediando una o más de las circunstancias siguientes:

(a) Se penetrare en la morada de la persona o en el lugar donde esté albergada y se cometiere allí maltrato, en el caso de cónyuges o cohabitantes, independientemente del sexo, estado civil, orientación sexual, identidad de género o estatus migratorio de cualquiera de las personas involucradas en la relación, cuando éstos estuvieren separados o mediare una orden de protección ordenando el desalojo de la residencia a una de las partes; o

(b) cuando se infiriere grave daño corporal a la persona; o

(c) cuando se cometiere con arma mortífera en circunstancias que no revistiesen la intención de matar o mutilar; o

(d) cuando se cometiere en la presencia de menores de edad; o

(e) cuando se cometiere luego de mediar una orden de protección o resolución contra la persona acusada expedida en auxilio de la víctima del maltrato; o

(f) se indujere, incitare u obligare a la persona a drogarse con sustancias controladas, o cualquier otra sustancia o medio que altere la voluntad de la persona o a intoxicarse con bebidas embriagantes; o

(g) Cuando se cometiere y simultáneamente se incurriere en maltrato de un menor según definido en la Ley Núm. 177 de 1 de agosto de 2003.

(h) Si a la víctima se le obliga o induce mediante maltrato, violencia física o sicológica a participar o Involucrarse en una relación sexual no deseada con terceras personas.

(i) Cuando se cometiere contra una mujer embarazada.

(j) Cuando se cometiere contra una persona menor de dieciséis (16) años y la persona agresora sea de dieciocho (18) años o más.

El Tribunal podrá imponer la pena de restitución, además de la pena de reclusión establecida.

(k) Cuando se cometiere y la persona a propósito, con conocimiento, a sabiendas o temerariamente incurre en tortura o da muerte a un animal de compañía o mascota de la víctima o de los hijos de la víctima o del victimario.

(Agosto 15, 1989, Núm. 54, art. 3.2; Septiembre 23, 2004, Núm. 480, art. 3, enmienda inciso (g) y adiciona el inciso (h), efectiva el 1 de mayo de 2005, cuando entra en vigor el nuevo Código penal de P.R. 2004; Diciembre 28, 2005, Núm. 165, art. 4, enmienda el primer párrafo y añade los incisos (i) y (j); Mayo 29, 2013, Núm. 23, art. 5, enmienda el primer párrafo y el inciso (a); Julio 18, 2022, Núm. 57, sec. 3, añade el inciso (k), .)

Art. 3.3 Maltrato Mediante Amenaza. (8 L.P.R.A. sec. 633)

Toda persona que amenazare con causarle daño a su cónyuge, ex cónyuge, a la persona con quien cohabita o con quien haya cohabitado o con quien sostiene o haya sostenido una relación consensual, o la persona con quien haya procreado un hijo o hija, independientemente del sexo, estado civil, orientación sexual, identidad de género o estatus migratorio de cualquiera de las personas involucradas en la relación, a los bienes apreciados por esta, excepto aquellos que pertenecen privativamente al ofensor, o a la persona de otro, o cuando se amenace con causar daño por maltrato a un animal o mascota, incurrirá en delito grave de cuarto grado en su mitad superior.

El tribunal podrá imponer la pena de restitución, además de la pena de reclusión establecida.

(Agosto 15, 1989, Núm. 54, art. 3.3; enmendado en Septiembre 23, 2004, Núm. 480, art. 4, efectiva el 1 de mayo de 2005, cuando entra en vigor el nuevo Código Penal de P.R. 2004; Diciembre 28, 2005, Núm. 165, art. 5, enmienda en términos generales; Mayo 29, 2013, Núm. 23, art. 6, enmienda el primer párrafo; Julio18, 2022, Núm. 57, sec. 4, enmienda en términos generales.)

Art. 3.4.- Maltrato mediante restricción de la libertad. (8 L.P.R.A. sec. 634)

Toda persona que utilice violencia o intimidación en la persona de su cónyuge, ex cónyuge, de la persona con quien cohabita o haya cohabitado, o con quien sostiene o haya sostenido una relación consensual, o la persona con quien haya procreado un hijo o hija, independientemente del sexo, estado civil, orientación sexual, identidad de género o estatus migratorio de cualquiera de las personas involucradas en la relación, o que utilice pretexto de que padece o de que una de las personas antes mencionadas padece de enfermedad o defecto mental, para restringir su libertad con el conocimiento de la víctima, incurrirá en delito grave de tercer grado en su mitad inferior.

El Tribunal podrá establecer la pena de restitución, además de la pena de reclusión establecida.

(Agosto 15, 1989, Núm. 54, art. 3.4; enmendado en Septiembre 23, 2004, Núm. 480, art. 5, efectiva el 1 de mayo de 2005, cuando entra en vigor el nuevo Código Penal de P.R. 2004; Diciembre 28, 2005, Núm. 165, art. 6; Mayo 29, 2013, Núm. 23, art. 7, enmienda el primer párrafo.)

Art. 3.5 Agresión sexual en relación de pareja. (8 L.P.R.A. sec. 635)

Se impondrá pena de reclusión, según se dispone más adelante, a toda persona que incurra en una relación sexual no consentida con su cónyuge o ex cónyuge, o con la persona con quien cohabite o haya cohabitado, o con quien sostuviere o haya sostenido una relación consensual, o la persona con quien haya procreado un hijo o hija, independientemente del sexo, estado civil, orientación sexual, identidad de género o estatus migratorio de cualquiera de las personas involucradas en la relación, en cualesquiera de las circunstancias siguientes:

(a) Si se ha compelido a incurrir en relación sexual mediante el empleo de fuerza, violencia, intimidación o amenaza de grave e inmediato daño corporal; o

(b) Si se ha anulado o disminuido sustancialmente, sin su conocimiento o sin su consentimiento, su capacidad de consentir, a través de medios hipnóticos, narcóticos, deprimentes o estimulantes o sustancias o medios similares; o

(c) Si por enfermedad o incapacidad mental, temporal o permanente, la víctima está incapacitada para comprender la naturaleza del acto en el momento de su realización;

(d) Si se le obliga o induce mediante maltrato, violencia física o psicológica a participar o involucrarse en una relación sexual no deseada con terceras personas.

La pena a imponerse por este delito, excepto la modalidad a que se refiere el inciso (a) de esta Sección, será la correspondiente a delito grave de segundo grado.

La pena a imponerse por la modalidad del delito a que ser refiere el inciso (a) de esta Sección será la correspondiente a delito grave de segundo grado en su mitad superior.

La pena a imponerse por este delito, en todas sus modalidades, será la correspondiente a delito grave de segundo grado severo.

El Tribunal podrá imponer la pena de restitución, además de la pena de reclusión establecida en cualquiera de las modalidades anteriormente señaladas.

(Agosto 15, 1989, Núm. 54, art. 3.5; enmendado en Septiembre 23, 2004, Núm. 480, art. 6, efectiva el 1 de mayo de 2005, cuando entra en vigor el nuevo Código Penal de P.R. 2004; Diciembre 28, 2005, Núm. 165, art. 7; Mayo 29, 2013, Núm. 23, art. 8, enmienda el primer párrafo.)

Art. 3.6 Desvío del procedimiento. (8 L.P.R.A. sec. 636)

Una vez celebrado el juicio y convicto que fuere o que el acusado haga alegación de culpabilidad por cualesquiera de los delitos tipificados en esta Ley, el Tribunal podrá motu proprio o mediante solicitud del Ministerio Fiscal o de la defensa, suspender todo procedimiento y someter a la persona convicta a libertad a prueba, sujeto a que ésta participe en un programa de reeducación y readiestramiento para personas que incurren en conducta maltratante en la relación de pareja, según definida por el inciso (m) del Artículo 1.3 de esta Ley. Antes de hacer cualquier determinación al respecto, el Tribunal deberá escuchar al Ministerio Fiscal.

Esta alternativa de desvío solamente estará disponible cuando existan las circunstancias siguientes:

(a) Se trate de una persona que no haya sido convicta, y recluida en prisión producto de una sentencia final y firme o se encuentre disfrutando del beneficio de un programa de desvío bajo esta Ley o de sentencia suspendida, por la comisión de los delitos establecidos en esta Ley o delitos similares establecidos en las Leyes del Estado Libre Asociado de Puerto Rico o Estados Unidos contra la persona de su cónyuge, ex cónyuge, persona con quien cohabita o ha cohabitado, persona con quien sostiene o ha sostenido una relación consensual o persona con quien haya procreado un hijo o una hija, independientemente del sexo, estado civil, orientación sexual, identidad de género o estatus migratorio de cualquiera de las personas involucradas en la relación.

(b) Se trate de una persona que no haya violado una orden de protección expedida por cualquier tribunal al amparo de esta Ley o de cualquier disposición legal similar.

(c) Se suscriba a un convenio entre el Ministerio Fiscal, el acusado y la agencia, organismo, institución pública o privada a que se referirá el acusado.

El Tribunal tomará en consideración la opinión de la víctima sobre si se le debe conceder o no este beneficio e impondrá los términos y condiciones que estime razonables y el período de duración de la libertad a prueba que tenga a bien requerir, previo acuerdo con la entidad que prestará los servicios, cuyo término nunca será menor de un (1) año ni mayor de tres (3).

Si la persona beneficiada con la libertad a prueba que establece este Artículo, incumpliere con las condiciones de la misma, el Tribunal, previo celebración de vista, podrá dejar sin efecto la libertad a prueba y procederá a dictar sentencia.

Si la persona beneficiada por la libertad a prueba que establece este Artículo no viola ninguna de las condiciones de la misma, el Tribunal, previo celebración de vista, podrá dejar sin efecto la libertad a prueba y procederá a dictar sentencia.

Si la persona beneficiada por la libertad a prueba que establece este Artículo no viola ninguna de las condiciones de la misma, el Tribunal, previa recomendación del personal competente a cargo del programa al que fuere referido el acusado, en el ejercicio de su discreción y previa celebración de vista, podrá sobreseer el caso en su contra.

La sentencia sobreseída bajo este Artículo se llevará a cabo sin pronunciamiento de sentencia por el Tribunal, pero se conservará el expediente del caso en el Tribunal, con carácter confidencial, no accesible al público y separado de otros récords, a los fines de ser utilizados por los tribunales al determinar, en procesos subsiguientes, si la persona cualifica para acogerse a los beneficios de este Artículo y para ser considerado a los efectos de reincidencia, si la persona comete subsiguientemente cualquiera de los delitos tipificados en esta Ley. En estos casos, será responsabilidad del fiscal presentar siempre la alegación de reincidencia.

La sentencia sobreseída del caso no se considerará como una convicción a los fines de las descualificaciones o incapacidades impuestas por ley a los convictos por la comisión de algún delito, y la persona exonerada tendrá derecho, luego de sobreseído el caso, a que el Superintendente de la Policía de Puerto Rico le devuelva cualesquiera expediente de huellas digitales y fotografía que obren en poder de la Policía de Puerto Rico, tomadas en relación con la violación de los delitos que dieron lugar a la acusación.

El sobreseimiento de que trata esta sección sólo podrá concederse en una ocasión a cualquier persona.

(Agosto 15, 1989, Núm. 54, art. 3.6; Agosto 21, 2004, Núm. 222, art. 1, enmienda inciso (a); adicionado un nuevo inciso (d) en Agosto 26, 2005, Núm. 91, art. 1; Diciembre 28, 2010, Núm. 217, art. 1, añade al inciso (c) el texto enmendado del inciso (d) y elimina el inciso (d) adicionado en el 2005; Mayo 29, 2013, Núm. 23, enmienda el primer párrafo.)

Art. 3.7 Disposiciones especiales sobre la fianza, libertad condicional, permisos a confinados para salir de instituciones y otros. (8 L.P.R.A. sec. 637)

(a) Fianza. - Cuando una persona sea acusada por violación a las disposiciones de esta Ley o cuando al momento de la alegada violación estuviere sujeta a los términos de una orden de protección expedida de conformidad con esta Ley o cualquier otra ley similar, o hubiere sido convicta previamente de o hubiere hecho alegación de culpabilidad por violación a las disposiciones de esta Ley o de violación a cualquier otra disposición legal similar, antes de señalar la fianza; además de lo dispuesto por las Reglas de Procedimiento Criminal, [34 LPRA Ap. II], el tribunal deberá considerar al imponer la fianza si la persona tiene historial de haber violado órdenes de un tribunal o de una agencia gubernamental.

(b) **Condiciones para libertad bajo fianza.**— El tribunal impondrá al acusado condiciones a la fianza y deberá tomar en consideración si la persona cuenta con un historial de violencia doméstica o un historial de comisión de actos violentos y si la persona representa una amenaza potencial para la víctima del delito o para cualquier persona. Además de las condiciones establecidas en las Reglas de Procedimiento Criminal, el tribunal impondrá las condiciones siguientes:

(1) Evitar todo contacto directo o indirecto con la víctima de los alegados actos constitutivos de los delitos tipificados en esta Ley, con los familiares de ésta, exceptuando a los hijos que el acusado y la víctima hayan procreado, salvo que el tribunal entienda que para los mejores intereses de los menores sea necesario el impedir el contacto paterno o materno/y-filial. Al tomar la determinación de reglamentar o prohibir al acusado el contacto con sus hijos el tribunal tomará en consideración los factores siguientes:

(A) Si el acusado representa un peligro para el bienestar de los menores;

(B) si el historial del acusado demuestra una conducta peligrosa que pueda ir en detrimento del bienestar de los menores;

(C) si en el historial del acusado hay evidencia de maltrato físico y emocional de los menores;

(D) la opinión manifestada por los menores cuando ellos así lo hayan solicitado directamente o a través de un adulto o profesional de ayuda; Disponiéndose, que el juez podrá escuchar a los menores en privado para proteger su integridad física y/o emocional.

(2) Evitar todo contacto con las personas que le brinden albergue a la víctima.

(3) Abandonar la residencia que comparte con la víctima del alegado delito.

(4) Abstenerse de intimidar o presionar personalmente, o a través de comunicación telefónica, o de otro tipo o mediante la intervención de terceros, a la víctima o a los testigos para que no testifiquen o para que retiren los cargos criminales radicados en su contra.

(5) Cumplir con las órdenes sobre custodia, pensión alimenticia, relaciones paterno-filiales, bienes gananciales, y cualesquiera otras relacionadas, expedidas al amparo de esta Ley u otro estatuto similar.

(6) Mantenerse en un programa que le ayude a manejar situaciones de violencia doméstica.

(c) Permisos a confinados para salir de las instituciones y libertad bajo palabra. - Además de lo establecido en las [34 LPRA secs. 1101 et seq.], y en cualquier otra ley o reglamento al efecto, el Administrador de Corrección o la Junta de Libertad bajo Palabra al hacer determinaciones sobre la concesión de permisos para salir de las instituciones penales o centros de tratamiento públicos o privados, o al conceder libertad bajo palabra a confinados convictos por violación a las disposiciones de esta Ley, deberá tomar en consideración las circunstancias siguientes:

(1) Si la persona cuenta con un historial de violencia doméstica, o un historial de comisión de otros actos violentos;

(2) si la persona tiene historial de haber violado órdenes de un tribunal o de una agencia gubernamental;

(3) si la persona representa una amenaza potencial para cualquier otra persona;

(4) la opinión de la perjudicada, o de las personas que testificaron en el caso y cualquier otra circunstancia que estime pertinente.

(d) Clemencia ejecutiva o indulto. - Al considerar la petición de clemencia ejecutiva o indulto de una persona convicta de cualquier delito constitutivo de violencia doméstica, la Junta de Libertad bajo Palabra deberá notificar a la parte perjudicada y a las personas que testificaron para proveerles la oportunidad de ser escuchadas.

(e) Antes de que cualquier persona pueda ser puesta en libertad bajo las disposiciones de esta sección, el tribunal, la Junta de Libertad bajo Palabra, la Administración de Corrección y/o el Ejecutivo deberán notificarlo a la víctima o parte perjudicada con suficiente antelación para que ésta pueda tomar las medidas necesarias para garantizar su seguridad.

(f) Comunicación a la víctima.- El Departamento de Corrección y Rehabilitación tendrá la obligación de notificarle a la víctima, mediante comunicación escrita o electrónica, sobre la proximidad del proceso de excarcelación del o la agresor(a) que se encuentre privado(a) de su libertad por violentar las disposiciones de esta Ley, y el tratamiento recibido para cumplir con el mandato constitucional a la rehabilitación dispuesto en nuestra Carta Magna.

La referida notificación deberá ser en o antes de los ciento veinte (120) días anteriores a la consumación de la sentencia. El personal de esta agencia realizará las acciones afirmativas que sean necesarias para garantizar que la víctima haya recibido la comunicación en referencia, actuación que se hará constar como parte del expediente de salida preparado por la agencia.

La información que razonablemente pueda identificar a la víctima, incluyendo sin que represente una limitación, su dirección residencial y postal, número de teléfono o lugar de trabajo, se mantendrá protegida bajo los más estrictos estándares de confidencialidad, por lo que la misma no podrá ser provista a un tercero sin la autorización de un Tribunal.

El Departamento de Corrección y Rehabilitación tendrá la responsabilidad de aprobar la reglamentación correspondiente, o atemperar la normativa vigente, para garantizar que exista un procedimiento administrativo uniforme que cumpla con las salvaguardas dispuestas en este inciso.

(Agosto 15, 1989, Núm. 54, art. 3.7; Agosto 17, 2012, Núm. 185, art. 5, añade el apartado (6) al inciso (b); Septiembre 29, 2014, Núm. 166, art. 1, añade el inciso (f).)

Art. 3.8 Arresto. (8 L.P.R.A. sec. 638)

No obstante lo dispuesto en la Regla 11 de las Reglas de Procedimiento Criminal, [34 LPRA Ap. II], todo oficial del orden público deberá efectuar un arresto, aunque no mediare una orden a esos efectos, si tuviere motivos fundados para creer que la persona a ser arrestada ha cometido, aunque no fuere en su presencia, o está cometiendo en su presencia una violación a las disposiciones delictivas de esta Ley.

(Agosto 1989, Núm. 54, art. 3.8)

Art. 3.9 Firma y juramento de la denuncia. (8 L.P.R.A. sec. 639)

No obstante lo dispuesto por la Regla 5 de las Reglas de Procedimiento Criminal, [34 LPRA Ap. II], los fiscales y los miembros de la Policía de Puerto Rico deberán firmar y jurar toda denuncia por violación a las disposiciones de esta Ley cuando los hechos constitutivos de delito les consten por información y creencia.

En ningún caso en que concurran las circunstancias arriba indicadas, se exigirá que firme la denuncia la persona que ha sido víctima de los alegados hechos constitutivos de delito.

(Agosto 1989, Núm. 54, art. 3.9)

Art. 3.10 Asistencia a la víctima de maltrato. (8 L.P.R.A. sec. 640)

Siempre que un oficial del orden público interviniere con una persona que alega ser víctima de maltrato, independientemente del sexo, estado civil, orientación sexual, identidad de género o estatus migratorio de dicha persona, deberá tomar todas aquellas medidas que estime necesarias para evitar que dicha persona vuelva a ser maltratada. Entre otras, deberá realizar las gestiones siguientes:

(a) Si la persona indica que ha sufrido daños, golpes o heridas que requieren atención médica, aunque no sean visibles, administrará a la persona la primera ayuda necesaria, le ofrecerá hacer arreglos para que reciba tratamiento médico adecuado y le proveerá transportación hasta un centro de servicios médicos donde pueda ser atendida.

(b) Si la persona manifiesta preocupación por su seguridad, deberá hacer los arreglos necesarios para transportarla a un lugar seguro.

(c) Cuando la víctima de maltrato se lo solicite, le proveerá protección acompañándola y asistiéndola en todo momento mientras retira sus pertenencias personales de su residencia o de cualquier otro lugar donde éstas se encuentren.

(d) Asesorará a la víctima de maltrato sobre la importancia de preservar la evidencia.

(e) Proveerá a la víctima información sobre sus derechos y sobre los servicios gubernamentales y privados disponibles para víctimas de maltrato, incluyendo, pero no limitado a, los remedios provistos bajo las [25 LPRA secs. 972 et seq.] y la Ley Núm. 91 de 13 de julio de 1988. Asimismo, le entregará copia de una hoja de orientación a víctimas de violencia doméstica.

El Ministerio Público tendrá el deber de comparecer a toda vista de determinación de causa probable para arresto en los casos de naturaleza penal presentados al amparo de esta Ley, sin discreción alguna, incluyendo las violaciones a las órdenes de protección según establece el Artículo 2.8 de esta Ley.

La Oficina de la Procuradora de las Mujeres tendrá que proveer un intercesor o intercesora para que comparezca dicho procedimiento judicial.

(Agosto 15, 1989, Núm. 54, art. 3.10; Mayo 29, 2013, Núm. 23, art. 10, enmienda el primer párrafo; Abril 3, 2017, Núm. 18, art. 2, añade el ultimo párrafo; Agosto 24, 2021, Núm. 32, sec. 1, enmienda el penúltimo párrafo y añade el último.)

Art. 3.10 (A) –Asistencia Servicio Telefónico Celular.- (8 L.P.R.A. sec. 640-A)

Toda compañía proveedora de servicio telefónico celular transferirá sin ningún costo adicional la responsabilidad, control y cambio del número telefónico, así como el número o números de teléfonos celulares de cualquier menor bajo la custodia de la persona a la que se le haya expedido a su favor una Orden de Protección. Las partes peticionarias a las cuales se les expida la Orden de Protección, tendrán que solicitar de forma voluntaria que el Tribunal de Primera Instancia les provea además una Orden de Cambio en Control Sobre Número Telefónico. Esta Orden de Cambio en Control Sobre Número Telefónico tendrá una validez de treinta (30) días para su ejecución, y será entregada por el Tribunal en total conocimiento de los peticionarios sobre las posibles consecuencias a corto y mediano plazo de solicitar el cambio en control sobre número telefónico.

La Orden de Cambio en Control Sobre Número Telefónico deberá contener:

a. El nombre y número de teléfono del victimario, dueño de la cuenta bajo la cual está asignado el número o números de teléfono de la víctima.

b. El nombre e información de contacto de la víctima que asumirá responsabilidad sobre el número telefónico o números telefónicos y cambios.

c. El número o los números de teléfono de cada teléfono a transferirse a favor de la víctima.

d. La solicitud de la víctima de obtener un nuevo número telefónico a cada teléfono a transferirse a favor de la víctima, si así lo desea.

Las compañías proveedoras de servicio telefónico celular, cambiarán la responsabilidad, control y cambio sobre el número o los números telefónicos en un plazo de setenta y dos (72) horas a partir de la presentación de la solicitud y conforme a sus políticas internas para la activación de servicios y los términos y condiciones aplicables al servicio solicitado. Estas compañías les transferirán a las partes peticionarias el control sobre la facturación y todos los deberes y responsabilidades por los servicios y equipos de telefonía móvil que están en su posesión inmediata, así como el número o los números de teléfono celular de cualquier menor bajo la custodia del peticionario para su uso.

El cambio en control sobre número telefónico como medida cautelar debe estar disponible para el número usado por la víctima peticionaria, así como el número o los números de teléfono celular de cualquier menor bajo la custodia del peticionario, al momento de la solicitud de la Orden y se completará, solamente a favor de la misma, incluyendo el número o los números de teléfono de cualquier menor bajo la custodia del peticionario, y no de un tercero. Las compañías proveedoras de servicio telefónico celular, no serán responsables en ningún momento por cualquier daño que pueda sufrir la víctima y sus familiares como consecuencia del cambio en control sobre número telefónico voluntariamente solicitado y correctamente transferido.

La Orden de Cambio en Control Sobre Número Telefónico no aplicará a números clasificados como comerciales, de líneas que estén a nombre de un tercero distinto al victimario, puesto que el propósito de la legislación es exclusivamente la protección de la víctima de violencia doméstica o acecho. Además, todo cambio en control sobre número telefónico será final e irrevocable.

Cuando el proveedor de servicio telefónico, no pueda, por razones operacionales o técnicas, completar la orden de transferencia, debido a ciertas circunstancias, incluyendo pero sin limitarse a las siguientes a mencionar, el proveedor de servicio telefónico, lo notificará al peticionario dentro de un período de setenta y dos (72) horas desde que se recibe la orden:

a. Cuando el dueño de la cuenta ha cancelado la cuenta o terminado los servicios previo a la transferencia de estos.

b. Cuando diferencias en tecnología limitan la funcionalidad del equipo en la red del proveedor.

c. Cuando existen situaciones geográficas u otras limitaciones de la red o disponibilidad del servicio.

Toda compañía proveedora de servicio telefónico celular, a solicitud del cliente, y acompañado con una copia de la Orden de Cambio en Control Sobre Número Telefónico expedida por el Tribunal de Primera Instancia, removerá toda información personal en cualquier directorio o listado interno de números de teléfonos de las compañías proveedoras de servicios telefónicos o compañías afiliadas, sin ningún costo adicional. En el caso de las guías telefónicas, la información será removida en la próxima publicación de la misma.

(Agosto 15, 1989, Núm. 54; Mayo 12, 2016, Núm. 44, art. 1, añade este nuevo art. 3.10A.)

Notas Importantes
Enmienda
-**2016, ley 44**- Esta ley 44, añade este nuevo art. 3.10-A e incluye los siguientes artículos de aplicación:
Artículo 3.-Formulario.- El formulario que proveerán las Secretarías de los Tribunales de Justicia a las personas que soliciten una Orden de Cambio en Control Sobre Número Telefónico expedida por el Tribunal de Primera Instancia deberán diseñarse en forma tal que pueda consignarse o declararse la información, circunstancias y datos que contiene el modelo aquí incluido. No obstante, la Oficina de la Administración de los Tribunales podrá modificarlo cuando lo entienda conveniente para lograr los propósitos de esta Ley. [Puede también buscarlos en www.FormuPlus.com]
Artículo 4.-La Junta Reglamentadora de Telecomunicaciones de Puerto Rico adoptará la reglamentación necesaria para cumplir con los propósitos de esta Ley, no más tarde de treinta (30) días a partir de la vigencia de esta Ley.
Artículo 5.-Se ordena a la Oficina de la Procuradora de las Mujeres establecer una campaña de orientación a la ciudadanía para dar fiel cumplimiento a lo establecido en esta Ley.
Artículo 6.-Esta Ley comenzará a regir inmediatamente después de su aprobación.
Art. 3.11 Preparación de informes. (8 L.P.R.A. sec. 641)

Siempre que un oficial del orden público intervenga en un incidente de violencia doméstica deberá preparar un informe escrito sobre el mismo. Dicho informe contendrá las alegaciones de las personas involucradas y los testigos, el tipo de investigación realizada y la toma en que se dispuso del incidente

En dicho informe, el oficial del orden público incluirá cualquier manifestación de la víctima en cuanto a la frecuencia y severidad de incidentes de violencia doméstica anteriores y sobre el número de veces que ha acudido a la Policía o ante cualquier entidad privada, pública o persona particular para reclamar ayuda.

Este informe deberá ser preparado para toda intervención aunque no se radiquen cargos criminales contra el alegado agresor. Los mismos se mantendrán separados de informes sobre incidentes de otra naturaleza.

El Superintendente de la Policía deberá establecer un sistema de recopilación de información que permita mantener copia de cada informe de intervención en el cuartel donde se genera y que facilite la recopilación centralizada de los mismos en la División de Estadísticas de la Policía de Puerto Rico.

La División de Estadísticas de la Policía de Puerto Rico recibirá mensualmente copia de todo informe de intervención preparado al amparo de esta Sección, recopilará la información contenida en los mismos y preparará anualmente un informe estadístico público sobre los incidentes de violencia doméstica en Puerto Rico. Copia de este informe se enviará a la Oficina de la Procuradora de las Mujeres, así como también a la Asamblea Legislativa quien lo distribuirá a toda las oficinas de las distintas Comisiones.

La Administración de los Tribunales proveerá a la División de Estadísticas de la Policía la información sobre las órdenes de protección solicitadas y expedidas, así como aquella información que sea útil para que el informe contenga, entre otra, la siguiente información:

(1) grupo poblacional que mayormente se ve afectado por la violencia doméstica;

(2) edades de dichos grupos, divididos por cantidad de incidencias;

(3) cantidad de personas que solicitaron órdenes de protección;

(4) cantidad de personas que retiraron dichas solicitudes de órdenes de protección;

(5) cantidad de personas que obtuvieron órdenes de protección;

(6) cantidad de personas que no obtuvieron órdenes de protección;

(7) cantidad de situaciones en que se emitieron órdenes de protección duales o reciprocas;

(8) cantidad de situaciones en la que existen menores y se emitieron órdenes de alimentos.

(9) Cantidad de órdenes de protección enviadas por la Secretaría de cada Tribunal a las Comandancias de la Policía de la jurisdicción donde reside la parte peticionaria.

(10) Cantidad de órdenes de protección enviadas por la Secretaría de cada Tribunal a los patronos de la parte peticionaria.

(11) Cantidad de órdenes de protección enviadas por la Secretaría de cada Tribunal a la compañía de seguridad encargada de los controles de acceso de la residencia de la parte peticionaria.

El Superintendente de la Policía establecerá normas para garantizar la confidencialidad, en torno a la identidad de las personas involucradas en los incidentes de violencia doméstica.

(Agosto 15, 1989, Núm. 54, art. 3.11; Enmendada en Abril 23, 2004, ley 96, art. 1, se enmienda en términos generales; Septiembre 29, 2004, Núm. 490, art. 1, enmienda 5to párrafo; Agosto 17, 2012, Núm. 185, art. 6, añade los apartados (9), (10) y (11).)

Art. 3.12 Alegaciones Preacordadas (8 L.P.R.A. sec. 642)

Todos aquellos casos radicados bajo esta Ley en que mediaren alegaciones preacordadas entre la defensa del imputado y el representante del Ministerio Público, se regirán por el procedimiento dispuesto en la Regla 72 de las de Procedimiento Criminal, disponiéndose, además, que en todo caso que se impute la violación de alguna de las disposiciones de la presente Ley, dichas alegaciones preacordadas serán por delitos contenidos únicamente bajo las disposiciones de esta Ley.

(Agosto 15, 1989, Núm. 54; Julio 10, 2018, Núm. 136, sec. 1, añade este articulo 3.12.)

ART 4.0 MEDIDAS PARA PREVENIR LA VIOLENCIA DOMESTICA

Art. 4.1 Medidas para prevenir (8 L.P.R.A. sec. 651)

La Comisión para los Asuntos de la Mujer, creada por la Ley del 2001, [1 L.P.RA. sec. 0311- 0411] y en armonía con la política pública enunciada en este capítulo, será responsable de:

(a) Promover y desarrollar programas educativos para la prevención de la violencia doméstica.

(b) Estudiar, investigar y publicar informes sobre el problema de violencia doméstica en Puerto Rico, sus manifestaciones, magnitud, consecuencias y las alternativas para confrontarlo y erradicarlo.

(c) Identificar grupos y sectores en los que se manifieste la violencia doméstica, educarlos y concientizarlos en destrezas para combatirla.

(d) Concientizar a los profesionales de ayuda sobre las necesidades de las personas víctimas de maltrato y las de sus familias.

(e) Desarrollar estrategias para fomentar cambios en las políticas y procedimientos en las agencias gubernamentales con el fin de mejorar sus respuestas a las necesidades de las personas víctimas de maltrato.

(f) Establecer y fomentar el establecimiento de programas de servicios de información, apoyo y consejería a las víctimas de maltrato.

(g) Fomentar el establecimiento de albergues para personas víctimas de maltrato.

(h) Fomentar en coordinación con el Departamento de la Familia programas de servicios a los niños y niñas que provienen de hogares donde se manifiesta el maltrato.

(i) Proveer servicios de adiestramiento y orientación a profesionales de ayuda sobre tratamiento y consejería a personas víctimas de maltrato.

(j) Evaluar el progreso en la implantación de esta ley y someter informes anuales al Gobernador (a) del Estado Libre Asociado de Puerto Rico y a la Asamblea Legislativa.

(k) Analizar y realizar estudios de necesidades sobre programas de intervención, educación y readiestramiento de personas que incurren en conducta constitutiva de maltrato para la rehabilitación de éstas.

(l) Formular guías sobre requisitos mínimos que deben reunir los servicios de desvío contemplados en la [8 LPRA sec. 636], las que deberán ser consideradas por los tribunales en las determinaciones sobre desvío.

(m) Velar porque las órdenes de protección expedidas por los Tribunales sean inmediatamente enviadas por la Secretaría a la Comandancia de la Policía de la jurisdicción donde reside la parte peticionaria, al patrono de la parte peticionaria y a la compañía de seguridad a cargo del control de acceso de la residencia de la parte peticionaria.

(n) Fiscalizar y velar por el fiel cumplimiento de las funciones asignadas al centro de monitoreo para la vigilancia de personas imputadas de violar esta Ley, que se encuentren bajo supervisión electrónica. Esto incluye el poder tener un representante en dicho centro de monitoreo para garantizar el cumplimiento con los propósitos de la supervisión electrónica.

(o) Otorgar el visto bueno a todo licitador para la compra del equipo y dispositivos utilizados para la supervisión electrónica de las personas imputadas de violar esta Ley que se encuentren bajo supervisión electrónica, antes de la adjudicación de una subasta.

(Agosto 15, 1989, Núm. 54, art. 4.1; Enmendada en Abril 23, 2004, Núm. 96, art. 2, inciso (j); Agosto 17, 2012, Núm. 7, añade el inciso (m); Julio 10, 2018, Núm. 136, sec. 2, añade los incisos (n) y (o).)

Art. 4.2 Confidencialidad de comunicaciones. (8 L.P.R.A. sec. 652)

La Oficina de la Procuradora de las Mujeres tomará medidas para garantizar la confidencialidad de las comunicaciones y de la información que reciba de sus clientes en el curso de la prestación de servicios para prevenir e intervenir víctimas de violencia doméstica. Toda comunicación entre las personas atendidas en la Oficina de la Procuradora de las Mujeres y el personal de ésta será privilegiada y estará protegida por el privilegio de confidencialidad establecido en las Reglas de Evidencia de Puerto Rico. De igual forma, toda comunicación entre una víctima de violencia doméstica y cualquier otra entidad pública u organismo que presten servicios a las víctimas de violencia doméstica, gozará del mismo carácter de privilegiada y confidencial, en armonía con la Regla 26-A de las Reglas de Evidencia de Puerto Rico [32 LPRA Ap. IV]. y la Carta de Derechos de las Víctimas y Testigos de Delito.

(Agosto 15, 1989, Núm. 54, art. 4.2; Enmendada en el Abril 23, 2004, Núm. 96, art. 3; Julio 27, 2005, Núm. 30, art. 1.)

Artículo 4.3.-Registro de Direcciones Sustitutas. (8 L.P.R.A. sec. 653)

El Sistema de Información de Justicia Criminal integrará la creación de un Registro de Direcciones Sustitutas para Víctimas de Violencia Doméstica, con el propósito de establecer estrategias y proteger a estas víctimas, habilitando a las agencias e instrumentalidades gubernamentales para que puedan responder a toda solicitud de documentos públicos sin revelar la localización o dirección de una victima de violencia, con el fin de protegerla de su agresor.

Esta dirección sustituta será utilizada como dirección residencial, de trabajo o de escuela, según sea el caso del participante en el Registro o sus hijos, para el recibo de correspondencia que haya sido establecida por tamaño y peso máximo, según el reglamento establecido a esos fines. La dirección sustituta que sea asignada a una participante de este Registro no tendrá relación alguna con la dirección residencial real de la víctima de violencia doméstica.

La organización del Registro de Direcciones Sustitutas para Víctimas de Violencia Doméstica proveerá esta protección a cualquier persona que resida en Puerto Rico, independientemente de la dirección de origen y del estatus migratorio de dicha persona. Asimismo, extenderá tal protección en carácter recíproco para cualquier víctima de violencia doméstica que hubiera establecido su residencia en Puerto Rico o que por tal razón se haya mudado a otra jurisdicción. Para efectos de esta protección, las palabras "residencia", "residencial" y "resida" se entenderán en su acepción común y ordinaria.

En adición a la dirección sustituta, todas las demás direcciones de la víctima participante estarán sujetas a la confidencialidad de comunicaciones establecidas por esta Ley.

(Agosto 15, 1989, Núm. 54: Agosto 9, 2008, Núm. 221, art. 1, añade este nuevo artículo y redesigna el art. 4.3 como 4.4; Mayo 29, 2013, Núm. 23, art. 11, enmienda el tercer párrafo.)

Art. 4.4 Colaboración de agencias gubernamentales. (8 L.P.R.A. sec. 654)

Se autoriza a los departamentos, oficinas, negociados, comisiones, juntas, administraciones, consejos, corporaciones públicas y subsidiarias de éstas y demás agencias e instrumentalidades del Estado Libre Asociado de Puerto Rico a proveer al Sistema de Información de Justicia Criminal los servicios y recursos de apoyo necesarios para realizar y cumplir con los deberes y funciones que se le han asignado en esta Ley. Asimismo, se autoriza a estas entidades gubernamentales a brindar el apoyo necesario al Sistema de Información de Justicia Criminal. Tal facultad se ejercerá con sujeción a las disposiciones de ley que rijan dichas agencias públicas.

(Agosto 15, 1989, Núm. 54, art. 4.3; Abril 23, 2004, Núm. 96, art. 4; Agosto 9, 2008, Núm. 221, art. 1, lo redesigna como Art. 4.4 y art. 2, enmienda el mismo.)

ART. 5.0 DISPOSICIONES SUPLEMENTARIAS

Art. 5.1 Independencia de las acciones civiles. (8 L.P.R.A. sec. 661)

No se requerirá ni será necesario que las personas protegidas por esta Ley radiquen cargos criminales para poder solicitar y que se expida una orden de protección.

(Agosto 1989, Núm. 54, art. 5.1)

Art. 5.2 Salvedad constitucional. (8 L.P.R.A. sec. 662)

Si alguna disposición de las contenidas en esta Ley fuere declarada inconstitucional, dicha declaración de inconstitucionalidad no afectará las demás disposiciones del mismo.

(Agosto 1989, Núm. 54, art. 5.2)

Art. 5.3 Reglas para las acciones civiles y penales. (8 L.P.R.A. sec. 663)

Salvo que de otro modo se disponga en esta Ley, las disposiciones civiles establecidas en ésta se regirán por las Reglas de Procedimiento Civil de 2009, según enmendadas.

Asimismo, las acciones penales incoadas al amparo de las disposiciones del mismo que tipifican delitos se regirán por las Reglas de Procedimiento Criminal de 1963, según enmendadas, salvo que de otro modo se disponga en esta Ley.

En cualquier acción civil incoada bajo esta Ley, la parte peticionaria tendrá derecho, si así lo desea, a estar acompañada por un Intercesor o Intercesora, quien le brindará asistencia o apoyo al o a la peticionario(a) en las diferentes etapas del proceso, incluyendo la ayuda con los formularios necesarios para iniciar el mismo. El Tribunal autorizará que el Intercesor o Intercesora permanezca al lado de la parte peticionaria mientras ésta preste testimonio. El Intercesor o Intercesora no podrá dirigirse a la parte peticionaria sin autorización del Tribunal. Tampoco podrá interferir en la vista que se lleve a cabo ante el Tribunal. La participación de los Intercesores o Intercesoras consistirá en acompañar a la parte peticionaria a las vistas y proveerle apoyo emocional, así como la orientación y asistencia que sean necesarias durante el proceso judicial, sin incluir brindar asesoramiento ni representación legal.

En aquellas instancias en las que no sea posible contar con la asistencia de un Intercesor o Intercesora, o que la parte peticionaria no desee los servicios que éstos ofrecen, el Tribunal podrá autorizar la presencia de una persona de apoyo para que permanezca al lado del(de la) peticionario(a) mientras preste testimonio. Esta persona de apoyo se abstendrá de interferir en la vista que se lleve a cabo ante el Tribunal y su única función será la de acompañar a la parte peticionaria. Previo a que se autorice la presencia de la persona de apoyo, el Tribunal entrevistará a la parte peticionaria y se cerciorará que la presencia de la persona de apoyo redunda en el mejor interés de la parte peticionaria.

La petición de acompañamiento podrá ser solicitada a iniciativa del Ministerio Público o de la parte peticionaria. Una vez hecha la petición, el Tribunal resolverá la misma inmediatamente.

En las acciones penales que surjan bajo esta Ley, la víctima tendrá derecho, si así lo desea, a estar acompañada por un técnico de asistencia a víctimas y testigos asignado por el Departamento de Justicia, durante la vista de determinación de causa para el arresto del (de la) agresor(a) y la vista preliminar. De no estar disponible este personal, o de así desearlo la víctima, el Tribunal autorizará que pueda estar acompañada por un Intercesor o Intercesora.

El Tribunal autorizará que el técnico de asistencia a víctimas y testigos, Intercesor o Intercesora, permanezca al lado de la víctima mientras preste testimonio. El técnico de asistencia a víctimas y testigos, Intercesor o Intercesora no podrá dirigirse a la víctima sin autorización del Tribunal y tampoco podrá interferir en la vista que se lleve a cabo ante el Tribunal.

En aquellas instancias en las que no sea posible contar con la asistencia de un técnico de asistencia a víctimas y testigos, Intercesor o Intercesora, o que la víctima no desee los servicios que éstos ofrecen, el Tribunal podrá autorizar la presencia de_una persona de apoyo para que permanezca a su lado mientras preste testimonio. Esta persona se abstendrá de interferir en la vista que se lleve a cabo ante el Tribunal y su única función será la de acompañar a la víctima. Previo a que se autorice la presencia de la persona de apoyo, el Tribunal entrevistará a la parte peticionaria y se cerciorará que la presencia de la persona de apoyo redunda en el mejor interés de la parte peticionaria.

Durante la etapa de juicio, este personal permanecerá en sala en aquellos casos que no funja como testigo. De ser necesario, el Tribunal podrá conceder tiempo para que la víctima sea asistida por este personal. En los casos de juicio por jurado, el Tribunal deberá impartir instrucciones especiales para aclarar las funciones del técnico de asistencia a víctimas y testigos, Intercesor o Intercesora, o persona de apoyo, enfatizando en el hecho de que su presencia tiene el propósito de facilitar la declaración de la víctima y no de influenciar a favor de su credibilidad.

Podrá fungir como personal de apoyo cualquier persona mayor de edad que escoja la víctima, sea un familiar o no. Podrá fungir como Intercesor o Intercesora toda persona que cuente con los adiestramientos o estudios acreditados en el área de consejería, orientación, psicología, trabajo social o intercesión legal y que esté certificada por la Oficina de la Procuradora de las Mujeres.

Será responsabilidad de la Oficina de la Procuradora de las Mujeres brindar el asesoramiento técnico especializado para la certificación de los Intercesores o Intercesoras y la responsabilidad de velar por el fiel cumplimiento de la misma.

(Agosto 15, 1989, Núm. 54, art. 5.3; Mayo 29, 2013, Núm. 23, art. 11, enmienda el primer párrafo; Abril 3, 2017, Núm. 18, art. 3, enmienda este articulo en términos generales.)

Art. 5.4 Formularios. (8 L.P.R.A. sec. 664)

Los formularios que deben proveer las secretarías de los tribunales de justicia a las personas que soliciten una orden de protección deberán diseñarse en forma tal que sustancialmente pueda consignarse o declararse la información, circunstancias y datos que contienen los modelos identificados como I, II y III. No obstante, la Oficina de la Administración de los Tribunales podrá modificarlos cuando lo entienda conveniente para lograr los propósitos de esta Ley.

Nota: Los formularios y otros escritos jurídicos los puede buscar en www.FormuPlus.com

FORMULARIO IV

ORIENTACION A VICTIMAS DE VIOLENCIA DOMESTICA

Si su esposo o esposa, ex esposo o ex esposa, la persona con quien usted cohabita o ha cohabitado, o la persona con quien usted sostiene o ha sostenido una relación consensual, o la persona con quien usted ha procreado una hija o un hijo, le ha golpeado, amenazado, intimidado, o privado de su libertad, o le ha expuesto a sufrir grave daño físico o emocional, o le ha obligado a incurrir en conducta sexual no deseada, usted puede acudir al cuartel de la Policía y pedir que se radique una denuncia contra quien le agredió o maltrató.

Usted también puede acudir sin asistencia de abogado o de abogada a cualquier juez y solicitar una orden que le provea los siguientes remedios:

1. Que se ordene al agresor o a la agresora abstenerse de volver a maltratarle, intimidarle o amenazarle.

2. Que se ordene al agresor o a la agresora desalojar la vivienda que comparte con usted.

3. Que se prohíba al agresor o a la agresora entrar a su residencia, escuela, negocio o lugar de trabajo, y sus alrededores.

4. Que se le otorgue a usted la custodia de sus hijos menores de edad.

5. Que se le permita a usted entrar a su hogar a buscar sus pertenencias personales o al lugar donde éstas se encuentren y se ordene a la Policía a acompañarla/o en todo momento.

6. Que se prohíba al/a agresor/a molestar, intimidar o intervenir de cualquier otra forma con sus hijos menores de edad, u otro miembro de su núcleo familiar.

7. Que se ordene al/a agresor/a pagar una pensión alimenticia para sus hijos menores de edad y/o para usted, cuando tiene la obligación legal de así hacerlo.

8. Que se ordene al/a agresor/a abstenerse de merodear los alrededores de su hogar, lugar de trabajo o lugar de estudio.

NOTA: Copia de la Orden de Protección emitida por una Juez deberá entregarse al cuartel de su jurisdicción.

También puede usted, si está casado o casada con el agresor o la agresora, radicar una demanda de divorcio en la Sala de Relaciones de Familia del Tribunal Superior y solicitar las mismas medidas señaladas anteriormente. Si tiene hijos con el agresor o con la agresora aunque no esté casado con éste o ésta puede radicar una reclamación de pensión alimenticia y custodia.

Para obtener más información sobre sus derechos y sobre servicios de albergue y consejería, puede comunicarse con: _____.

(Agosto 15, 1989, Núm. 54, art. 5.4; Septiembre 29, 2004, Núm. 538, art. 3, adiciona el Formulario II y renumera los Formularios II y III como Formularios III y IV.)

Art. 5.5 Exposición de motivos y Asignaciones de fondos. (8 L.P.R.A. sec. omitida)

Durante el año fiscal 1989/x-90 se asigna, de fondos no comprometidos en el Tesoro Estatal, la suma de doscientos cincuenta mil (250,000) dólares a las agencias y para cumplir los fines que a continuación se indican:

"(a) Comisión para los Asuntos de la Mujer para cumplir con las funciones funciones delegadas en esta ley: $235,000

"(b) Oficina de la Administración de los Tribunales para producción y distribución de los formularios requeridos por esta ley: 15,000

"En años subsiguientes los fondos necesarios para que las agencias antes señaladas cumplan con las funciones que se les asignan en esta ley se consignarán en la partida correspondiente a cada una de las mismas en la Resolución Conjunta del Presupuesto General del Estado Libre Asociado de Puerto Rico.

"Los fondos asignados en esta Ley a la Comisión para los Asuntos de la Mujer podrán parearse con cualesquiera otros fondos del Estado Libre Asociado de Puerto Rico, sus agencias y municipios o del Gobierno de los Estados Unidos, así como con donativos de personas y entidades privadas.

(Agosto 1989, Núm. 54, art. 5.5)

Ley para la Implantación de un Protocolo para Manejar Situaciones de Violencia Doméstica en Lugares de Trabajo o empleo.

Ley Núm. 217 de 29 de septiembre de 2006

Artículo 1.- [Protocolo]

Se requiere la promulgación e implantación de un Protocolo para Manejar Situaciones de Violencia Doméstica en lugares de trabajo o empleo, en reconocimiento y armonía a la política pública del Gobierno de Puerto Rico, conforme a la Ley Núm. 54 de 15 de agosto de 1989, según enmendada, conocida como la "Ley para la Prevención e Intervención con la Violencia Doméstica".

(Septiembre 29, 2006, Núm. 217, art. 1.)

Artículo 2.- [Responsabilidad]

Es responsabilidad de toda agencia, departamento, oficina o lugar de trabajo del Gobierno del Estado Libre Asociado de Puerto Rico y del sector privado cumplir con el requisito de establecer e implantar un Protocolo para Manejar Situaciones de Violencia Doméstica en el lugar de trabajo, el cual deberá incluir los siguientes requisitos mínimos: declaración de política pública, base legal y aplicabilidad, responsabilidad del personal, y procedimiento y medidas uniformes a seguir en el manejo de casos.

(Septiembre 29, 2006, Núm. 217, art. 2.)

Artículo 3.- [Asesoramiento]

La Oficina de la Procuradora de las Mujeres brindará el asesoramiento técnico necesario para la elaboración e implantación de estos Protocolos para Manejar Situaciones de Violencia Doméstica, y el Departamento del Trabajo y Recursos Humanos tendrá la responsabilidad de velar por el fiel cumplimiento de los mismos.

(Septiembre 29, 2006, Núm. 217, art. 3.)

Artículo 4.- [Vigencia]

Esta Ley comenzará a regir inmediatamente después de su aprobación.

(Septiembre 29, 2006, Núm. 217, art. 4.)

Ley para desarrollar y establecer el "Programa de Protección y Prevención de Violencia Doméstica para Mujeres de Nacionalidad Extranjera Residentes en Puerto Rico".

Ley Núm. 47 de 22 de enero de 2018

Artículo 1.- [Orden para Establecer Programa]

Se ordena a la Oficina de la Procuradora de las Mujeres, en coordinación con el Departamento de Estado del Gobierno de Puerto Rico establecer el "Programa de protección y prevención de violencia doméstica para mujeres de nacionalidad extranjera residentes en Puerto Rico" a través de la implementación de campañas educativas a esos fines.

(Enero 22, 2018, Núm. 47, art. 1.)

Artículo 2.- [Reglamentación]

La Procuradora de las Mujeres, en coordinación con el Secretario del Departamento de Estado, promulgará aquellos reglamentos que sean necesarios para hacer cumplir e implantar las disposiciones y los propósitos de esta Ley.

(Enero 22, 2018, Núm. 47, art. 2.)

Artículo 3.- [Propuestas para Aportaciones y Donativos]

Se autoriza a la Oficina de la Procuradora de las Mujeres a solicitar, aceptar, recibir, preparar y someter propuestas para aportaciones y donativos de recursos de fuentes públicas y privadas a los fines de cumplir con las disposiciones de esta Ley, así como a parear cualesquiera fondos asignados para estos fines en presupuestos futuros con aportaciones federales, estatales, municipales o del sector privado.

(Enero 22, 2018, Núm. 47, art. 3.)

Artículo 4.- [Vigencia]

Esta Ley comenzará a regir inmediatamente después de su aprobación.

(Enero 22, 2018, Núm. 47, art. 4.)

Ley Contra el Acecho en Puerto Rico
Ley Núm. 284 de 21 de Agosto de 1999, según enmendada

Artículo 1.-Título de la Ley. (33 L.P.R.A. 4013 et. seq.)

Esta Ley se conocerá como "Ley contra el Acecho en Puerto Rico".

(Agosto 21, 1999, Núm. 284, art. 1, efectiva 90 días después de su aprobación.)

Artículo 2.- Política Pública.

Mediante la presente legislación se reafirma la política pública del Gobierno de Puerto Rico de luchar contra cualquier tipo de manifestación de violencia que atente contra los valores de paz, seguridad, dignidad y respeto que se quieren mantener para nuestra sociedad.

La violencia puede manifestarse mediante actos de acecho, que induzcan temor en el ánimo de una persona prudente y razonable de sufrir algún daño físico en su persona, sus bienes o en la persona de un miembro de su familia. El propósito de esta Ley es crear los mecanismos necesarios para criminalizar, penalizar y permitir la oportuna intervención de la policía ante tales actos para proteger debidamente a personas que son víctimas de acecho, evitando posibles daños a su persona, sus bienes o a miembros de su familia.

(Agosto 21, 1999, Núm. 284, art. 2, efectiva 90 días después de su aprobación.)

Artículo 3.- Definiciones.- (33 L.P.R.A. sec. 4013)

A los efectos de esta Ley, los siguientes términos tendrán el significado que se expresa a continuación:

(a) "Acecho"- significa una conducta mediante la cual se ejerce una vigilancia sobre determinada persona; se envían comunicaciones verbales o escritas no deseadas a una determinada persona, se realizan amenazas escritas, verbales o implícitas a determinada persona, se efectúan actos de vandalismo dirigidos a determinada persona, se hostiga repetidamente mediante palabras, gestos o acciones dirigidas a intimidar, amenazar o perseguir a la víctima o a miembros de su familia.

(b) "Patrón de conducta persistente" significa realizar en dos (2) o más ocasiones actos que evidencian el propósito intencional de intimidar a determinada persona o a miembros de su familia.

(c) "Familia" significa:

1. cónyuge, hijo, hija, padre, madre, abuelo, abuela, nieto, nieta, hermano, hermana, tío, tía, sobrino, sobrina, primo, prima de la víctima; u otro pariente por consanguinidad o afinidad que forme parte del núcleo familiar;

2. persona que viva o que haya vivido previamente con la víctima en una relación de pareja; o que haya tenido alguna relación de cortejo o noviazgo;

3. persona que resida o haya residido en la misma vivienda que la víctima, por lo menos seis (6) meses antes de que se manifestaren los actos constitutivos de acecho;

(d) "Empleado o empleada"-significa toda persona que brinde servicio a cualquier persona, sociedad o corporación que emplee a una o más personas bajo cualquier contrato de servicios expreso o implícito, oral o escrito, incluyéndose, entre estas, expresamente a aquellos o aquellas cuya labor fuere de carácter accidental.

(e) "Patrono"-significa toda persona natural o jurídica que utilice los servicios de una o varias personas en carácter de empleados, obreros o trabajadores, así como toda persona natural o jurídica que actúe en carácter de jefe, funcionario gerencial, oficial, gestor, administrador, superintendente, gerente, capataz, mayordomo, agente o representante de dicha persona natural o jurídica.

(f) "Intimidar"- significa toda acción o palabra que manifestada repetidamente infunda temor en el ánimo de una persona prudente y razonable a los efectos de que ella, o cualquier miembro de su familia pueda sufrir daños, en su persona o en sus bienes, y/o ejercer presión moral sobre el ánimo de ésta para llevar a cabo un acto contrario a su voluntad.

(g) "Orden de Protección-" significa todo mandato expedido por escrito bajo el sello de un tribunal mediante el cual se dictan las medidas a un ofensor para que se abstenga de incurrir o llevar a cabo determinados actos constitutivos de acecho.

(h) "Parte Peticionada"- significa toda persona contra la cual se solicita una orden de protección.

(i) "Parte Peticionaria"- significa toda persona que solicita una orden de protección.

(j) "Tribunal"- significa el Tribunal de Primera Instancia del Tribunal General de Justicia.

(k) "Agente del Orden Público"- significa cualquier miembro u oficial de la Policía de Puerto Rico; o un policía municipal debidamente adiestrado y acreditado por la Policía de Puerto Rico.

(Agosto 21, 1999, Núm. 284, art. 3, efectiva 90 días después de su aprobación, Septiembre 8, 2000, Núm. 394, art. 1, enmienda los incisos (a) y (b); Julio 30, 2016, Núm. 99, sec. 1, añade los incisos (d) y (e) y renumera los siguientes, efectivo 90 días después de su aprobación.)

Artículo 4.- Conducta Delictiva; Penalidades.- (33 L.P.R.A. sec. 4014)

(a) Toda persona que intencionalmente manifieste un patrón constante o repetitivo de conducta de acecho dirigido a intimidar a una determinada persona a los efectos de que ella, o cualquier miembro de su familia podría sufrir daños, en su persona o en sus bienes; o que mantenga dicho patrón de conducta a sabiendas de que determinada persona razonablemente podría sentirse intimidada incurrirá en delito menos grave.

El Tribunal podrá imponer la pena de restitución, además de la pena de reclusión establecida.

(b) Se incurrirá en delito grave y se impondrá pena de reclusión por un término fijo de tres (3) años si se incurriere en acecho, según tipificado en esta Ley, mediando una o más de las circunstancias siguientes:

1. Se penetrare en la morada, o en el lugar de empleo, de determinada persona o de cualquier miembro de su familia, infundiendo temor de sufrir daño físico o ejercer presión moral sobre el ánimo de esta para llevar a cabo un acto contrario a su voluntad; o

2. Se infrigiere grave daño corporal a determinada persona o miembro de su familia; o

3. Se cometiere con arma mortífera en circunstancias que no revistiesen la intención de matar o mutilar; o

4. Se cometiere luego de mediar una orden de protección contra el ofensor, expedida en auxilio de la víctima del acecho o de otra persona también acechada por el ofensor; o

5. Se cometiere un acto de vandalismo que destruya propiedad en los lugares inmediatos o relativamente cercanos al hogar, residencia, escuela, trabajo o vehículo de determinada persona o miembro de su familia; o

6. Se cometiere por una persona adulta contra un o una menor; o
7. Se cometiere contra una mujer embarazada.

8. Se cometiere contra una persona con la que se sostiene una relación afectiva o intrafamiliar de convivencia domiciliaria en la que no haya existido una relación de pareja, según definida por la Ley Núm. 54 del 15 de agosto de 1989, según enmendada.

El Tribunal podrá imponer la pena de restitución, además de la pena de reclusión establecida. El proceso y castigo de cualquier persona por el delito definido y castigado en esta Ley no impedirá el proceso y castigo de la misma persona por cualquier otro acto u omisión en violación de cualquiera de las demás disposiciones de esta Ley o de cualquier otra ley.

(Agosto 21, 1999, Núm. 284, art. 4; Septiembre 8, 2000, Núm. 394, art. 2, enmienda el inciso (a); septiembre 16, 2004, Núm. 376, art. 1, efectiva el día 1 de mayo de 2005 cuando entre en vigor el nuevo Código Penal de 2004; Mayo 29, 2013, Núm. 23, art. 13, enmienda el inciso (a) y añade el inciso (b)(8); Julio 30, 2016, Núm. 99, sec. 2, enmienda inciso (b)(1), efectivo 90 días después de su aprobación.)

Artículo 5.- Expedición de órdenes de protección.- (33 L.P.R.A. sec. 4015)

(a) Cualquier persona que haya sido víctima de acecho, o conducta constitutiva del delito tipificado en esta Ley, en el "Código Penal del Estado Libre Asociado de Puerto Rico", o en cualquier otra ley especial, podrá presentar por sí, por conducto de su representante legal, o por un agente del orden público, una petición en el Tribunal solicitando una orden de protección, sin que sea necesario la presentación previa de una denuncia o acusación.

(b) Un patrono podrá solicitar una orden de protección a favor de un empleado o empleada si: (1) dicho empleado o empleada es o ha sido víctima de acecho o de conducta constitutiva de delito según tipificado en esta Ley; y (2) los actos constitutivos de acecho han ocurrido en el lugar de trabajo de dicho empleado o empleada o en las inmediaciones de dicho lugar de trabajo. Antes de iniciar este procedimiento, el patrono deberá notificar de su intención de solicitar la orden de protección a la empleada o empleado que es o ha sido víctima de acecho o de conducta constitutiva de delito según tipificado en esta Ley.

(c) Cuando el tribunal determine que existen motivos suficientes para creer lo que la parte peticionaria ha sido víctima de acecho, podrá emitir una orden de protección y ordenará a la parte peticionada entregar a la Policía de Puerto Rico para su custodia, bien sea con carácter temporero, indefinido o permanente, cualquier arma de fuego sobre la cual se le haya expedido una licencia de tener o poseer de portación y tiro al blanco o ambas, según fuere el caso, ordenará la suspensión de la licencia de armas del querellado bajo los mismos términos. Dicha orden podrá incluir, además, sin que se entienda una limitación, lo siguiente:

1. Ordenar a la parte peticionada abstenerse de molestar, hostigar, perseguir, intimidar, amenazar, o de cualesquiera otras formas constitutivas bajo esta Ley de acecho, dirigidas a la parte peticionada.

2. Ordenar a la parte peticionada abstenerse de penetrar en cualquier lugar donde se encuentre la parte peticionaria, cuando a discreción del Tribunal dicha limitación resulte necesaria para prevenir que la parte peticionada moleste, intimide, amenace o de cualquier otra forma aceche y/o interfiera con la parte peticionaria y/o un miembro de su familia.

3. Ordenar a la parte peticionada pagar una indemnización económica por los daños que fueren causados por la conducta constitutiva de acecho. Dicha

indemnización podrá incluir, pero no estará limitada a, compensación por gastos de mudanza, gastos por reparaciones a la propiedad, gastos legales, gastos médicos y siquiátricos, gastos de sicólogos y de consejería, orientación, alojamiento, y otros similares, sin perjuicio de otras acciones civiles a las que tenga derecho la parte peticionaria.

5. Ordenar a la parte peticionada a desalojar la residencia que comparte con la parte peticionaria, independientemente del derecho que reclame sobre la misma; disponer sobre cualquier medida provisional respecto a la posesión y uso de la residencia de la que se haya ordenado el desalojo y los bienes muebles que se encuentren en esta; ordenar al dueño o encargado de un establecimiento residencial del que se haya ordenado el desalojo a tomar las medidas necesarias para que no se viole la orden emitida por el tribunal; y, emitir cualquier orden necesaria para dar cumplimiento a los propósitos y política pública de esta Ley.

(d) Cualquier Juez o Jueza del Tribunal de Primera Instancia podrá dictar una orden de protección conforme a esta Ley. Toda orden de protección podrá ser revisada, en los casos apropiados en el Tribunal de Circuito de Apelaciones.

(e) Cualquier persona podrá solicitar los remedios civiles que establece esta Ley para sí, o a favor de cualquier otra persona cuando ésta sufra de incapacidad física o mental, en caso de emergencia o cuando la persona se encuentre impedida de solicitarla por sí misma.

(Agosto 21, 1999, Núm. 284, art. 5; septiembre 16, 2004, Núm. 376, art. 2, efectiva el día 1 de mayo de 2005 cuando entre en vigor el nuevo Código Penal de 2004; Septiembre 29, 2004, Núm. 542, arts. 2 y 3, enmienda el párrafo introductorio del apartado (b) y se elimina el inciso (4) y renumera el inciso (5) como (4); Mayo 29, 2013, Núm. 23, art. 14, enmienda el inciso (b)(5); Julio 30, 2016, sec. 3, añade un nuevo inciso (b) y renumera los siguientes, efectivo 90 días después de su aprobación.)

Artículo 6.- Procedimiento para la Expedición de Ordenes de Protección.- (33 L.P.R.A. sec. 4016)

(a) El procedimiento para obtener una orden de protección se podrá comenzar mediante la presentación de una petición verbal o escrita; o dentro de cualquier caso pendiente entre las partes; o a solicitud del Ministerio Fiscal en un procedimiento penal, o como una condición para disfrutar de sentencia suspendida o de libertad condicional.

(b) Para facilitar a las personas interesadas el trámite de obtener una orden de protección bajo esta Ley, la Oficina de Administración de los Tribunales tendrá disponible en la Secretaría de los Tribunales de Puerto Rico formularios para solicitar y tramitar dicha orden. Asimismo, proveerá la ayuda y orientación necesaria para cumplimentarlos y presentarlos.

(c) Una vez presentada una petición de orden de protección, de acuerdo a lo dispuesto en esta Ley, el tribunal expedirá una citación a las partes bajo apercibimiento de desacato, para una comparecencia dentro de un término que no excederá de cinco (5) días. La notificación de las citaciones y copia de la petición se hará conforme a las Reglas de Procedimiento Civil de Puerto Rico de 2009, según enmendadas, y será diligenciada por un alguacil del tribunal o por cualquier otro oficial del orden público, a la brevedad posible, y tomará preferencia sobre otro tipo de citación, excepto aquellas de similar naturaleza. El tribunal mantendrá un expediente para cada caso en el cual se anotará toda la citación emitida al amparo de esta Ley.

(d) La incomparecencia de una persona debidamente citada al amparo de esta Ley será condenable como desacato criminal al Tribunal que expidió la citación.

(e) Cuando la petición sea presentada, la notificación de la misma se efectuará conforme a lo establecido en las Reglas de Procedimiento Civil de Puerto Rico de 2009, según enmendadas. A solicitud de la parte peticionaria, el tribunal podrá ordenar que la entrega de la citación se efectúe por cualquier persona mayor de dieciocho (18) años de edad que no sea parte ni tenga interés en el caso.

(Agosto 21, 1999, Núm. 284, art. 6, efectiva 90 días después de su aprobación; Julio 30, 2016, Núm. 99, sec. 4, enmienda inciso (c) y (e), efectivo 90 días después de su aprobación.)

Artículo 7.- Ordenes Ex Parte.- (33 L.P.R.A. sec. 4017)

El Tribunal podrá emitir una orden de protección de forma ex parte, si determina que:

(a) Se han hecho las gestiones de forma diligente para notificar a la parte peticionada con copia de la citación expedida por el Tribunal y de la petición que se ha presentado ante el Tribunal y no se ha tenido éxito;

(b) o existe la probabilidad de que dar la notificación previa a la parte peticionada provocará el daño irreparable que se intenta prevenir al solicitar la orden de protección;

(c) o cuando la parte peticionaria demuestre que existe una probabilidad sustancial de un riesgo inmediato a la seguridad del peticionario y/o a algún miembro de su familia.

Siempre que el Tribunal expida una orden de protección de manera ex parte, lo hará con carácter provisional. Notificará inmediatamente a la parte peticionada con copia de la misma o de cuaquier otra forma y le brindará una oportunidad para oponerse a ésta. A esos efectos señalará una vista a celebrarse dentro de los próximos cinco (5) días de haberse expedido dicha orden ex parte, salvo que la parte peticionaria solicite prórroga a tal efecto. Durante esta vista el Tribunal podrá dejar sin efecto la orden o extender los efectos de la misma por el término que estime necesario.

(Agosto 21, 1999, Núm. 284, art. 7, efectiva 90 días después de su aprobación)

Artículo 8.- Contenido de las Ordenes de Protección.- (33 L.P.R.A. sec. 4018)

(a) Toda orden de protección deberá establecer específicamente las órdenes emitidas por el Tribunal, los remedios ordenados y el período de su vigencia.

(b) Toda orden de protección deberá establecer la fecha y hora en que fue expedida y notificar específicamente a las partes de que cualquier violación a la misma constituirá desacato al Tribunal.

(c) Cualquier orden de protección de naturaleza *ex parte* deberá incluir la fecha y hora de su emisión y deberá indicar la fecha, tiempo y lugar en que se celebrará la vista para la extensión o anulación de la misma y las razones por las cuales fue necesario expedir dicha orden *ex parte*.

Toda orden de protección expedida por un Tribunal se hará constar en un formulario sustancialmente igual en contenido al que se incorpora como guía directiva en esta Ley.

(d) Toda orden de protección deberá satisfacer las disposiciones establecidas por las secciones 2261, 2261A, 2262 y 2265 del Violence Against Women Act (V.A.W.A.), Title IV, P.L. 103-322 del Violent Crime Control and Law Enforcement Act, incluyendo los requisitos sobre el debido proceso de ley para la parte peticionada. Toda orden de protección deberá establecer que tendrá vigor en cualquier jurisdicción de los Estados Unidos; que una violación a la misma puede resultar en un arresto en cualquier jurisdicción de los Estados Unidos y que será incluida en el Registro de Ordenes de Protección.

(Agosto 21, 1999, Núm. 284, art. 8, efectiva 90 días después de su aprobación; 2000, Núm. 394, añade Inciso (d).)

Artículo 9.- Notificación a las Partes y a las Agencias del Orden Público.- (33 L.P.R.A. sec. 4019)

(a) Copia de toda orden de protección deberá ser archivada en la Secretaría del Tribunal que la expide. La Secretaría del Tribunal proveerá copia de la misma, a petición de las partes o de cualesquiera persona(s) interesada(s).

(b) Cualquier orden expedida al amparo de esta Ley deberá ser notificada personalmente a la parte peticionada, ya sea a través de un alguacil del

Tribunal, un oficial del orden público, o cualquier persona mayor de dieciocho (18) años que no sea parte ni tenga interés en el caso de acuerdo al procedimiento establecido en las Reglas de Procedimiento Civil de Puerto Rico, según enmendadas.

(c) La Secretaría del Tribunal enviará copia de las órdenes expedidas al amparo de esta Ley a la dependencia de la Policía encargada de mantener un expediente de las órdenes de protección expedidas.

(d) La Policía de Puerto Rico ofrecerá protección adecuada a la parte en cuyo beneficio se expida una orden de protección.

(Agosto 21, 1999, Núm. 284, art. 9, efectiva 90 días después de su aprobación.)

Artículo 10.- Incumplimiento de Ordenes de Protección.- (33 L.P.R.A. sec. 4020)

Cualquier violación a sabiendas de una orden de protección, expedida de conformidad con esta Ley, será castigada como delito menos grave; esto sin menoscabar su responsabilidad criminal bajo el Artículo 4 (b)(1) de esta Ley o cualquier otra ley penal y constituirá desacato al Tribunal, lo que podría resultar en pena de cárcel, multa o ambas penas.

No obstante lo dispuesto por la Regla 11 de las Reglas de Procedimiento Criminal, según enmendada, Ap. II del Título 34, aunque no mediare una orden a esos efectos todo oficial del orden público deberá efectuar un arresto, si se le presenta una orden de protección expedida al amparo de esta Ley o de una ley similar contra la persona a ser arrestada, o si determina que existe dicha orden mediante comunicación con las autoridades pertinentes y tiene motivos fundados para creer que se han violado las disposiciones de la misma.

(Agosto 21, 1999, Núm. 284, art. 10, efectiva 90 días después de su aprobación.)

Artículo 11.- Deber de Efectuar Arresto al Presentar Orden de Protección.- (33 L.P.R.A. sec. 4021)

Todo oficial del orden público deberá efectuar un arresto si se le presenta una orden de protección expedida al amparo de esta Ley o de una ley similar contra la persona a ser arrestada, o si determina que existe dicha orden mediante comunicación con las autoridades pertinentes y tiene motivos fundados para creer que se han violado las disposiciones de la misma.

(Agosto 21, 1999, Núm. 284, art. 11, efectiva 90 días después de su aprobación.)

Artículo 12.- Preparación de Informes.- (33 L.P.R.A. sec. 4022)

Siempre que un oficial del orden público intervenga en un incidente que pueda clasificarse como un acto de acecho, deberá preparar un informe escrito sobre el mismo. Dicho informe incluirá las alegaciones de las personas involucradas y los testigos, el tipo de investigación realizada y la forma en que se dispuso del incidente.

En dicho informe, el oficial del orden público incluirá cualquier manifestación de la víctima en cuanto a la frecuencia y severidad de incidentes de acecho anteriores y sobre el número de veces que ha acudido a la Policía o ante cualquier entidad privada, pública o persona particular para reclamar ayuda.

Este informe deberá ser preparado para toda intervención aunque no se presenten los cargos criminales contra la alegada persona ofensora. Los mismos se mantendrán separados de informes sobre otra naturaleza, salvo si son relacionados a casos de violencia doméstica.

El Superintendente de la Policía deberá establecer un sistema de recopilación de información que permita mantener copia de cada informe de intervención en el cuartel donde se genere y que facilite la recopilación centralizada de los mismos en la División de Estadísticas de la Policía de Puerto Rico.

La División de Estadísticas de la Policía de Puerto Rico recibirá mensualmente copia de todo informe de intervención preparado al amparo de este Artículo, recopilará la información contenida en los mismos y preparará anualmente un informe estadístico público sobre los incidentes de acecho en Puerto Rico.

El Superintendente de la Policía establecerá las normas para garantizar la confidencialidad en torno a la identidad de las personas involucradas en los incidentes de acecho.

(Agosto 21, 1999, Núm. 284, art. 12, efectiva 90 días después de su aprobación.)

Artículo 13.- Independencia de las Acciones Civiles.- (33 L.P.R.A. sec. 4023)

No se requerirá ni será necesario que las personas protegidas en esta Ley presenten casos criminales para poder solicitar y que se expida una orden de protección.

(Agosto 21, 1999, Núm. 284, art. 13, efectiva 90 días después de su aprobación.)

Artículo 14.- Reglas para las Acciones Civiles y Penales.- (33 L.P.R.A. sec. 4024)

Salvo que de otro modo se disponga en esta Ley, las acciones civiles incoadas al amparo de las disposiciones de ésta se regirán por las Reglas de Procedimiento Civil de Puerto Rico de 2009, según enmendadas. Asimismo, las acciones penales incoadas al amparo de las disposiciones de esta Ley se regirán por las Reglas de Procedimiento Criminal de 1963, según enmendadas, salvo que de otro modo se disponga en esta Ley.

(Agosto 21, 1999, Núm. 284, art. 14, efectiva 90 días después de su aprobación; Julio 30, 2016, Núm. 99, sec. 5, enmienda primera oración, efectivo 90 días después de su aprobación.)

Artículo 15.- Disposiciones sobre Fianza; Libertad Condicional, Permisos a Confinados para salir de Instituciones y otros.- (33 L.P.R.A. sec. 4025)

(a) Fianza - Cuando una persona sea acusada por violación a las disposiciones de esta Ley o cuando al momento de la alegada violación estuviere sujeta a los términos de una orden de protección, expedida de conformidad con esta Ley, o cualquier otra ley similar, o hubiere sido convicta previamente de o hubiere hecho alegación de culpabilidad por violación a las disposiciones de esta Ley o de violación a cualquier otra disposición legal similar, antes de señalar la fianza, además de lo dispuesto por la Regla 218 de las Reglas de Procedimiento Criminal de Puerto Rico de 1963, según enmendadas, el Tribunal deberá considerar al imponer la fianza si la persona tiene historial de haber violado órdenes de un tribunal o de una agencia gubernamental.

(b) Condiciones para libertad bajo fianza - El Tribunal podrá imponer al acusado condiciones a la fianza, y deberá tomar en consideración si la persona cuenta con un historial de violencia doméstica o un historial de actos violentos y si la persona representa una amenaza potencial para la víctima del delito o para cualquier persona. Además de lo dispuesto en la Regla 218 de las Reglas de Procedimiento Criminal de Puerto Rico de 1963, según enmendadas, el Tribunal podrá imponer las siguientes condiciones:

1. Evitar todo contacto directo o indirecto con la víctima de los alegados actos constitutivos de acecho y/o con los familiares de ésta.

2. Evitar todo contacto con las personas que le brinden albergue a la víctima.

3. Abstenerse de intimidar o presionar personalmente, o a través de comunicación telefónica, o de otro tipo mediante la intervención de terceros, a la víctima o a los testigos para que no testifiquen o para que retiren los cargos criminales presentados en su contra.

(c) Permisos a confinados para salir de las instituciones y libertad bajo palabra - Además de lo establecido en la Ley Núm. 116 de 22 de julio de 1974, según enmendada, y en cualquier otra ley o reglamento al efecto, el Administrador de Corrección o la Junta de Libertad bajo Palabra al hacer determinaciones sobre la concesión de permisos para salir de las instituciones penales o centros de tratamiento públicos o privados, o al conceder libertad bajo palabra a confinados convictos por violación a las disposiciones de esta Ley, deberá tomar en consideración las siguientes circunstancias:

1. Si la persona cuenta con un historial de violencia doméstica, o un historial de comisión de otros actos violentos.

2. Si la persona tiene historial de haber violado órdenes de un tribunal o de una agencia gubernamental.

3. Si la persona representa una amenaza potencial para cualquier otra persona.

4. La opinión de la persona perjudicada o de las personas que testificaron en el caso y cualquier otra circunstancia que estime pertinente.

(d) Clemencia Ejecutiva o Indulto - Al considerar la solicitud de clemencia ejecutiva o indulto de una persona convicta por el delito constitutivo de acecho, la Junta de Libertad bajo Palabra deberá notificar a la parte perjudicada y a las personas que testificaron para proveerles la oportunidad de ser escuchadas.

(e) Antes de que cualquier persona pueda ser puesta en libertad bajo las disposiciones de esta Ley, el Tribunal, la Junta de Libertad bajo Palabra, la Administración de Corrección y/o el Ejecutivo deberán notificarlo a la víctima o parte perjudicada con suficiente antelación para que ésta pueda tomar las medidas necesarias para garantizar su seguridad.

(Agosto 21, 1999, Núm. 284, art. 15, efectiva 90 días después de su aprobación.)

Artículo 16.- Formularios.- (33 L.P.R.A. sec. 4026)

Los formularios que proveerán las secretarías de los tribunales de justicia a las personas que soliciten una orden de protección deberán diseñarse en forma tal que pueda consignarse o declararse la información, circunstancias y datos que contienen los modelos aquí incluidos. Dichos formularios deberán estar disponibles en español e inglés para cumplir con las disposiciones establecidas por las secciones 2261, 2261A, 2262 y 2265 del Violence Against Women Act (V.A.W.A.), Title IV, P.L. 103-322 del Violent Crime Control and Law Enforcement Act. No obstante, la Oficina de la Administración de los Tribunales podrá modificar dichos formularios cuando lo entienda conveniente para lograr los propósitos de esta Ley.

(Agosto 21, 1999, Núm. 284, art. 16, efectiva 90 días después de su aprobación; Septiembre 8, 2000, Núm. 394, art. 4, enmienda el primer párrafo.)

Artículo 16 (A) –Asistencia Servicio Telefónico Celular.- (33 L.P.R.A. sec. 4026-A)

Toda compañía proveedora de servicio telefónico celular transferirá sin ningún costo adicional la responsabilidad, control y cambio del número telefónico, así como el número o números de teléfonos celulares de cualquier menor bajo la custodia de la persona a la que se le haya expedido a su favor una Orden de Protección. Las partes peticionarias a las cuales se les expida la Orden de Protección, tendrán que solicitar de forma voluntaria que el Tribunal de Primera Instancia les provea además una Orden de Cambio en Control Sobre Número Telefónico. Esta Orden de Cambio en

Control Sobre Número Telefónico tendrá una validez de treinta (30) días para su ejecución, y será entregada por el Tribunal en total conocimiento de los peticionarios sobre las posibles consecuencias a corto y mediano plazo de solicitar el cambio en control sobre número telefónico.

La Orden de Cambio en Control Sobre Número Telefónico deberá contener:

a. El nombre y número de teléfono del victimario, dueño de la cuenta bajo la cual está asignado el número de teléfono de la víctima.

b. El nombre e información contacto de la víctima que asumirá responsabilidad sobre el número telefónico o números telefónicos y cambios.

c. El número o números de teléfono, de cada teléfono a transferirse a favor de la víctima.

d. La solicitud de la víctima de obtener un nuevo número telefónico a cada teléfono a transferirse a favor de la víctima, si así lo desea.

Las compañías proveedoras de servicio telefónico celular, cambiarán la responsabilidad, control y cambio sobre el o los números telefónicos en un plazo de setenta y dos (72) horas a partir de la presentación de la solicitud y conforme a sus políticas internas para la activación de servicios y los términos y condiciones aplicables al servicio solicitado. Estas compañías les transferirán a las partes peticionarias el control sobre la facturación y todos los deberes y responsabilidades por los servicios y equipos de telefonía celular que están en su posesión inmediata, así como el o los números de teléfono celular de cualquier menor bajo la custodia del peticionario para su uso.

El cambio en control sobre número telefónico como medida cautelar debe estar disponible para el número usado por la víctima peticionaria, así como el o los números de teléfono celular de cualquier menor bajo la custodia del peticionario, al momento de la solicitud de la Orden y se completará, solamente a favor de la misma, incluyendo el o los números de teléfono de cualquier menor bajo la custodia del peticionario, y no de un tercero. Las compañías proveedoras de servicio telefónico celular, no serán responsables en ningún momento por cualquier daño que pueda sufrir la víctima y sus familiares como consecuencia del cambio en control sobre número telefónico voluntariamente solicitado y correctamente transferido.

La Orden de Cambio en Control Sobre Número Telefónico no aplicará a números clasificados como comerciales, de línea que estén a nombre de un tercero distinto al victimario, puesto que el propósito de la legislación es exclusivamente la protección de la víctima de violencia doméstica o acecho. Además, todo cambio en control sobre número telefónico será final e irrevocable.

Cuando el proveedor de servicio telefónico, no pueda, por razones operacionales o técnicas, completar la orden de transferencia, debido a ciertas circunstancias, incluyendo pero sin limitarse a las siguientes, el proveedor de servicio telefónico, lo notificará al peticionario dentro de un período de setenta y dos (72) horas desde que se recibe la orden:

a. Cuando el dueño de la cuenta ha cancelado la cuenta o terminado los servicios previo a la transferencia de estos.

b. Cuando diferencias en tecnología limitan la funcionalidad del equipo en la red del proveedor.

c. Cuando existen situaciones geográficas u otras limitaciones de la red o disponibilidad del servicio.

Toda compañía proveedora de servicio telefónico celular, a solicitud del cliente, y acompañado con una copia de la Orden de Cambio–en Control Sobre Número Telefónico expedida por el Tribunal de Primera Instancia, removerá toda información personal en cualquier directorio o listado interno de números de teléfonos de las compañías proveedoras de servicios telefónicos o compañías afiliadas, sin ningún costo adicional. En el caso de las guías telefónicas, la información será removida en la próxima publicación de la misma.

(Agosto 21, 1999, Núm. 284; Mayo 12, 2016, Núm. 44, art. 1, añade este nuevo art. 16-A.)

Artículo 17.- Salvedad Constitucional.- (33 L.P.R.A. sec. 4027)

Si alguna disposición de las contenidas en esta Ley fuere declarada inconstitucional, dicha declaración de inconstitucionalidad no afectará las demás disposiciones de la misma.

(Agosto 21, 1999, Núm. 284, art. 17, efectiva 90 días después de su aprobación.)

Artículo 20.- [Vigencia] (33 L.P.R.A. sec. 4028)

Esta Ley comenzará a regir a los noventa (90) días después de su aprobación.

(Agosto 21, 1999, Núm. 284, art. 20, efectiva 90 días después de su aprobación.)

Ley para la Protección de la Propiedad Vehicular.
Ley Núm. 8 de 5 de Agosto de 1987, p. 654, según enmendada

Art. 1 Título

Esta ley se conocerá como Ley para la Protección de la Propiedad Vehicular.

(Agosto 5, 1987, Núm. 8, art. 1.)

Art. 2. Definiciones. (9 L.P.R.A. sec. 3201)

Los siguientes términos tendrán los significados que a continuación se expresan, excepto donde el contexto de este capítulo claramente indique otra cosa:

(a) Agente del orden público. Significa un agente perteneciente a la Policía de Puerto Rico, al Negociado de Investigaciones Especiales, o los agentes de Rentas Internas del Departamento de Hacienda.

(b) Vehículo de motor. Significa todo vehículo movido por fuerza propia, excepto los siguientes vehículos o vehículos similares:

(1) Máquinas de tracción.

(2) Rodillos de carretera.

(3) Tractores usados para fines agrícolas exclusivamente.

(4) Palas mecánicas.

(5) Equipo para construcción de carreteras.

(6) Máquinas para perforación de pozos profundos.

(7) Vehículos con ruedas de tamaño pequeño usados en fábricas, almacenes y estaciones de ferrocarriles.

(8) Vehículos que se mueven sobre vías férreas, por mar o por aire.

(c) Precio o valor irrisorio. Significa precio de venta bajo, que no guarda proporción con el precio a que se vende normalmente un vehículo o pieza en el mercado corriente para dichos bienes.

(d) Secretario. Significa el Secretario de Transportación y Obras Públicas.

(e) Vehículo de motor nuevo. todo vehículo de motor no (ha sido) registrado a favor de persona alguna en la jurisdicción del Estado Libre Asociado de Puerto Rico, algún estado de los Estados Unidos de América o país foráneo.

(f) "Concesionario de venta de vehículos de motor, arrastres y semiarrastres" significa toda persona natural o jurídica que se dedique total o parcialmente a la venta de vehículos de motor, arrastres y semiarrastres al detal y venda como parte de una empresa, comercio, dealer o negocio, vehículos de motor, arrastres y semiarrastres con ánimo de lucro en Puerto Rico y que esté debidamente autorizado para ello. Dicho término excluye a las instituciones financieras, aseguradoras o compañías de arrendamiento.

(g) "Concesionario no residente de venta de vehículos de motor, arrastres y semiarrastres" significa toda persona natural o jurídica que se dedique total o parcialmente a la venta de vehículos de motor, arrastres y semiarrastres al detal y venda como parte de una empresa, comercio, dealer o negocio, vehículos de motor, arrastres y semiarrastres con ánimo de lucro en cualquier estado de los Estados Unidos o en cualquier país extranjero y que esté debidamente autorizado para ello. Dicho término excluye a las instituciones financieras, aseguradoras o compañías de arrendamiento.

(h) "Redistribuidor de vehículos de motor, arrastres y semiarrastres" significa toda persona natural o jurídica autorizada a redistribuir vehículos de motor, arrastres y semiarrastres, propiedad de instituciones financieras, aseguradoras compañías de arrendamiento o concesionarios de venta de vehículos de motor, arrastres y semiarrastres, mediante un procedimiento de subasta, donde los mismos pasan a manos de concesionarios de venta de vehículos de motor, arrastres y semiarrastres, incluyendo a los no residentes.

(i) "Concesionario de cuentas de financiamiento de venta de vehículos de motor, arrastres y semiarrastres" significa toda persona natural o jurídica que se dedique total o parcialmente a comprar, recibir, vender o enajenar vehículos de motor, arrastres y semiarrastres sujetos a algún financiamiento o adeudados a alguna entidad financiera o acreedor, y los venda, ceda o enajene como parte de una empresa, comercio, dealer o negocio, con ánimo de lucro en Puerto Rico y que esté debidamente autorizado para ello. Dicho término excluye a las instituciones financieras, aseguradoras o compañías de arrendamiento. El concesionario hará el traspaso del título a su nombre al momento de comprar, o recibir el vehículo de motor, arrastre o semiarrastre.

[j] "Subasta pública". – Procedimiento de compra que se utiliza para poner en venta al público en general vehículos de motor, embarcaciones, aviones y otros medios de transportación. No constituye una subasta pública aquel procedimiento en el que, aunque cantado, el público en general no tiene acceso. Tampoco constituye una subasta pública aquel procedimiento al que solo tienen acceso como compradores concesionarios de ventas de vehículos de motor o arrastre con Licencia de Concesionario de Vehículos de Motor y Arrastre emitida por el Secretario del Departamento de Transportación y Obras Públicas.

(Agosto 5, 1987, Núm. 8, p. 654, art. 2.; 2002, Núm. 39, art. 1; adiciona el inciso (e); Agosto 13, 2004, Núm. 113, Art. 1, Adiciona los incisos (e), (f) y (g); Septiembre 18, 2011, Núm. 197, art. 1, enmienda los incisos (f), (g), (h) y añade inciso (i); Diciembre 27, 2016, Núm. 196, adiciona un nuevo inciso (f), designado por editor como inciso (j).)

Art. 3. Junta Coordinadora Interagencial. (9 L.P.R.A. sec. 3202)

Por la presente se crea un organismo que se denominará "Junta Interagencial para Combatir la Apropiación Ilegal de Automóviles" la cual se compondrá del Secretario de Transportación y Obras Públicas, el Secretario del Departamento de Asuntos del Consumidor, el Superintendente de la Policía, el Comisionado de Seguros y el Secretario de Justicia quien la presidirá. En adición a los cinco (5) miembros ex officio aquí nombrados, la Junta se compondrá de dos (2) personas adicionales, seleccionadas y nombradas por consenso entre los funcionarios aquí enumerados, las cuales representarán sectores con interés en esta problemática como lo son importadores o distribuidores de automóviles, y las cuales no devengarán el pago de emolumentos ni dietas.

Sin menoscabo de las facultades y deberes de los funcionarios y agencias que la componen y para propósitos de viabilizar la implantación de este capítulo, la Junta tendrá a su cargo la coordinación de cualquier esfuerzo gubernamental conjunto para poner en funciones las disposiciones de este capítulo. Evaluará periódicamente la implantación de este capítulo y medirá su efectividad para combatir el trasiego ilegal de vehículos. Examinará, revisará y hará las recomendaciones pertinentes al Gobernador de Puerto Rico y a la Asamblea Legislativa sobre las medidas legislativas o disposiciones o normas administrativas que deberán ser objeto de revisión, mejora, derogación o adopción a fin de combatir la apropiación ilegal de vehículos. Coordinará con la ciudadanía en general o con cualquier organización comunitaria las campañas o esfuerzos para la prevención de los delitos o actos que propician el trasiego ilegal de vehículos. Adoptará un reglamento para su funcionamiento interno y aquellos otros reglamentos necesarios para facilitar la coordinación del esfuerzo interagencial y el acceso al registro que por este capítulo se crea. La Junta deberá rendir un informe anual al Gobernador y a la Asamblea Legislativa de las actividades realizadas dentro de las funciones que le han sido adjudicadas.

(Agosto 5, 1987, Núm. 8, p. 654, art. 3.)

Art. 4. Registro de vehículos - Creación. (9 L.P.R.A. sec. 3203)

Sin perjuicio o menoscabo de las disposiciones y obligaciones contenidas en otras leyes, el Secretario de Transportación y Obras Públicas tendrá la obligación de establecer y mantener al día un Registro y un inventario de todos los vehículos de motor que se importen, transiten o se encuentren en Puerto Rico.

El Registro que por este capítulo se establece contendrá toda la información relativa a la introducción, distribución, venta, traspaso, exportación, desaparición, robo, destrucción, apropiación ilegal, confiscación, abandono, desmantelamiento y alteración sustancial de los vehículos.

(Agosto 5, 1987, Núm. 8, p. 654, art. 4.)

Artículo 4-A- Registro Especial de Vehículos Confiscados con Número de Identificación de Reemplazo (9 L.P.R.A. sec. 3203-A)

Sin perjuicio o menoscabo de las disposiciones y obligaciones contenidas en otras leyes, el Secretario de Transportación y Obras Públicas asignará un número de identificación de reemplazo y establecerá el Registro Especial de Vehículos Confiscados con Número de Identificación de Reemplazo para todo vehículo o cualquier otro método de transportación terrestre confiscado que resulte ilegal por no ser recobrable su número de serie o de identificación por haber sido borrado, mutilado, alterado, sustituido, sobrepuesto, desprendido, adaptado o de alguna forma modificado, que pueda ser de utilidad y que se transfiera al Negociado de la Policía de Puerto Rico, al Departamento de Corrección y Rehabilitación, a los municipios de Puerto Rico que cuenten con Policía Municipal según lo dispuesto en la Ley 119-2011, según enmendada, conocida como "Ley Uniforme de Confiscaciones de 2011".

Este Registro Especial incluirá, entre otros particulares, lo siguiente:

(1) Descripción del vehículo o medio de transporte terrestre, incluyendo marca, año, modelo o tipo, color, número de tablilla, número de identificación de reemplazo asignado, tipo de motor, caballos de fuerza de uso efectivo, número de marbete, número de puertas, si aplica, y cualesquiera otros números o marca de la unidad o sus piezas.

(2) Una anotación que indique y describa el número de serie según alterado y que dio paso a la confiscación y modalidad de la falsificación que se utilizó.

(3) Fecha de la inscripción en el Registro Especial de Vehículos Confiscados con Número de Identificación de Reemplazo del Departamento de Transportación y Obras Públicas.

(4) Toda información relacionada con la confiscación, desaparición, robo, apropiación ilegal, destrucción o traspaso al Negociado de la Policía de Puerto Rico, a los municipios que cuenten con Policía Municipal o al Departamento de Corrección y Rehabilitación.

(5) Nombre y dirección de la compañía aseguradora.

(Agosto 5, 1987, Núm. 8, p. 654; Adicionado en el 2003, Num. 72; septiembre 16, 2004, Núm. 332, art. 2, enmienda el primer párrafo; Agosto 1, 2019, Núm. 108, sec. 2, enmienda en términos generales.)

Art. 5. Registro de vehículos - Suministro de información relevante. (9 L.P.R.A. sec. 3204)

El Secretario de Hacienda, el Secretario de Justicia, el Comisionado de Seguros, el Director Ejecutivo de la Autoridad de las Navieras y el Superintendente de la Policía de Puerto Rico vendrán obligados a ofrecer toda la colaboración y la información relevante que el Secretario de Transportación y Obras Públicas solicite para poner en función el Registro que por este capítulo se dispone.

Para la implantación de este Registro, los antes mencionados funcionarios podrán proveer al Departamento de Transportación y Obras Públicas ayuda técnica, recursos de personal, facilidades de equipo y fondos. Se autoriza al Secretario a concertar acuerdos con personas y entidades privadas que estén cualificadas para asesorar y colaborar en el establecimiento y funcionamiento del Registro.

El Secretario tendrá la obligación de establecer y comenzar a utilizar el Registro no más tarde de los seis (6) meses siguientes a la fecha de vigencia de esta ley.

(Agosto 5, 1987, Núm. 8, p. 654, art. 5.)

Art. 6. Registro de vehículos - Pérdida total o abandono, efectos. (9 L.P.R.A. sec. 3205)

Declarado como pérdida total un vehículo de motor o abandonado como inservible, conforme se defina por reglamento por el Secretario, sus partes sólo podrán ser utilizadas como piezas sustitutivas para el funcionamiento de otro vehículo de motor debidamente registrado en el Departamento de Transportación y Obras Públicas. No se expedirá una licencia de vehículo de motor bajo las disposiciones de la Ley de Vehículos y Tránsito de Puerto Rico, Ley de Julio 20, 1960, Núm. 141, a una unidad ensamblada o manufacturada con partes de vehículos de motor declarados pérdida total o abandonados como inservibles.

(Agosto 5, 1987, Núm. 8, p. 654, art. 6.)

Art. 7. Obligaciones del Secretario de Transportación y Obras Públicas. (9 L.P.R.A. sec. 3206)

El Secretario de Transportación y Obras Públicas proveerá a la Policía de Puerto Rico la información que esté en su poder relativa a los vehículos que estén autorizados por el Departamento de Transportación y Obras Públicas para transitar por las vías públicas de Puerto Rico a fin de que este cuerpo pueda cumplir con su deber de proteger la propiedad. A los fines de cumplir con esta encomienda, el Secretario de Transportación y Obras Públicas dispondrá el enlace de los sistemas de información de su agencia con los de la Policía de Puerto Rico y autorizará la instalación de terminales electrónicos a través de los cuales la Policía obtenga de manera continua, veinticuatro (24) horas al día, información contenida en el Registro de vehículos de motor.

Esta información incluirá, entre otros particulares, lo siguiente:

(1) Descripción del vehículo incluyendo marca, año, modelo o tipo, color, número de tablilla, nombre del dueño o propietario de la tablilla o conductor certificado, y/o permiso provisional en espera de traspaso final, número de serie de caja, número de motor, número de registro, tipo de motor, caballos de fuerza de uso efectivo, número de marbete, número de puertas y cualesquiera otros números o marca de identificación de la unidad o de sus piezas.

(2) Nombre y dirección de la casa vendedora, entidad o persona que vende o de algún modo traspasa, enajena o grava el vehículo.

(3) Nombre y dirección del dueño o adquirente del vehículo.

(4) Fecha de la primera inscripción en el Registro del Departamento de Transportación y Obras Públicas.

(5) Tipo de transacción efectuada, fecha de la compraventa, traspaso o confiscación y fecha de registro de estas transacciones.

(6) Derechos anuales de licencias pagadas del año fiscal o periodo cubierto por el pago de tales derechos.

(7) Tipo de financiamiento, nombre y dirección de la compañía o entidad financiera y lugar del registro del financiamiento, si alguno.

(8) Nombre y dirección de la compañía aseguradora, si la hubiere.

(9) Los cambios en el Registro de Transportación y Obras Públicas que ocurran por razón de reparación de vehículos, o por la declaración de pérdida total o abandono.

(10) Cualquier otra información que obre en su poder que sea pertinente al descargo de sus obligaciones, de acuerdo a este capítulo.

Sin perjuicio o menoscabo de las disposiciones y obligaciones contenidas en otras leyes, el Secretario de Transportación y Obras Públicas tendrá la obligación de establecer y mantener al día un Registro de Concesionarios No Residentes de Venta de Vehículos de Motor o Arrastres. El mismo contendrá toda la información relativa a la certificación del concesionario no residente de venta de vehículos de motor o arrastres al detal como parte de una empresa, comercio. dealer o negocio emitida por el estado o territorio de los Estados Unidos donde lleve a cabo sus operaciones o por el país extranjero donde lleve a cabo sus operaciones, el nombre de la persona autorizada a participar en las subastas celebradas por un redistribuidor de vehículos de motor o arrastres en Puerto Rico. copia de la licencia de conducir de esta persona, en caso de que sea residente de algún estado o territorio de los Estados Unidos y copia del pasaporte de esta persona. en caso de que sea residente de un país extranjero."

Sin perjuicio o menoscabo de las disposiciones y obligaciones contenidas en otras leyes, el Secretario de Transportación y Obras Públicas tendrá la obligación de establecer y mantener al día un Registro de Concesionarios No Residentes de Venta de Vehículos de Motor o Arrastres. El mismo contendrá toda la información relativa a la certificación del concesionario no residente de venta de vehículos de motor o arrastres al detal como parte de una empresa, comercio. dealer o negocio emitida por el estado o territorio de los Estados Unidos donde lleve a cabo sus operaciones o por el país extranjero donde lleve a cabo sus operaciones, el nombre de la persona autorizada a participar en las subastas celebradas por un redistribuidor de vehículos de motor o arrastres en Puerto Rico. copia de la licencia de conducir de esta persona, en caso de que sea residente de algún estado o territorio de los Estados Unidos y copia del pasaporte de esta persona. en caso de que sea residente de un país extranjero.

(Agosto 5, 1987, Núm. 8, p. 654, art. 7; Agosto 13, 2004, Núm. 113, art. 2; Febrero 7, 2020, Núm. 23, sec. 16, enmienda el primer párrafo y los incisos (1), (2) y (6).)

Art. 8. Obligaciones - Secretario de Hacienda. (9 L.P.R.A. sec. 3207)

El Secretario de Hacienda proveerá al Secretario la información que esté en su poder y que le permita al Departamento de Transportación y Obras Públicas incorporar al Registro datos sobre todos los vehículos que se introduzcan en Puerto Rico.

Esta información incluirá, entre otros particulares, lo siguiente:

(1) Nombre y dirección del remitente del vehículo y lugar de origen;

(2) nombre y dirección del destinatario del vehículo;

(3) descripción del vehículo, incluyendo marca, año, modelo o tipo, color, número de tablilla, si alguno, número de serie de caja, número de motor, tipo de motor, caballos de fuerza de uso efectivo y cualesquiera otros números de identificación de la unidad o de sus piezas;

(4) fecha de llegada a Puerto Rico, medio de transporte indicando el nombre de la compañía de transportación y del conocimiento de embarque;

(5) fecha de entrega al destinatario o su representante;

(6) cantidad pagada en arbitrios, si alguno, fecha de pago y nombre de la persona o entidad que hizo el pago.

(Agosto 5, 1987, Núm. 8, p. 654, art. 8.)

Art. 9. Obligaciones - Autoridad de las Navieras. (9 L.P.R.A. sec. 3208)

El Director Ejecutivo de la Autoridad de las Navieras de Puerto Rico y cualquier persona o empresa que se dedique al transporte marítimo o aéreo entre Puerto Rico y el exterior tendrá las siguientes obligaciones:

(1) Notificar a la Policía de Puerto Rico de toda solicitud del servicio de transportación al exterior de un vehículo de motor o piezas de vehículo acompañado de la siguiente información:

(a) Nombre y dirección de la persona que solicita el servicio.

(b) Nombre y dirección del dueño del vehículo o de las piezas.

(c) Descripción del vehículo incluyendo marca, año, modelo o tipo, color, número de tablilla, número de marbete, número de serie de caja, número de motor y caballaje y cualesquiera otros números o marcas de identificación de la unidad o de sus piezas.

(d) Número de licencia del vehículo de motor, indicando si en dicho certificado consta algún gravamen en favor de un tercero.

(e) Nombre y dirección, previa identificación adecuada, de quien recibe el vehículo y su relación con el destinatario.

(2) Obtener del solicitante del servicio de transportación como condición previa a la exportación una certificación de la Policía a los efectos de que no surge del Registro notificación que afecte la exportación del vehículo. Para expedir una certificación de la Policía podrá inspeccionar el vehículo o las piezas en el lugar donde estén depositados.

(3) Mantener un registro de todos los vehículos que se introduzcan a Puerto Rico utilizando para ello sus facilidades de transportación, y en el cual se hará constar la misma información requerida en el inciso (1) de esta sección.

El Secretario o la Policía de Puerto Rico podrá exigir de cualquier persona natural o jurídica que solicitare un servicio de transportación la prestación de una fianza como condición previa a la autorización de embarque de un vehículo de motor o pieza, cuando hubiere duda sobre su título, o el vehículo o pieza fuere objeto de una detención, inspección o retención según lo dispuesto en la sec. 3213 de este título.

Se exime de las obligaciones impuestas por esta sección al Director Ejecutivo de la Autoridad de Navieras y a las personas o empresas de transporte que reciben vehículos o piezas de vehículos de motor en tránsito para su trasbordo y exportación. Se entenderá que un vehículo o unas piezas se encuentran en tránsito para su trasbordo y exportación cuando dichos bienes estén consignados a personas en el exterior y permanezcan bajo la custodia del porteador, las autoridades aduaneras o depositados en los almacenes de la entidad embarcadora o en un almacén de adeudo para ser embarcados o se embarcan para un lugar fuera de Puerto Rico dentro de los ciento veinte (120) días a partir de la fecha de su introducción al país. (Agosto 5, 1987, Núm. 8, p. 654, art. 9.)

Art. 10. Obligaciones - Compañías de seguros. (9 L.P.R.A. sec. 3209)

Sin perjuicio o menoscabo de las disposiciones y obligaciones contenidas en otras leyes, toda compañía de seguro autorizada a llevar a cabo negocios en Puerto Rico tendrá las siguientes obligaciones:

(1) El asegurador o su representante autorizado realizará una inspección física de todo vehículo que se proponga asegurar, y en el caso de los vehículos usados, se tomaran al menos dos (2) fotografías en ángulos distintos, una de las cuales reflejará el número de la tablilla y se conservarán en el expediente. El asegurador mantendrá en sus expedientes constancia escrita de dicha inspección, la cual deberá certificar que la información contenida en la póliza ha sido directamente corroborada del automóvil que se ha de asegurar. Cuando el seguro del vehículo sea exclusivamente de Responsabilidad Pública no aplicará el requisito de las fotos.

(2) Notificar de inmediato a la Policía de Puerto Rico todo vehículo que le haya sido informado desaparecido, robado o apropiado ilegalmente y de todas las reclamaciones que se le notifiquen por concepto de tal desaparición, robo o apropiación ilegal.

(3) Entregar a la Policía de Puerto Rico las tablillas, licencias o certificados pertenecientes a vehículos asegurados que hayan sido declarados pérdida total por causa de un hecho accidental o intencional, robo o por apropiación ilegal y cuya posesión haya sido transferida al asegurador.

(4) Registrar a su nombre en el Registro de Vehículos de Motor del Departamento de Transportación y Obras Públicas todo vehículo o salvamento que advenga a su propiedad por cualquier concepto, a fin de que se incorpore este dato en el Registro.

(Agosto 5, 1987, Núm. 8, p. 654, art. 10; 2003, ley 125, enmienda el inciso (1).)

Art. 11. Obligaciones - Policía de Puerto Rico; anotación marginal. (9 L.P.R.A. sec. 3210)

La Policía de Puerto Rico notificará al Secretario y éste incorporará de inmediato, al margen de la inscripción del vehículo en el Registro, un aviso o anotación de todo vehículo que haya sido informado desaparecido, dado de baja como pérdida total, robado, apropiado ilegalmente, sujeto a una investigación, confiscado o exportado. Se anotará, además, el número de querella de la Policía, el nombre y dirección del querellante o de la persona que reclame la unidad o el número del expediente de confiscación, según fuere el caso.

(Agosto 5, 1987, Núm. 8, p. 654, art. 11.)

Art. 12. Obligaciones - Generales. (9 L.P.R.A. sec. 3211)

Toda persona natural o jurídica que se dedique a la manufactura de llaves, a la mecánica, hojalatería y pintura de vehículos de motor, a la inspección de estos vehículos o a la operación de depósitos de chatarra, tendrán las siguientes obligaciones:

(1) En el caso de un manufacturero de llaves, requerir la presentación de la licencia de conducir del solicitante, y la licencia del vehículo de motor correspondiente, antes de manufacturar o reproducir o entregar llaves para el vehículo de motor. Deberá mantener un registro donde aparezcan los datos antes requeridos para cada manufactura, reproducción o entrega de llaves de un vehículo de motor.

(2) En el caso de un mecánico, hojalatero o pintor de vehículos de motor, requerir la presentación de la licencia del vehículo de motor y notificar inmediatamente a la Policía de Puerto Rico cualquier irregularidad, alteración o modificación en los números de tablilla, de motor o de serie de vehículo o en cualquiera de sus piezas esenciales de los vehículos que repare o inspeccione.

(3) En el caso de un operador de centro de inspección, notificar inmediatamente a la Policía de existir alguna irregularidad en cuanto a la licencia, certificado, tablilla, marbete, número de serie de motor o de cualquiera de sus piezas esenciales.

(4) En el caso de operadores de depósitos de chatarra, éstos no podrán comprar, permutar, vender, recibir en depósito, importar ni exportar vehículos de motor, chatarra o piezas de vehículo con los números de serie borrados, mutilados, alterados, desprendidos, sustituidos, sobrepuestos o en alguna forma ilegibles o destruidos.

(5) En el caso de operadores de negocios de alquiler de vehículos de motor, llevar un registro donde aparezcan consignados todos los alquileres realizados, el nombre, dirección, circunstancias personales y número de licencia de la persona que alquila el vehículo.

(Agosto 5, 1987, Núm. 8, p. 654, art. 12.)

Art. 12-A.- Obligaciones del Redistribuidor de Vehículos de Motor o Arrastres (9 L.P.R.A. sec. 3211-A)

Todo redistribuidor de vehículos de motor o arrastres deberá:

(a) Solicitar a las instituciones financieras, aseguradoras, compañías de arrendamiento o concesionarios de venta de vehículos de motor o arrastres que sometan los documentos que evidencien su titularidad sobre los vehículos de motor o arrastres que presentan para que sean sometidos al procedimiento de subasta-.

(b) Luego de subastado el vehículo de motor o el arrastre a un concesionario no residente de venta de vehículos de motor o arrastres, marcar la licencia de la unidad en la parte posterior con un sello que indique que el vehículo será exportado;

(c) Asegurarse de que los vehículos de motor o arrastres que vayan a ser exportados sean dirigidos directamente al muelle donde será embarcado; y

(d) Notificar al Departamento para que se anote el gravamen de exportado, a los vehículos objeto de la venta.

(Agosto 5, 1987, Núm. 8, p. 654; Agosto 13, 2004, Núm. 113, art. 3, adicionado como art. 12-A; Diciembre 27, 2016, Núm. 196, sec. 2, enmienda el inciso (d).)

Art. 12-B, Obligaciones de las Instituciones Financieras, Aseguradoras y Compañías de Arrendamiento (9 L.P.R.A. sec. 3211-B)

Toda institución financiera, aseguradora o compañía de arrendamiento que desee participar en un procedimiento de subasta celebrado por un redistribuidor de vehículos de motor o arrastres deberá:

(a) En el caso de los vehículos de motor o arrastres que hayan sido reposeídos por las instituciones financieras, aseguradoras o compañías de arrendamiento, presentar los documentos que evidencien la cesión de derechos a su favor, su titularidad y la certificación de la condición o estado del vehículo de motor o arrastre, mediante declaración jurada al efecto;

(b) En el caso de los vehículos de motor o arrastres propiedad de instituciones financieras o de compañías de arrendamiento que previamente hayan estado bajo un contrato de arrendamiento a corto o a largo plazo, presentar los documentos que evidencien su titularidad sobre el vehículo de motor o arrastre.

(Agosto 5, 1987, Núm. 8, p. 654; Agosto 13, 2004, Núm. 113, art. 3, adicionado como art. 12-B.)

Art. 12-C Obligaciones del Concesionario No Residente de Venta de Vehículo Motor o Arrastres (9 L.P.R.A. sec. 3211-C)

Todo concesionario no residente de venta de vehículos de motor o arrastres que desee participar en un procedimiento de subasta celebrado por un redistribuidor de vehículos de motor o arrastres deberá:

(a) Presentar la licencia oficial emitida por el estado donde ubican sus operaciones y que lo autoriza a dedicarse a ser concesionario de venta de vehículos de motor o arrastres y la licencia de conducir emitida por el estado donde reside la persona que lo representa ante el redistribuidor de vehículos de motor o arrastres. Además, presentará evidencia de la inscripción de la empresa, comercio, dealer o negocio en el Registro de Concesionarios No Residentes de Venta de Vehículos de Motor o Arrastres, el cual será creado y mantenido por el Secretario de Transportación y Obras Públicas, según lo dispuesto en el Artículo 7 de esta Ley.

(b) Presentar la licencia oficial emitida por el país donde ubican sus operaciones y que lo autoriza a dedicarse a ser concesionario de venta de vehículos de motor o arrastres y el pasaporte de la persona que lo representa ante el redistribuidor de vehículos de motor o arrastres. Además, presentará evidencia de la inscripción de la empresa, comercio, dealer o negocio en el Registro de Concesionarios No Residentes de Vehículos de Motor o Arrastres, el cual será creado y mantenido por el Secretario de Transportación y Obras Públicas, según lo dispuesto en el Artículo 7 de esta Ley.

(Agosto 5, 1987, Núm. 8, p. 654; Agosto 13, 2004, Núm. 113, art. 3, adicionado como art. 12-C.)

Art. 12-D.- Obligaciones del Concesionario de Venta de Vehículos de Motor o Arrastres (9 L.P.R.A. sec. 3211-D)

Todo concesionario de ventas de vehículos de motor o arrastres que desee participar en un procedimiento de subasta celebrado por un redistribuidor de vehículos de motor o arrastres deberá presentar copia de su Licencia de Concesionario de Vehículos de Motor y Arrastres, emitida por el Secretario de Transportación y Obras Públicas, una autorización escrita, emitida por la empresa, comercio, dealer o negocio, donde se designe a una persona para que le represente en la subasta y una copia de los cheques que utiliza el concesionario de venta de vehículos de motor o arrastres para realizar sus pagos.

(Agosto 5, 1987, Núm. 8, p. 654; Agosto 13, 2004, Núm. 113, art. 3, adicionado como art. 12-D.)

Art. 13. Obligaciones - Dueños de vehículos. (9 L.P.R.A. sec. 3212)

Todo dueño de vehículo o de una parte esencial de éste, ya sea persona natural o jurídica, tendrá las siguientes responsabilidades:

(1) Informar a la Policía de Puerto Rico:

(a) La apropiación ilegal, robo, pérdida, desaparición, destrucción o exportación de cualquier vehículo de su propiedad. Este informe se hará inmediatamente después que se tenga conocimiento de los hechos utilizando para ello los formularios que preparará y suplirá la Policía de Puerto Rico en coordinación [con el] Departamento de Transportación y Obras Públicas y de no estar disponibles, en original y dos (2) copias, en la manera más adecuada. En tal informe el perjudicado proveerá una descripción detallada del vehículo, incluyendo el número de tablilla, de motor y serie del mismo, así como una relación de las circunstancias que rodearon estos hechos.

(b) La pérdida, desaparición, destrucción, robo, apropiación ilegal o pérdida de tablillas, licencias, certificados o marbetes pertenecientes a cualquier vehículo de su propiedad. Este informe se hará inmediatamente luego de conocidos los hechos.

La Policía de Puerto Rico remitirá prontamente al Departamento de Transportación y Obras Públicas una copia del formulario sometido por los dueños del vehículo de motor en cumplimiento con dicha responsabilidad.

(2) Entregar al Departamento de Transportación y Obras Públicas las tablillas y licencias y cualquier otro documento que evidencie el título del vehículo cuando se hubiere destruido, robado, apropiado ilegalmente, exportado o vendido como chatarra o en piezas un vehículo de su propiedad o lo hubiese abandonado por inservible.

(3) Notificar a la Policía de Puerto Rico y al Departamento de Transportación y Obras Públicas, a la institución financiera y a la compañía aseguradora, si alguna, la recuperación de cualquier vehículo robado o apropiado ilegalmente. Esta notificación se efectuará en o antes de transcurridos diez (10) días de la recuperación.

(4) Solicitar a la Policía de Puerto Rico y al Departamento de Transportación y Obras Públicas la reinscripción o reidentificación de cualquier vehículo cuando sean necesarias y aplicables según lo dispuesto en este capítulo.

(5) Notificar mediante declaración jurada dentro de los próximos diez (10) días laborables a la Policía de Puerto Rico y al Departamento de Transportación y Obras Públicas, todo cambio o sustitución del motor o transmisión que efectúe en cualquier vehículo de su propiedad.

(Agosto 5, 1987, Núm. 8, p. 654, art. 13.)

Art. 14. Detención, inspección y retención para investigar. (9 L.P.R.A. sec. 3213)

Se faculta a los agentes del orden público a detener e inspeccionar y retener para investigación por el período de tiempo que razonablemente sea necesario que no exceda de treinta (30) días calendario, cualquier vehículo o pieza cuando ocurra una o más de las circunstancias que se mencionan a continuación:

(1) El vehículo o pieza haya sido notificado como apropiado ilegalmente, robado, desaparecido, destruido o exportado.

(2) Cuando el vehículo no exhiba tablillas o las tablillas del vehículo estén alteradas, modificadas o no correspondan a las expedidas para el vehículo por el Departamento de Transportación y Obras Públicas u otra autoridad competente, o no correspondan al sello de inspección que porta el vehículo.

(3) Alguno de los números de serie o de identificación del vehículo o de partes imprescindibles del mismo que se encuentren a vista abierta hayan sido borrados, mutilados, alterados, sustituidos, sobrepuestos, desprendidos, adaptados o de alguna forma modificados.

(4) La información contenida en la licencia o cualquier otro documento que se presente sea distinta o en algún aspecto sustancial no coincida con la descripción física del vehículo o pieza y que podría indicar que se trata de un vehículo desaparecido o hurtado.

(5) El vehículo presente alteraciones en el mecanismo o sistema de ignición o el sistema de ignición esté funcionando sin necesidad de la llave de ignición o en forma directa.

(6) Cuando se tenga motivos fundados para creer que al vehículo se le haya instalado un motor distinto al original y el conductor, poseedor o dueño no produzca documentación sobre la procedencia de dicho motor.

(7) Cuando las cerraduras del vehículo aparezcan forzadas y esto pueda observarse a simple vista y el conductor, poseedor o dueño no pueda explicar satisfactoriamente la razón para ello.

(8) Cuando partes imprescindibles del vehículo que estén a vista abierta, incluyendo los asientos, no correspondan al vehículo en particular y el dueño o persona que tenga el control del vehículo no pueda explicar satisfactoriamente la procedencia de dichas partes.

(9) Cuando el vehículo demuestre a simple vista perforaciones en su carrocería que aparenten ser producidas por proyectiles.

(10) Cuando el vehículo esté siendo remolcado, ya sea por grúa u otro vehículo, y existan motivos fundados para creer que se trata de un vehículo desaparecido, robado, apropiado ilegalmente, y la persona que lo remolca no pueda explicar las razones para realizar dicha labor y la autorización para así hacerlo.

(11) El vehículo no aparezca debidamente registrado conforme lo establecido por este capítulo en el Departamento de Transportación y Obras Públicas y se tenga conocimiento de tal hecho.

(12) Cuando el vehículo esté circulando por las vías públicas con un marbete que no le corresponde al vehículo según la licencia del mismo.

(13) El vehículo o pieza es uno que está abandonado según lo define este capítulo.

Disponiéndose, que el término de treinta (30) días establecido en este capítulo como el período de tiempo razonablemente necesario para que los agentes del orden público realicen su investigación puede ser extendido por diez (10) días calendario cuando medie justa causa.

Se entenderá por justa causa la ocurrencia de sucesos naturales extraordinarios que interrumpan las labores de los agentes del orden público, tales como tormentas, huracanes, terremotos u otros que mantengan a los agentes del orden público ocupados en labores de ayuda y rescate.

(Agosto 5, 1987, Núm. 8, p. 654, art. 14; Marzo 20, 1999, Núm. 95, art. 1.)

Art. 15. Comercio Ilegal de Vehículos y Piezas (9 L.P.R.A. sec. 3214)

Toda persona que posea, compre, reciba, almacene, oculte, transporte, retenga o disponga mediante venta, trueque o de otro modo algún vehículo de motor o pieza de un vehículo de motor, a sabiendas de que fue obtenida mediante apropiación ilegal, robo, extorsión o cualquier otra forma ilícita, incurrirá en delito grave de tercer grado. El tribunal podrá imponer la pena de restitución en adición a la pena de reclusión aquí establecida o ambas penas.-

(Agosto 5, 1987, Núm. 8, p. 654, art. 15: Septiembre 14, 2004, Núm. 282, art. 1, efectiva el 1 de mayo de 2005)

Art. 16. Violaciones - Inferencias permisibles. (9 L.P.R.A. sec. 3215)

Se podrá inferir que el imputado tenía conocimiento personal de que el vehículo o pieza había sido adquirido de forma ilícita cuando ocurriera una o más de las siguientes circunstancias:

(1) El precio pagado por el automóvil o pieza sea tan irrisorio o las condiciones de pago sean tan ventajosas o en circunstancias tales que el adquirente debió razonablemente concluir que se trataba de un bien obtenido de forma ilícita.

(2) Cuando el vendedor o cedente resulte ser un menor de edad y sus padres, tutores o custodios no hubieren prestado su consentimiento a la transacción realizada.

(3) Cuando el imputado no pueda mostrar prueba fehaciente del precio pagado, cuándo y de quién adquirió el vehículo o pieza o cuándo la transacción se llevó a cabo.

(4) Cuando el imputado por sus conocimientos, experiencia, profesión, trabajo u oficio que desempeña debió razonablemente conocer que se trataba de un vehículo o pieza adquirida de forma ilícita.

(5) Cuando la adquisición se hizo en un lugar o establecimiento o de una persona que fungiera como traficante y no fuera uno autorizado para tales

propósitos bajo la Ley de Impuestos sobre Artículos de Uso y Consumo de Puerto Rico, o no se identificaran debidamente las partes en la transacción ni se cumpliera con los requisitos formales para el traspaso de títulos que disponen la Ley de Julio 20, 1960, Núm. 141.

(6) Cuando el vehículo o pieza muestra modificaciones, alteraciones, o los números de identificación están alterados, o la licencia o tablilla no corresponde a la unidad.

(7) El vehículo o pieza se adquiere de una persona que está o ha estado relacionada con actividades delictivas y las circunstancias en las que se adquiere, un hombre prudente y razonable debía conocer que se trataba de propiedad adquirida ilegalmente.

(8) Cuando el vehículo o pieza se encuentre bajo la posesión y control de una persona que no puede probar su derecho a conducirlo o a tener posesión del mismo o misma, cuando haya sido informado como desaparecido, robado, apropiado ilegalmente, o de cualquier otra forma sustraído ilegalmente de la persona con título sobre ellos.

(9) Cuando al momento de la detención, el vehículo estaba siendo utilizado en la comisión de un acto delictivo.

(10) Cuando el imputado, al ser detenido por un oficial del orden público, se da a la fuga y abandona el vehículo o pieza.

(Agosto 5, 1987, Núm. 8, p. 654, art. 16.)

Art. 17. Violaciones - Facultades de la Policía. (9 L.P.R.A. sec. 3216)

A los fines y propósitos de esta Ley, sin perjuicio de la facultad y autoridad que otra legislación ha conferido a la Policía de Puerto Rico, se faculta a ese Cuerpo o a cualquiera de sus miembros para:

(1) Requerir del conductor, poseedor o persona que reclame ser dueña del vehículo [de] motor o pieza de un vehículo de motor, la licencia o cualquier otra documentación que establezca la identificación y procedencia del vehículo o pieza retenido para investigación.

(2) Inspeccionar cualquier depósito de chatarra, casa vendedora de vehículos de motor o piezas de vehículos de motor, garaje de mecánica, garaje de hojalatería o pintura, e inspeccionar los vehículos o piezas que en dichos lugares se encuentren cuando se tengan motivos fundados para creer que en el mismo se encuentren piezas o vehículos apropiados ilegalmente, robados o desaparecidos. Se entenderá que existen motivos fundados cuando esté presente alguna de las situaciones o circunstancias mencionadas en la sec. 3215 de este título.

(3) Confiscar cualquier vehículo, pieza o chatarra, notificados como apropiados ilegalmente, robados, desaparecidos, destruidos, o exportados y

el conductor, poseedor o la persona que reclama ser dueña no pueda presentar prueba de su título, siguiendo para ello los procedimientos establecidos en la Ley 119-2011, según enmendada, conocida como la "Ley Uniforme de Confiscaciones de 2011", excepto que la notificación de confiscación a la persona o personas con interés en la propiedad confiscada se hará dentro de los próximos 20 días, contados a partir desde el momento de la ocupación de la propiedad; disponiéndose que en el caso de vehículos, piezas o chatarra apropiados ilegalmente, robados o desaparecidos, deberá notificarse al verdadero dueño de éste ser conocido después de una gestión razonable; y disponiéndose, además, que en caso de reclamarse la propiedad por éste y ser justificada adecuadamente su titularidad, quedará sin efecto la confiscación y se le entregará la propiedad tan pronto deje de ser necesaria para el trámite criminal que proceda.

(4) Inspeccionar todo vehículo comprado en subasta pública, aquéllos que reflejan una anotación de gravamen por hurto, destrucción, pérdida total constructiva, abandono y las que tienen clasificación como salvamento. Se establecerá mediante reglamento en coordinación con el Departamento de Hacienda, tanto la tarifa a cobrarse por estas inspecciones como por la expedición del certificado correspondiente. Los fondos que se recauden por este concepto ingresarán en dos fondos especiales, separados y distintos de todo otro dinero o fondo perteneciente al Estado Libre Asociado de Puerto Rico. Estos fondos estarán bajo la custodia del Secretario de Hacienda. De los recursos que se obtengan por el cobro de estas inspecciones, el cincuenta (50) por ciento de la suma ingresará en un Fondo Especial en el Departamento de Hacienda para uso exclusivo del Negociado de Investigaciones de Vehículos Hurtados de la Policía de Puerto Rico para la adquisición de equipos y la contratación y adiestramiento de su personal. Disponiéndose que para el Año Fiscal 2015-2016 se transferirá de los recursos de este Fondo Especial la cantidad de un millón quinientos mil dólares ($1,500,000), que se encuentran contabilizados en la cuenta número 0400000-253-780-1999, o cualquier otra dirigida a estos fines dentro del sistema de contabilidad del Departamento de Hacienda, al "Fondo de Servicios y Terapias a Estudiantes de Educación Especial", creado mediante la Ley 73-2014. El restante cincuenta (50) por ciento ingresará a su vez destinado al mejoramiento y desarrollo de las operaciones y programas del Área de Vehículos de Motor del Departamento de Transportación y Obras Públicas.

Disponiéndose, que el Departamento de Transportación y Obras Públicas y el Negociado de Investigaciones de Vehículos Hurtados, antes de utilizar los recursos depositados en el Fondo Especial, deberán someter anualmente para la aprobación de la Oficina de Gerencia y Presupuesto un presupuesto de gastos con cargo a estos fondos. El remanente de los fondos que al 30 de junio de cada año fiscal no haya sido utilizado u obligado para los propósitos de este capítulo, se transferirá al Fondo General del Estado Libre Asociado de Puerto Rico.

(5) Inspeccionar la importación de vehículos usados y piezas vehiculares usadas, que se encuentren en los puertos de Puerto Rico, con el propósito de verificar y certificar que los mismos cumplen con los requisitos de esta Ley. Cualquier irregularidad detectada en estas inspecciones relacionadas con los números de motor o serie, o con cualquier otro número de identificación del vehículo y/o de las piezas, en los cuales dicho número ha sido borrado, mutilado, alterado, destruido, desprendido o en alguna forma modificado, se regirá por el inciso tres (3) del presente Artículo.

(6) Llevar a cabo cualquier investigación o gestión relacionada con las disposiciones y propósitos de esta Ley.

(Agosto 5, 1987, Núm. 8, p. 654, art. 17; Diciembre 7, 1989, Núm. 15, p. 636, art. 1; Agosto 9, 1998, Núm. 208, art. 1; Diciembre 17, 2010, Núm. 202, art. 1, añade inciso (5) y redesigna el inciso (5) como inciso (6); Julio 2, 2015, Núm. 105, art. 17, enmienda los incisos (3) y (4).)

Art. 18. Apropiación ilegal de vehículo; Medidas Penales Especiales. (9 L.P.R.A. sec. 3217)

Toda persona que ilegalmente se apropie sin violencia ni intimidación de algún vehículo de motor, perteneciente a otra persona, incurrirá en delito grave de tercer grado. El tribunal podrá imponer la pena de restitución en adición a la pena de reclusión establecida.

Se entenderá que la apropiación es ilegal en cualquiera de las siguientes circunstancias, cuando la persona:

(1) Se ha apropiado o apoderado del vehículo sin consentimiento de su dueño.

(2) Haya empleado ardid, fraude, treta o engaño para adquirir la posesión, uso o control ilegal del vehículo mediante entrega voluntaria del dueño, poseedor, conductor o custodia del vehículo objeto de la apropiación.

(3) Luego de alquilar un vehículo al expirar el término de vigencia del contrato de alquiler o arrendamiento no devuelva el vehículo al arrendador transcurrido un plazo de veinticuatro (24) horas sin haber puesto en conocimiento al arrendador de las causas justificadas para ello.

(4) Venda o en alguna forma enajene, desmantele o permita que otra persona desmantele el mismo sin consentimiento de su dueño.

(5) Ha obtenido la posesión legal del vehículo mediante compra sujeto a financiamiento, dejado de cumplir con los términos o pagos del contrato de financiamiento, se haya expedido la correspondiente orden de embargo

expedida por el tribunal y desaparezca u oculte el vehículo privando así a la financiera del derecho a reposeer el mismo.

(6) Haya notificado el vehículo como que le ha sido apropiado ilegalmente, robado o desaparecido a la Policía o a la institución financiera o compañía aseguradora del mismo con el propósito de liberarse del pago de las mensualidades o que se le pague una pérdida de un vehículo con arreglo a un contrato de seguro.

(7) Venda, compre o en alguna forma enajene o adquiera el vehículo con la intención de defraudar a la compañía financiera o al comprador subsiguiente y liberarse de la deuda o del cumplimiento de las obligaciones existentes o cuando desmantele o permita que otra persona desmantele un vehículo que esté sujeto a un contrato de venta condicional, de arrendamiento financiero, o a algún otro tipo de préstamo con garantía, sin el consentimiento escrito del vendedor condicional, del acreedor o de la institución financiera.

(8) Toda persona que actuando, como intermediario, compre, reciba, venda o enajene un vehículo de motor, sujeto a un financiamiento, con la intención de venderlo o cederlo, sin que medie la anuencia por escrito del vendedor condicional, del acreedor o la entidad financiera que financió el vehículo de motor al comprador original, incurrirá en delito grave de tercer grado y se le impondrá una multa no menor de cinco mil dólares ($5,000.00). El Tribunal podrá imponer la pena de restitución, además de las penas aquí impuestas, a su discreción.

Para propósitos de este Artículo, el término "intermediario" significará cualquier persona natural o jurídica que, en carácter de intermediario, corredor, agente o facilitador, se dedique a la compra, venta, cesión o cualquier otro tipo de enajenación de vehículos de motor sin estar autorizado, en virtud de una licencia de concesionario o redistribuidor o que le autorice la venta de vehículos según se requiere por ley.

Nada de lo dispuesto en este Artículo impedirá el procesamiento bajo cualquier otra disposición legal aplicable. Tampoco legaliza la práctica de intermediarios sin licencia de concesionario o cualquier licencia que autorice la venta de vehículos de motor, cuando se trata de vehículos de motor no financiados.

(Agosto 5, 1987, Núm. 8, p. 654, art. 18; Agosto 4, 1988, Núm. 149, p. 684; Julio 24, 1998, Núm. 171, sec. 1; Septiembre 14, 2004, Núm. 282, art. 2, enmienda el primer párrafo, efectivo el 1 de mayo de 2005; Septiembre 1, 2010, Núm. 130, art. 1, añade el inciso (8) y los últimos dos párrafos a este artículo; Septiembre 19, 2011, Núm. 197, art. 2, enmienda el inciso (8).)

Art. 19. Apropiación Ilegal de Pieza de Vehículo (9 L.P.R.A. sec. 3218)

Toda persona que ilegalmente se apropiare sin violencia ni intimidación de alguna pieza de un vehículo de motor, perteneciente a otra persona, incurrirá en delito menos grave si el valor de la pieza del vehículo de motor no llegare a quinientos (500) dólares. Si llegare o excediere este valor, incurrirá en delito grave de cuarto grado. El tribunal podrá imponer la pena de restitución en adición a la pena de reclusión.

(Agosto 5, 1987, Núm. 8, p. 654, art. 19; Septiembre 14, 2004, Núm. 282, art. 3, efectiva el 1 de mayo de 2005.)

Art. 19-A. Posesión de Herramientas usadas en Apropiación Ilegal de Vehículos de motor o piezas (9 L.P.R.A. sec. 3218a)

Toda persona que tenga en su posesión cualquier herramienta, instrumento u objeto diseñado, adaptado o utilizado comúnmente para cometer el delito de apropiación ilegal de vehículo de motor o la apropiación de piezas de vehículo de motor, con la intención de cometer dicho delito incurrirá en delito menos grave.

(Agosto 5, 1987, Núm. 8, p. 654, adicionado como art. 19-A en Julio 24, 1998, Núm. 171, sec. 2; Septiembre 14, 2004, Núm. 282, art. 1, enmienda primer párrafo, efectiva el 1 de mayo de 2005.)

Art. 20. Mutilación, Alteración, Destrucción o Modificación de Números de Identificación. (9 L.P.R.A. sec. 3219)

Toda persona que voluntariamente borre, mutile, cubra, altere, destruya, remueva, desprenda o en alguna forma modifique los números de motor o serie o cualquier otro número de identificación impreso por el manufacturero o fabricante o asignado por el Secretario de Transportación y Obras Públicas de un vehículo de motor o de alguna pieza del mismo, incurrirá en delito grave de cuarto grado.

(Agosto 5, 1987, Núm. 8, p. 654, art. 20; Septiembre 14, 2004, Núm. 282, art. 5, efectiva el 1 de mayo de 2005.)

Art. 21.- Posesión de Vehículos o Piezas con Números Mutilados, Alterados, Destruidos o Modificados (9 L.P.R.A. sec. 3220)

Toda persona que voluntariamente y a sabiendas posea alguna pieza o vehículo de motor con los números de motor o serie, o cualquier otro número de identificación impreso por el manufacturero o fabricante o asignado por el Secretario del Departamento de Transportación y Obras Públicas borrado, mutilado, alterado, destruido, desprendido o en alguna forma modificado incurrirá en delito menos grave.

(Agosto 5, 1987, Núm. 8, p. 654, art. 21; Septiembre 14, 2004, Núm. 282, art. 6, enmienda el primer párrafo, efectiva el 1 de mayo de 2005.)

Art. 21-A. [Posesión de pieza de autos renumerados] (9 L.P.R.A. sec. 3220-A)

Toda persona que sin mediar un uso o autorización oficial, voluntariamente y a sabiendas posea alguna pieza o vehículo de motor cuyos números de motor o serie hayan sido renumerados con un número de identificación de reemplazo con él fin de que fuese utilizado por la Policía de Puerto Rico, por un municipio del Estado Libre Asociado de Puerto Rico que cuenten con Policía Municipal o por la Corporación de Empresas de Adiestramiento y Trabajo, según lo dispuesto en el Artículo 4-A de esta Ley, incurrirá en delito menos grave y convicta que fuere se le impondrá una pena de multa no menor de quinientos (500) dólares ni mayor de cinco mil (5,000) dólares o pena de reclusión que no excederá de seis (6) meses o ambas penas a discreción del Tribunal.

La mera posesión de las piezas o vehículos con número de identificación de reemplazo destinado para el uso de la Policía de Puerto Rico, de un municipio del Estado Libre Asociado de Puerto Rico que cuente con Policía Municipal o de la Corporación de Empresas de Adiestramiento y Trabajo, constituirá evidencia prima facie de la posesión voluntaria a que se refiere este Artículo.

(Agosto 5, 1987, Núm. 8, p. 654; 2003, Num. 72, adicionado como art. 21-A; Septiembre 16, 2004, Núm. 332, art. 3)

Art. 22.- Suministro de Información Falsa o Incumplimiento de Suplirla. (9 L.P.R.A. sec. 3221)

Toda persona que por disposición de esta Ley viniese obligada a informar determinados hechos al Secretario de Transportación y Obras Públicas o a la Policía de Puerto Rico y no lo hiciere o suministrase informes falsos a sabiendas o teniendo razones para creer que son falsos la suministre como verdadera, incurrirá en delito menos grave.

(Agosto 5, 1987, Núm. 8, p. 654, art. 22; Septiembre 14, 2004, Núm. 282, art. 7, efectiva el 1 de mayo de 2005.)

Art. 23. Violaciones - Cancelación o revocación de licencia, patente, permiso o autorización. (9 L.P.R.A. sec. 3222)

A todo dueño o administrador de casa vendedora de vehículos, depósito de chatarras, garaje de hojalatería y pintura, garaje de mecánica, negocio de fabricación o manufactura de llaves para vehículos, o estación de inspección de vehículos que resulte convicto en ocasiones distintas por dos (2) o más violaciones a las disposiciones de este capítulo se le cancelará o revocará la licencia, permiso, patente o autorización que se le haya expedido para operar tal negocio. Esta penalidad será en adición a la pena que se le imponga por haber violado cualquiera de las disposiciones de este capítulo.

(Agosto 5, 1987, Núm. 8, p. 654, art. 23.)

Art. 24. Penalidad por Operar Negociación con Licencia, Patente o Autorización Revocada o Cancelada. (9 L.P.R.A. sec. 3223)

Todo dueño o administrador que opere uno de los negocios mencionados en el Artículo 23, de esta Ley, luego de habérsele revocado o cancelado la licencia, permiso, patente o autorización para operar el mismo, incurrirá en delito menos grave.

(Agosto 5, 1987, Núm. 8, p. 654, art. 24; Julio 15, 1988, Núm. 104, p. 476, art. 2; Septiembre 14, 2004, Núm. 282, art. 8, efectiva el 1 de mayo de 2005.)

Art. 25.- Entrada de Información Falsa al Sistema de Computadoras o Expedientes. (9 L.P.R.A. sec. 3224)

Toda persona, funcionario o empleado público que directamente o por persona intermedia voluntariamente entre, alimente o supla información falsa a cualquier expediente gubernamental físico de vehículo de motor o al sistema de computadoras o voluntariamente por sí o a través de otra persona elimine, modifique o cambie la información contenida en el sistema de computadoras o en cualquier expediente gubernamental físico de vehículo de motor a sabiendas de que dichos actos no proceden, incurrirá en delito grave de cuarto grado.

(Agosto 5, 1987, Núm. 8, p. 654, art. 25; Septiembre 14, 2004, Núm. 282, art. 9, efectiva el 1 de mayo de 2005.)

Art. 26. Autorización Ilegal para Exportar. (9 L.P.R.A. sec. 3225)

Cualquier persona natural o jurídica que viole las disposiciones del Artículo 9 de esta Ley, los directores, oficiales, administradores, síndicos o agentes de dicha persona jurídica que hubiese autorizado la exportación de un vehículo de motor sin cumplir los requisitos aquí dispuestos o que no cumpliera con las obligaciones impuestas por esta Ley incurrirá en delito grave de cuarto grado.

(Agosto 5, 1987, Núm. 8, p. 654, art. 26; Septiembre 14, 2004, Núm. 282, art. 9, efectiva el 1 de mayo de 2005.)

Art. 27-A. - Publicidad sin poseer licencia de concesionario

Toda persona natural o jurídica actuando como intermediario, según definido por esta Ley, que publique un anuncio en un periódico, utilice letreros o medios electrónicos sin poseer licencia de concesionario otorgada por el Secretario de Transportación y Obras Públicas, incurrirá en delito grave de cuarto grado y se le impondrá una multa no menor de cinco mil dólares ($5,000.00).

(Agosto 5, 1987, Núm. 8, p. 654; Septiembre 1, 2010, Núm.130, art. 2, añade este artículo 27-A; Septiembre 19, 2011, Núm. 2, art. 3, enmienda en términos generales.)

Art. 27-B. – Inspecciones administrativas

A los fines de facultar a los agentes de orden público, en conjunto con el Departamento de Transportación y Obras Públicas, para inspeccionar administrativamente cualquier establecimiento, que realice operaciones de intermediarios, según definido en esta Ley. Disponiéndose, que la operación de cualquier establecimiento sin la debida licencia de concesionario, constituirá delito menos grave y se le impondrá una multa no menor de cinco mil dólares ($5,000.00).

(Agosto 5, 1987, Núm. 8, p. 654; Septiembre 1, 2010, Núm.130, art. 3, añade este artículo 27-B; Septiembre 19, 2011, Núm. 197, art. 4, enmienda en términos generales.)

Art. 27-C. – Violaciones

A los efectos del Artículo 27-B, cada día en que se incurra en dicha violación constituirá un delito separado.

(Agosto 5, 1987, Núm. 8, p. 654; Septiembre 1, 2010, Núm.130, art. 4, añade este artículo 27-C.)

Art. 28. Pago de derechos de exportación. (9 L.P.R.A. sec. 3226)

Toda persona que solicite un certificado de exportación a que se refiere la sec. 3208 de este título deberá cancelar un comprobante de Rentas Internas por la cantidad de diez (10) dólares por cada vehículo o transacción.

(Agosto 5, 1987, Núm. 8, p. 654, art. 27; Septiembre 1, 2010, Núm.130, art. 5, reenumera este artículo 27 como artículo 28.)

Art. 29. Vigencia.

Esta ley comenzará a regir inmediatamente después de su aprobación [Agosto 5, 1987] a los únicos efectos de que se adopten los reglamentos necesarios para su aplicación, pero sus restantes disposiciones empezarán a regir a los seis (6) meses de su aprobación.

(Agosto 5, 1987, Núm. 8, p. 654, art. 28; Septiembre 1, 2010, Núm.130, art. 5, reenumera este artículo 28 como artículo 29.)

Art. 30.-Exención

Se exime de la aplicación de esta Ley y su reglamento a todo vehículo de motor nuevo que utilice a Puerto Rico como transbordo hacia su destino final, esté bajo la fianza del Departamento de Hacienda y no haya sido objeto de título en Puerto Rico, siempre y cuando esté bajo la custodia de un transportista en una Zona Libre de Comercio o en las facilidades de un importador o exportador bonafide que cumpla con los requisitos de fianza local y federal para dichos propósitos, o que se exime de la Ley.

(Agosto 5, 1987, Núm. 8, p. 654; Marzo 3, 2002, Núm. 39, adicionado como art. 28; Septiembre 1, 2010, Núm.130, art. 5, los artículos 27 y 28 fueron reenumerados como artículos 28 y 29 y el editor reenumera este artículo 28 como artículo 30.)

Nota Importante:
Enmienda
-2002, ley 39. Esta ley adiciona un nuevo artículo 28, debido a que este ya existe un art. 28, se designa como artículo 30.

Leyes Integradas
Enmiendas
-2019, ley 108 - Esta Ley 108, enmienda el art. 4-A en términos generales.
-2016, ley 196 – Esta Ley 196, adiciona un nuevo inciso (f), designado por editor como inciso (j)
-2015, ley 105 – Esta Ley 105, enmienda el art. 17.
-2011, ley 197 – Esta Ley 197, enmienda los artículos 2, 18, 27-A y 270-B.
-2010, ley 202 – Esta Ley 202, art. 1, añade inciso (5) y redesigna el inciso (5) como inciso (6) al art. 17.
-2010, ley 130 – Esta Ley 130, art. 1, añade el inciso (b) y los últimos dos párrafos al artículo 18.
-2004, ley 332 – La ley de referencia, además de enmendar esta ley, incluye los siguientes artículos relacionados:
"**Artículo 4.** - El Secretario del Departamento de Transportación y Obras Públicas, en coordinación con la Junta de Confiscaciones, adoptará la reglamentación necesaria para implantar las disposiciones de esta Ley, en un término no mayor de noventa (90) días a partir de la aprobación de la misma."
"**Artículo 5.** - Esta Ley comenzará a regir inmediatamente después de su aprobación."

Ley de Sustancias Controladas de Puerto Rico
Ley Núm. 4 de 23 de junio de 1971, según enmendada.

DEFINICIONES, DELITOS Y PENALIDADES

Art. 101 Título. (24 L.P.R.A. sec. 2101)

Esta Ley se conocerá como "Ley de Sustancias Controladas de Puerto Rico".

(Junio 23, 1971, Núm. 4, art. 101.)

Art. 102 Definiciones. (24 L.P.R.A. sec. 2101)

Las palabras y frases definidas en esta sección tendrán el significado que se expresa a continuación a menos que del texto de la Ley se desprenda otro significado:

(1) "Adicto" significa todo individuo que habitualmente use cualquier droga narcótica de forma tal que ponga en peligro la moral, salud, seguridad o bienestar público o que está tan habituado al uso de las drogas narcóticas, que ha perdido el autocontrol con relación a su adicción.

(2) "Administrar" significa la aplicación directa de una sustancia controlada al cuerpo de un paciente o al de un ser humano objeto de experimentación por un profesional, por su agente autorizado, o por el propio paciente o ser humano objeto de experimentación, bajo la dirección y con la autorización del profesional ya sea por medio de inyección, inhalación, ingestión o por cualquier otro medio.

(3) "Paciente" significa todo ser humano o animal que se encuentre bajo el cuidado y atención de un médico, dentista o veterinario.

(4) "Agente" significa la persona autorizada que actúe a nombre o bajo las órdenes de un fabricante, distribuidor o dispensador, pero no incluye porteadores públicos o empresas de transporte, almacenistas públicos, o sus empleados.

(5) "Negociado Federal de Narcóticos y Drogas Peligrosas" significa el Negociado de Narcóticos y Drogas Peligrosas del Departamento de Justicia de los Estados Unidos.

(6) "Controlar" significa incluir una droga o sustancia o precursor inmediato en una clasificación, eliminarla de ella, o cambiarla de clasificación, de conformidad con las [24 LPRA secs. 2201 y 2202] de esta Ley.

(7) "Sustancia controlada" significa toda droga o sustancia o precursor inmediato, incluida en las Clasificaciones I, II, III, IV y V de la [24 LPRA sec. 2202] de esta Ley. Dicha expresión no incluirá bebidas alcohólicas,

espíritus destilados, vinos, ni maltas, conforme a sus definiciones en la Ley de Bebidas de Puerto Rico, Ley núm. 143, de 30 de junio de 1969, [13 LPRA secs. 6001 a 6135], ni el tabaco.

(8) "Sustancia falsificada" significa toda sustancia controlada que, o cuyo envase o etiqueta, exhibe sin autorización, la marca de fábrica, nombre comercial, u otra marca, señal, número o diseño identificador, o su semejante, de un fabricante, distribuidor o dispensador que no es la persona o personas que en realidad fabricaron, distribuyeron o dispensaron tal sustancia y la cual así falsamente pretende o representa ser el producto de, o haber sido distribuido por, tal fabricante, distribuidor o dispensador.

(9) "Entregar o entrega" significa cualquier acto directo, indirecto o intentado, que constituya o implique la transferencia de una sustancia controlada exista o no relación de agencia.

(10) "Droga deprimente o estimulante" significa:

(A) toda droga que contenga cualquier cantidad de (i) ácido barbitúrico o cualquiera de sus sales; o (ii) cualquier derivado del ácido barbitúrico que se determine como capaz de formar hábito por el Secretario de Salud del Estado Libre Asociado de Puerto Rico y por el Secretario de Salud, Educación y Bienestar de los Estados Unidos de acuerdo con la Sección 502(d) de la "Ley Federal de Alimentos, Drogas y Cosméticos" (52 Stat. 1050, 21 U.S.C. 352(d));

(B) toda droga que contenga cualquier cantidad de (i) Anfetamina o cualquiera de sus isómeros ópticos; (ii) cualquier sal de anfetamina o cualquier sal de un isómero óptico de anfetamina; o, (iii) cualquier sustancia que el Secretario de Salud, Educación y Bienestar de los Estados Unidos y el Secretario de Salud del Estado Libre Asociado de Puerto Rico, previa investigación, encuentren y por reglamento determinen que es capaz de formar hábito debido a su efecto estimulante en el sistema nervioso central; o

(C) Dietilamida de ácido lisérgico; o

(D) cualquier droga que contenga cualquier cantidad de una sustancia que el Secretario de Salud, Educación y Bienestar de los Estados Unidos, y el Secretario de Salud del Estado Libre Asociado de Puerto Rico, previa investigación encuentren y por reglamento determinen que tiene potencial para el abuso debido a su efecto deprimente o estimulante en el sistema nervioso central o a su efecto alucinógeno.

(11) "Dispensar" significa prescribir o recetar, administrar o entregar una sustancia controlada al consumidor final, mediante prescripción u orden para administrar. Incluye el proceso de la preparación, rotulación y

empaque de la sustancia controlada, para tal entrega. "Dispensador" es el profesional que dispensa una sustancia controlada.

(12) "Distribuir" significa entregar, por otro medio que no sea administrar o dispensar, una sustancia controlada. "Distribuidor" significa la persona que distribuye una sustancia controlada.

(13) "Droga" significa (1) artículos reconocidos en la Farmacopea Oficial de los Estados Unidos, en la Farmacopea Homeopática Oficial de Estados Unidos, o en el Formulario Oficial Nacional, o en un suplemento de cualquiera de éstos; y (2) artículos destinados a usarse en el diagnóstico, cura, alivio, tratamiento, o en la prevención de enfermedades en el hombre o en los animales; y (3) artículos que no sean alimentos, destinados a modificar la estructura o una función del cuerpo del hombre o de los animales; y (4) artículos destinados a usarse como componentes de cualquier artículo mencionado en las cláusulas (1), (2) ó (3) de este inciso; pero no incluye artefactos ni sus componentes, partes o accesorios.

(14) "Delito grave (*felony*)" significa cualquier delito clasificado por las leyes locales o federales como delito grave.

(15) "Fabricación" significa la producción, la importación, preparación, reproducción, confección o elaboración de una droga u otra sustancia controlada ya sea directa o indirectamente o extrayéndola de sustancias de origen natural, o independientemente por medio de síntesis química, o por la combinación de extracción y síntesis química, e incluye cualquier empaque o reempaque de tal sustancia o la rotulación de su envase excepto que el término no incluirá la preparación, confección, empaque o rotulación por un profesional, de una droga u otra sustancia, de conformidad con las leyes locales de manera incidental a la administración o dispensación de tal droga o sustancia en el curso de su práctica profesional. "Fabricante" significa una persona que fabrica una droga u otra sustancia.

(16) "Marihuana" significa todas las partes de la planta *Cannabis sativa L* ., esté en proceso de crecimiento o no; las semillas de la misma; la resina extraída de cualquier parte de dicha planta; y todo compuesto, producto, sal, derivado, mezcla, o preparación de tal planta, de sus semillas o de su resina, pero no incluirá los tallos maduros de dicha planta, ni las fibras obtenidas de dichos tallos, ni el aceite o pasta hecho de las semillas de dicha planta, ni cualquier otro compuesto, producto, sal, derivado, mezcla o preparación de tales tallos maduros, exceptuando la resina extraída de ellos, o de la fibra, aceite, o pasta, ni la semilla esterilizada de dicha planta que sea incapaz de germinar.

(17) "Droga narcótica" significa cualquiera de las siguientes sustancias, ya sean producidas directa o indirectamente extrayéndolas de sustancias de

origen vegetal, o independientemente por medio de síntesis química, o por una combinación de extracción y síntesis química:

(A) el opio, las hojas de coca y los opiatos;

(B) cualquier compuesto, producto, sal, derivado, o preparación de opio, hojas de coca u opiatos;

(C) cualquier sustancia, y cualquier compuesto, producto, sal, derivado o preparación de la misma, que sea químicamente idéntica a cualquiera de las sustancias mencionadas en los apartados (A) y (B) de este inciso, con la excepción de que las palabras "droga narcótica", según se utilizan en esta Ley, no incluirán las hojas de coca decocainizadas ni extractos de hojas de coca si dichos extractos no contienen cocaína o ecgonina.

(18) "Opiato" significa cualquier droga u otra sustancia capaz de crear adicción o de mantener la adicción, en forma similar a la morfina, o que sea susceptible de ser convertida en una droga que posea dicha capacidad para crear o mantener la adicción.

(19) "Amapola adormidera" (*Opium poppy*) significa la planta de la especie *Papaver somniferum L* ., exceptuando sus semillas.

(20) "Paja de la adormidera" (*Poppy straw*) significa todas las partes de la amapola adormidera luego de ser segada, exceptuando las semillas.

(21) "Profesional" significa médico, dentista, veterinario, investigador científico, farmacéutico, farmacia, hospital, u otra persona con licencia, registrada o en otra forma autorizada por el Estado Libre Asociado de Puerto Rico a distribuir, dispensar, efectuar experimentos con, o administrar o usar en la enseñanza, o en los análisis químicos, una sustancia controlada en el transcurso de su práctica o investigación profesional en el Estado Libre Asociado de Puerto Rico.

(22) "Producción" incluye la fabricación, la siembra, el cultivo, la cosecha o recogida de alguna sustancia controlada.

(23) "Precursor inmediato" significa cualquier sustancia:

(A) que el Secretario de Salud, Educación y Bienestar de los Estados Unidos, y el Secretario de Salud del Estado Libre Asociado de Puerto Rico, determinen, y por reglamento designen como el compuesto principal usado corrientemente, o producido principalmente para usarse, en la fabricación de una sustancia controlada;

(B) que es un intermediario químico inmediato usado o propenso a ser usado en la fabricación de tal sustancia controlada; y

(C) cuyo control se hace necesario para prevenir, reducir o limitar la fabricación de tal sustancia controlada.

(24) "Secretario de Salud" significa el Secretario de Salud del Estado Libre Asociado de Puerto Rico.

(25) "Consumidor final" significa la persona que ha obtenido y que posea lícitamente una sustancia controlada para su propio uso o para el uso de un paciente.

Se considerará como consumidor final al dispensador que se prescribe a sí mismo solamente en aquellas situaciones que el Secretario establezca mediante reglamento.

(26) "Prescripción" o "receta".- Significa una orden original, escrita, expedida y firmada, o generada y transmitida electrónicamente por el prescribiente en el curso normal y ejercicio legal de su profesión en Puerto Rico, para que ciertas sustancias controladas sean dispensadas cumpliendo con la disposiciones de esta Ley. Será obligatorio para el facultativo quien la expide, cumplir con la responsabilidad profesional de una verdadera relación médico-paciente.

(27) "Estados Unidos" significa los estados de la Unión Norteamericana, sus territorios, el Distrito de Columbia y el Estado Libre Asociado de Puerto Rico.

(28) "Persona" significa persona natural o jurídica.

(29) "Ley Federal de Sustancias Controladas" significa el Título II del "*Comprehensive Drug Abuse Prevention and Control Act of 1970* ", Pub. Law 91-513, aprobada el 27 de octubre de 1970.

(30) "Prescribiente".- Significa un profesional médico, dentista, veterinario o podiatra, autorizado a ejercer su profesión y debidamente registrado en Puerto Rico, quien expide y firma, o genera y transmite electrónicamente una receta o prescripción para que se dispense una sustancia controlada a un paciente con quién mantiene una válida relación médico-paciente, cumpliendo con las disposiciones de esta Ley.

(31) "Receta generada y transmitida electrónicamente".- Significa aquella receta o prescripción generada y transmitida electrónicamente por un prescribiente a la farmacia que libremente seleccione el paciente, mediante un sistema que autentique la firma electrónica del prescribiente y garantice la seguridad de la transmisión de acuerdo con las leyes y reglamentos aplicables. Para los efectos de esta Ley, la receta generada y transmitida electrónicamente se conocerá también como receta o prescripción electrónica y constituirá una orden original, por lo que una orden firmada a mano no será requerida. Cuando el paciente así lo requiera se le expedirá una receta firmada a mano.

(32) "Firma electrónica" – Conjunto de datos en forma electrónica consignados en un mensaje, documento o transacción, integrados o

lógicamente asociados a dicho mensaje, documento o transacción, que puedan ser utilizados para identificar al signatario e indicar que el signatario aprueba y reconoce la información contenida en el mensaje, documento o transacción.

(33) Cannabinoides- es un compuesto químico que activa los receptores cannabinoides en el organismo humano el cual es el responsable de los efectos farmacológicos característicos de la planta de marihuana.

(34) cannabinoides sintéticos: - son un grupo de sustancias que están relacionadas estructuralmente al tetrahidrocannabinol (THC) y que son producidas comercialmente y probados en un laboratorio.

Se entenderán incluidos en esta definición cualquier material, compuesto, mezcla, análogo, isómero y sales o preparación de sales de isómeros que sea posible dentro de la designación química específica que contenga una cantidad cualesquiera de los siguientes Cannabinoides Sintéticos:

1) AM-2201	11) HU-308	21) JWH-203
2) AM-694	12) HU-331	22) JWH-210
3) C7	13) JWH-015	23) JWH-250
4) C8	14) JWH-018	24) JWH-251
5) CB-25	15) WIN55-212-3	25) JWH-398
6) CB-52	16) JWH-019	26) RCS-4
7) CP47, 497	17) JWH-073	27) RCS-8
8) CP55, 940	18) JWH-081	28) WIN55, 212-2
9) HU-210	19) JWH-133	
10) HU-211	20) JWH-200	

(Junio 23, 1971, Núm. 4, art. 102; Agosto 10, 2009, Núm. 64, art. 1, enmienda el inciso (26) y añade los incisos (30), (31) y (32); Agosto 4, 2012, Núm. 154, art. 1, añade los incisos (33) y (34).)

Nota Importante
Enmienda
-**2012, ley 154** – La ley 154 añade los incisos (33) y (34) e incluye los siguientes artículos relacionados:
Artículo 3.- Prohibición de Venta - A partir de la vigencia de esta Ley, se prohíbe la venta de todo producto o químico que contenga Metilendioxipirovalerona (MDPV), marihuana sintética o "cannabiniode sintético" o los derivados de éstos, tales como: JWH-015, JWH-018, JWH-073, JWH-081, JWH-133, JWH-200, JWH-250, JWH-398, CP 47,497, CP 55,244, CP 55,940, HU-210, HU-211, WIN 55,212-2, JWH-122, JWH-049,

AM2201, JWH-203, AM691, SR-19, RCS-4, SR-19 Y RCS-8, y, otros similares.

Artículo 4.-Facultad - El Departamento de Salud y el Departamento de Asuntos del Consumidor (DACO), por medio de sus oficiales y empleados, poseen la facultad legal para inmediatamente incautar, retirar y disponer de todo producto que contenga Metilendioxipirovalerona (MDPV), marihuana sintética o "cannabiniode sintético" o sus derivados. Por un término de quince (15) días, contados a partir de la vigencia de esta Ley, estas agencias están facultadas para establecer centros de acopio para la entrega voluntaria de estas sustancias por parte de sus distribuidores, vendedores o poseedores, para proceder con el retiro y disposición inmediata de dichas sustancias.

Además, se autoriza al Departamento de Salud y al Departamento de Asuntos del Consumidor a aprobar y/o enmendar cualquier disposición reglamentaria necesaria para poner en vigor las disposiciones de esta Ley.

Artículo 5.-Vigencia -Esta Ley comenzará a regir inmediatamente después de su aprobación.

DELITOS Y PENALIDADES

Art. 401 Actos prohibidos (A) y penalidades. (24 L.P.R.A. sec. 2401)

(a) Excepto en la forma autorizada en esta Ley, será ilegal el que cualquier persona, a sabiendas o intencionalmente:

(1) Fabrique, distribuya, dispense, transporte u oculte, o posea con la intención de fabricar, distribuir, dispensar, transportar u ocultar una sustancia controlada;

(2) produzca, distribuya o dispense, transporte u oculte o posea con la intención de distribuir o dispensar, trasportar u ocultar una sustancia falsificada.

(b) Excepto lo establecido por la [24 LPRA sec. 2405] de esta Ley toda persona que viole lo dispuesto por el inciso (a) de esta sección convicta que fuere será sentenciada en la forma siguiente:

(1) (A) En el caso de alguna sustancia controlada incluida en las Clasificaciones I o II, que sean drogas narcóticas, incurrirá en delito grave, y convicta que fuere será sentenciada con pena de reclusión por un término fijo de veinte (20) años. De mediar circunstancias agravantes, la pena fija establecida podrá ser aumentada hasta un máximo de treinta (30) años; de mediar circunstancias atenuantes, podrá ser reducida hasta un mínimo de diez (10) años.

El tribunal a su discreción, podrá imponer, en adición a la pena de reclusión, una pena de multa que no excederá de veinticinco mil (25,000) dólares.

Si cualquier persona comete tal violación después de una o más convicciones previas, que sean firmes, por delito castigable bajo este apartado, o por delito grave bajo cualquier disposición de esta Ley o de cualquier ley de los Estados Unidos, relacionada con drogas narcóticas, marihuana, sustancias deprimentes o estimulantes, dicha persona incurrirá en delito grave y convicta que fuere será sentenciada con pena de reclusión por un término fijo de treinta y cinco (35) años. De mediar circunstancias agravantes, la pena fija establecida podrá ser aumentada hasta un máximo de cincuenta (50) años; de mediar circunstancias atenuantes, podrá ser reducida hasta un mínimo de veinte (20) años.

El tribunal, a su discreción, podrá imponer, en adición a la pena de reclusión, una pena de multa que no excederá de cincuenta mil (50,000) dólares.

(B) En el caso de alguna sustancia controlada incluida en Clasificación I que no sea droga narcótica, tal persona incurrirá en delito grave, y convicta que fuere será sentenciada con pena de reclusión por un término fijo de doce (12) años. De mediar circunstancias agravantes, la pena fija establecida podrá ser aumentada hasta un máximo de veinte (20) años; de mediar circunstancias atenuantes, podrá ser reducida hasta un mínimo de cinco (5) años.

El tribunal, a su discreción, podrá imponer, en adición a la pena de reclusión, una pena de multa que no excederá de veinte mil (20,000) dólares.

Si cualquier persona comete tal violación después de una o más convicciones previas, que sean firmes por delito castigable bajo este apartado, o por delito grave bajo cualquier disposición de esta Ley o de cualquier ley de los Estados Unidos relacionada con drogas narcóticas, marihuana, sustancias deprimentes o estimulantes, dicha persona incurrirá en delito grave o convicta que fuere será sentenciada con pena de reclusión por un término fijo de veinticinco (25) años. De mediar circunstancias agravantes, la pena fija establecida podrá ser aumentada hasta un máximo de cuarenta (40) años; de mediar circunstancias atenuantes, podrá ser reducida hasta un mínimo de diez (10) años.

El tribunal, a su discreción, podrá imponer, en adición a la pena de reclusión, una pena de multa que no excederá de treinta mil (30,000) dólares.

(C) En el caso de alguna sustancia controlada incluida en la Clasificación II, que no sea droga narcótica, o en el caso de una sustancia controlada incluida en la Clasificación III, tal persona incurrirá en delito grave y convicta que fuere será sentenciada con pena de reclusión por un término fijo de siete (7) años. De mediar circunstancias agravantes, la pena fija establecida podrá ser aumentada hasta un máximo de diez (10) años; de mediar circunstancias atenuantes, podrá ser reducida hasta un mínimo de cinco (5) años.

El tribunal, a su discreción, podrá imponer, en adición a la pena de reclusión, una pena de multa que no excederá de quince mil (15,000) dólares.

Si cualquier persona comete dicha violación después de una o más convicciones previas que sean firmes por delito castigable bajo este apartado, o por delito grave castigable bajo cualquier otra disposición de esta Ley o de cualquier ley de los Estados Unidos relacionada con drogas narcóticas, marihuana, sustancias deprimentes o estimulantes, tal persona incurrirá en delito grave y convicta que fuere será sentenciada con pena de reclusión por un término fijo de quince (15) años. De mediar circunstancias agravantes, la pena fija establecida podrá ser aumentada hasta un máximo de veinte (20) años; de mediar circunstancias atenuantes podrá ser reducida hasta un mínimo de diez (10) años.

El tribunal, a su discreción, podrá imponer, en adición a la pena de reclusión, una pena de multa que no excederá de treinta mil (30,000) dólares.

(2) En el caso de alguna sustancia controlada incluida en la Clasificación IV, tal persona incurrirá en delito grave y convicta que fuere será sentenciada con pena de reclusión por un término fijo de tres (3) años. De mediar circunstancias agravantes, la pena fija establecida podrá ser aumentada hasta un máximo de cinco (5) años; de mediar circunstancias atenuantes, podrá ser reducida hasta un mínimo de dos (2) años.

El tribunal, a su discreción, podrá imponer, en adición a la pena de reclusión, una pena de multa que no excederá de diez mil (10,000) dólares.

Si cualquier persona comete tal violación después de una o más convicciones previas, que sean firmes por delito castigable bajo este apartado, o por un delito grave castigable bajo cualquier otra disposición de esta Ley, o de cualquier ley de los Estados Unidos, relacionada con drogas narcóticas, marihuana, sustancias deprimentes o estimulantes, tal persona incurrirá en delito grave y convicta que fuere será sentenciada con pena de reclusión por un término fijo de seis (6) años. De mediar circunstancias agravantes, la pena fija establecida podrá ser aumentada hasta un máximo de diez (10) años; de mediar circunstancias atenuantes podrá ser reducida hasta un mínimo de cuatro (4) años.

El tribunal, a su discreción, podrá imponer, en adición a la pena de reclusión, una pena de multa que no excederá de veinte mil (20,000) dólares.

(3) En el caso de una sustancia controlada incluida en la Clasificación V, tal persona incurrirá en delito grave y convicta que fuere será sentenciada con pena de reclusión por un término fijo de dos (2) años. De mediar circunstancias agravantes, la pena fija establecida podrá ser aumentada hasta un máximo de tres (3) años; de mediar circunstancias atenuantes, podrá ser reducida hasta un mínimo de un (1) año.

El tribunal, a su discreción, podrá imponer, en adición a la pena de reclusión, una pena de multa que no excederá de cinco mil (5,000) dólares.

Si cualquier persona comete tal violación después de una o más convicciones previas, que sean firmes, por delito castigable bajo este apartado, o por un delito grave castigable bajo cualquier otra disposición de esta Ley, o de cualquier ley de los Estados Unidos relacionada con drogas narcóticas, marihuana, sustancias deprimentes o estimulantes, tal persona incurrirá en delito grave y convicta que fuere será sentenciada con pena de reclusión por un término fijo de cuatro (4) años. De mediar circunstancias agravantes, la pena fija establecida podrá ser aumentada hasta un máximo de seis (6) años; de mediar circunstancias atenuantes, podrá ser reducida hasta un mínimo de dos (2) años.

El tribunal, a su discreción, podrá imponer en adición a la pena de reclusión, una pena de multa que no excederá de diez mil (10,000) dólares.

(Junio 23, 1971, Núm. 4, p. 553, art. 401; Enmendada en el 1980, Núm. 109)

Art. 402 Actos prohibidos (B) y penalidades. (24 L.P.R.A. sec. 2402)

(a) Será ilegal el que cualquier persona:

(1) Sujeta a los requisitos de las [24 LPRA secs. 2301 a 2311] de esta Ley, distribuya o dispense una sustancia controlada, en violación a la [24 LPRA sec. 2308] de esta Ley o prescriba una sustancia controlada a una persona que no sea un consumidor final;

(2) que haya sido registrada, distribuya o dispense alguna sustancia controlada no autorizada por su registro a otra persona registrada o a otra persona autorizada, o que fabrique alguna sustancia controlada no autorizada por su registro;

(3) omita, remueva, altere o destruya algún símbolo o rótulo requerido por la [24 LPRA sec. 2305] de esta Ley;

(4) rehúse, o deje de preparar, conservar, llevar o suministrar cualquier récord, notificación, formulario, informe, libro, hoja oficial de pedido o información requeridos por esta Ley, o haga constar o someta información falsa en los informes e inventarios que se requieren por la [24 LPRA sec. 2306] de esta Ley;

(5) se niegue a dar entrada en los terrenos o locales sujetos a inspección conforme a esta Ley, o impida cualquier inspección autorizada por el mismo;

(6) remueva, destruya, lesione, o desfigure el sello puesto a sus tancias controladas de conformidad con la [24 LPRA sec. 2304(f)] de esta Ley o remueva o disponga de sustancias que llevan dicho sello;

(7) utilice, para su beneficio, o revele a otras personas que no sean funcionarios o empleados autorizados del Estado Libre Asociado de Puerto Rico, o de los Estados Unidos, o los tribunales cuando sea relevante en cualquier procedimiento judicial bajo esta Ley, cualquier información adquirida en el curso de una inspección autorizada por esta Ley, concerniente a cualquier método o proceso que, como secreto de fábrica, está sujeto a protección.

(b) Será ilegal el que cualquier persona registrada fabrique alguna sustancia controlada de las incluidas en la Clasificación I o II, que no esté expresamente autorizada por su registro.

(c) (1) Excepto como se disponga en el apartado (2) de esta sección, toda persona que incurra en una violación de esta sección, que a juicio del Secretario de Salud constituya una infracción puramente técnica, podrá acogerse a una multa administrativa no menor de veinticinco (25) dólares ni mayor de quinientos (500) dólares por cada infracción. El pago de la multa administrativa impedirá cualquier sanción adicional por las infracciones cometidas.

(2) (A) Si una violación a esta sección es cometida a sabiendas, o si habiéndose determinado por el Secretario de Salud que se trata de una infracción puramente técnica la persona optare por no acogerse al pago de una multa administrativa o si la persona omitiere pagar la multa administrativa impuéstale dentro del plazo prudencial que fijare el Secretario de Salud, tal persona incurrirá en delito grave y convicta que fuere, excepto como de otra forma se disponga en el apartado (2)(B), será sentenciada con pena de reclusión por un término fijo de dos (2) años. De mediar circunstancias agravantes, la pena fija establecida podrá ser aumentada hasta un máximo de tres (3) años; de mediar circunstancias atenuantes, podrá ser reducida hasta un mínimo de un (1) año.

El tribunal, a su discreción, podrá imponer, en adición a la pena de reclusión, una pena de multa que no excederá de veinticinco mil (25,000) dólares.

(B) Si la violación a que se refiere el apartado (2)(A) fue cometida después de una o más convicciones previas que sean firmes, por delito castigable bajo este apartado (2) o por delito bajo cualquier otra disposición de esta Ley, o de cualquier ley de los Estados Unidos relacionada con drogas narcóticas, marihuana, sustancias deprimentes o estimulantes, tal persona incurrirá en delito grave y convicta que fuere será sentenciada con pena de reclusión por un término fijo de cuatro (4) años. De mediar circunstancias agravantes, la pena fija establecida podrá ser aumentada hasta un máximo de seis (6) años; de mediar circunstancias atenuantes, podrá ser reducido hasta un mínimo de dos (2) años.

El tribunal, a su discreción, podrá imponer, en adición a la pena de reclusión, una pena de multa que no excederá de cincuenta mil (50,000) dólares.

(Junio 23, 1971, Núm. 4, p. 553, art. 402; Enmendado en el 1975, Núm. 52; 1980, Núm. 109)

Art. 403 Actos prohibidos (C) y penalidades. (24 L.P.R.A. sec. 2403)

(a) Será ilegal el que cualquier persona, a sabiendas o intencionalmente:

(1) que sea persona registrada, distribuya una sustancia controlada de las incluidas en las Clasificaciones I o II en el curso de su legítimo oficio o profesión, salvo de conformidad con la hoja oficial de pedido requerida por la [24 LPRA sec. 2307] de esta Ley;

(2) use en el curso de la fabricación o distribución de una sustancia controlada un número de registro ficticio, revocado, suspendido o emitido a otra persona;

(3) adquiera u obtenga la posesión de una sustancia controlada por medio de falsa representación, fraude, falsificación, engaño o subterfugio o adquiera u obtenga la posesión de una sustancia controlada, ya sea mediante compra u otro medio, de un fabricante, distribuidor o dispensador que no haya obtenido el correspondiente registro para operar en Puerto Rico;

(4) suministre información pertinente que sea falsa o fraudulenta u omita información pertinente en cualquier solicitud, informe, récord, o en cualquier otro documento que se requiera llevar o mantener bajo esta Ley; o

(5) haga, distribuya o posea algún punzón, cuño, plancha, piedra u objeto destinado a estampar, imprimir o reproducir la marca de fábrica, el nombre comercial, o cualquier otra marca, impresión o divisa de otro producto o de otra persona, o cualquier objeto parecido a los descritos precedentemente, en una droga, su envase o en la marca, etiqueta o rótulo de la misma convirtiendo dicha droga en una sustancia falsificada.

(b) Será ilegal el que cualquier persona a sabiendas o intencionalmente use cualquier medio de comunicación para cometer o facilitar la comisión de algún acto que constituya delito bajo cualquier disposición de esta Ley. Cada uso separado de un medio de comunicación constituirá un delito separado bajo este inciso. Para los propósitos de este inciso, el término "medio de comunicación" significa cualquier sistema público o privado utilizado para la transmisión de escritos, signos, señales, retratos, sonidos, incluyendo el correo, teléfono, telégrafo, radio y cualquier otro medio de comunicación.

(c) Toda persona que viole esta sección incurrirá en delito grave y convicta que fuere será sentenciada con pena de reclusión por un término fijo de dos (2) años seis (6) meses. De mediar circunstancias agravantes, la pena fija establecida podrá ser aumentada hasta un máximo de cuatro (4) años; de mediar circunstancias atenuantes, podrá ser reducida hasta un mínimo de un (1) año.

El tribunal, a su discreción, podrá imponer, en adición a la pena de reclusión, una pena de multa que no excederá de treinta mil (30,000) dólares si cualquier persona comete tal violación después de una o más convicciones previas, que sean firmes, por un delito castigable bajo esta sección, o por un delito grave bajo cualquier otra disposición de esta Ley, o de cualquier ley de los Estados Unidos relacionada con drogas narcóticas, marihuana, o sustancias estimulantes o deprimentes, tal persona incurrirá en delito grave y convicta que fuere será sentenciada con pena de reclusión por un término fijo de cinco (5) años. De mediar circunstancias agravantes, la pena fija establecida podrá ser aumentada hasta un máximo de ocho (8) años; de mediar circunstancias atenuantes, podrá ser reducida hasta un mínimo de dos (2) años.

El tribunal, a su discreción, podrá imponer, en adición a la pena de reclusión, una pena de multa que no excederá de sesenta mil (60,000) dólares.

(Junio 23, 1971, Núm. 4, p. 553, art. 403; Enmendado en el 1975, Núm. 52; 1980, Núm. 109)

Art. 404 Penalidad por posesión, libertad a prueba y eliminación de récord por primer delito. (24 L.P.R.A. sec. 2404)

(a) Será ilegal el que cualquier persona, a sabiendas o intencionalmente, posea alguna sustancia controlada, a menos que tal sustancia haya sido obtenida directamente o de conformidad con la receta u orden de un profesional actuando dentro del marco de su práctica profesional, o excepto como se autorice en este capítulo.

Toda persona que viole este inciso incurrirá en delito grave y convicta que fuere será castigada con pena de reclusión por un término fijo de tres (3) años. De mediar circunstancias agravantes, la pena fija establecida podrá ser aumentada hasta un máximo de cinco (5) años; de mediar circunstancias atenuantes, podrá ser reducida hasta un mínimo de dos (2) años.

El tribunal, a su discreción, podrá imponer, en adición a la pena de reclusión, una pena de multa que no excederá de cinco mil (5,000) dólares. Si la persona comete tal delito después de una o más convicciones previas, que sean firmes, bajo este inciso, incurrirá en delito grave y convicta que fuere será sentenciada a pena de reclusión por un término fijo de seis (6) años. De mediar circunstancias agravantes, la pena fija establecida podrá ser aumentada hasta un máximo de diez (10) años; de mediar circunstancias atenuantes, podrá ser reducida hasta un mínimo de cuatro (4) años.

(b) (1) Si cualquier persona que no haya sido previamente convicta de violar el inciso (a) de esta sección, o de cualquier otra disposición de este capítulo, o de cualquier ley de los Estados Unidos, relacionada con drogas narcóticas, marihuana, o sustancias estimulantes o deprimentes, es hallada culpable de violar el inciso (a) de esta sección, bien sea después de la celebración del juicio o de hacer una alegación de culpabilidad, el tribunal podrá, sin hacer pronunciamiento de culpabilidad y con el consentimiento de tal persona, suspender todo procedimiento y someter a dicha persona a libertad a prueba bajo los términos y condiciones razonables que tenga a bien requerir, y por un término fijo de tres (3) años. De mediar circunstancias agravantes, la pena fija establecida podrá ser aumentada hasta un máximo de cinco (5) años; de mediar circunstancias atenuantes, podrá ser reducida hasta un mínimo de dos (2) años. El tribunal apercibirá al acusado que, de abandonar el programa de tratamiento y rehabilitación, será sancionado conforme a lo dispuesto en la [33 LPRA sec. 4428] del Título 33.

El consentimiento de la persona incluirá la aceptación de que, de ser acusado de cometer un delito grave, se celebre conjuntamente con la vista de determinación de causa probable la vista sumaria inicial que disponen las [34 LPRA secs. 1026 a 1029] del Título 34. La determinación de causa probable de la comisión de un nuevo delito es causa suficiente para, en ese momento, revocar provisionalmente los beneficios de libertad a prueba.

En el caso de incumplimiento de una condición de la libertad a prueba, el tribunal podrá dejar sin efecto la libertad a prueba y proceder a dictar sentencia siguiendo lo dispuesto en las [34 LPRA secs. 1026 a 1029] del Título 34.

Si durante el período de libertad a prueba la persona no viola ninguna de las condiciones de la misma, el tribunal, en el ejercicio de su discreción y previa celebración de vista, podrá exonerar la persona y sobreseer el caso en su contra. La exoneración y sobreseimiento bajo este inciso se llevará a cabo sin declaración de culpabilidad por el tribunal, pero se conservará el récord del caso en el tribunal, con carácter confidencial, no accesible al público y separado de otros récords, a los fines exclusivos de ser utilizado por los tribunales al determinar si en procesos subsiguientes la persona califica bajo este inciso.

La exoneración y sobreseimiento del caso no se considerará como una convicción a los fines de las descalificaciones o incapacidades impuestas por ley a los convictos por la comisión de algún delito, incluyendo las penas prescritas bajo este capítulo por convicciones subsiguientes y la persona así exonerada tendrá derecho a que el Superintendente de la Policía le devuelva cualesquiera récords de huellas digitales y fotografías que obren en poder de la Policía de Puerto Rico, tomadas en relación con la violación de esta sección. La exoneración y sobreseimiento de que trata esta sección podrá concederse en solamente una ocasión a cualquier persona.

(c) Antes de dictar sentencia a cualquier persona hallada culpable de violar el inciso (a) de esta sección, bien sea después de la celebración de un juicio o de hacer una alegación de culpabilidad, el tribunal, a solicitud de tal persona, ordenará a un proveedor de servicios autorizado por la Administración de Servicios de Salud Mental y contra la Adicción que la someta a un procedimiento evaluativo de naturaleza biosicosocial, el cual será sufragado por dicha persona convicta, salvo que sea indigente. Dicho proveedor de servicios le rendirá un informe al tribunal dentro de los treinta (30) días siguientes a la orden. El informe incluirá los antecedentes e historial de la persona convicta en relación al uso de sustancias controladas y los resultados de las pruebas, con sus recomendaciones. Si a base de dicho informe y del expediente del caso, el tribunal determina que la persona convicta no representa un peligro para la sociedad, ni que es adicta a sustancias controladas al punto que necesite de los servicios de un programa de rehabilitación, podrá, con el consentimiento del Ministerio Público, dictar resolución imponiéndole pena de multa no menor de mil (1,000) dólares ni mayor de diez mil (10,000) dólares y pena de prestación de servicios a la comunidad hasta un máximo de seis (6) meses. Además, el tribunal ordenará al convicto que tome, a su costo, un curso de orientación preventiva contra el uso de sustancias controladas en cualquier proveedor de servicio reconocido por la Administración de Servicios de Salud Mental y contra la Adicción.

En caso de que la persona convicta sea indigente o no pueda satisfacer la totalidad de la multa impuesta o de los procedimientos evaluativos o de orientación ordenados, el tribunal podrá establecer un plan de pago. También podrá autorizar el pago o amortización, total o parcial, de la multa mediante la prestación de trabajo o servicios en la comunidad, abonándose cincuenta (50) dólares por cada día de trabajo, cuya jornada no excederá de ocho (8) horas diarias.

La disposición sobre la pena de prestación de servicios a la comunidad será puesta en ejecución por la Administración de Corrección y la Oficina de la Administración de los Tribunales, de acuerdo a la reglamentación pertinente.

El tribunal conservará jurisdicción concurrente junto a la Administración de Corrección sobre la persona convicta, a fin del cumplimiento de las penas impuestas. En conformidad, el tribunal apercibirá a la persona convicta que de violar cualquiera de las condiciones impuestas por éste o cualquiera de las disposiciones de este capítulo durante el cumplimiento de dichas penas, será sentenciada conforme lo dispuesto en el inciso (a) de esta sección; abonándole la multa pagada y el tiempo de servicio comunitario prestado, a razón de cincuenta (50) dólares por cada día de reclusión y un día de reclusión por cada día de servicios prestados, respectivamente.

Una vez la persona convicta satisfaga la pena impuesta bajo este inciso y someta evidencia de haber aprobado el curso de orientación preventiva, el tribunal dictará sentencia como delito menos grave, entendiéndose que la pena ha sido satisfecha.

(Junio 23, 1971, Núm. 4, p. 553, art. 404; Mayo 31, 1972, Núm. 64, p. 142, sec. 1; Junio 4, 1980, Núm. 109, p. 371, sec. 1; Julio 13, 1988, Núm. 88, p. 392, sec. 2; Enero 17, 1995, Núm. 7, art. 2; Septiembre 2, 2000, Núm. 356, sec. 1; Febrero 22, 2003, Núm. 77, art. 1, enmienda el inciso (c) primer párrafo.)

Art. 405 Distribución a personas menores de dieciocho años. (24 L.P.R.A. sec. 2405)

(a) Toda persona mayor de 18 años que, en violación a la [24 LPRA sec. 2401(a)(1)] de esta Ley, distribuya, dispense o en cualquier forma transfiera o administre una sustancia controlada a una persona menor de 18 años, o que en cualquier forma induzca o ayude a, o conspire con otros a inducir a un menor de dieciocho (18) años, al uso de una sustancia controlada incurrirá en delito grave y convicta que fuere, será, excepto como se disponga en el inciso (b), sentenciada con el doble de las penas provistas por la [24 LPRA sec. 2401(b)] de esta Ley por un delito cometido por primera vez, que envuelva la misma sustancia controlada y la misma clasificación.

(b) Toda persona mayor de 18 años que, en violación a la [24 LPRA sec. 2401(a)(1)] de esta Ley, distribuya una sustancia controlada a una persona menor de 18 años después de una o más convicciones previas bajo el inciso (a) de esta sección incurrirá en delito grave y convicta que fuere será sentenciada con el triple de las penas provistas por la [24 LPRA sec. 2401(b)] de esta Ley, por un delito subsiguiente que envuelva la misma sustancia controlada y la misma clasificación.

(c) Toda persona mayor de 18 años de edad que viole el inciso (c) (1) del Artículo 412, distribuyendo, entregando o dispensando parafernalia relacionada con sustancias controladas a una persona menor de 18 años de edad será culpable de un delito distinto y convicta que fuere será sentenciada con el doble de las penas provistas en el inciso (c) (1) de este Artículo.

(Junio 23, 1971, Núm. 4, p. 553, art. 405; Enmendado en le 1985, Núm. 7: 1997, Núm. 110)

Art. 406 Tentativa y conspiración. (24 L.P.R.A. sec. 2406)

Toda persona que intente cometer o conspire para cometer cualquier delito definido en esta Ley, y convicta que fuere será castigada con pena de prisión, y además podrá ser multada a discreción del tribunal, la cual pena no excederá la pena prescrita para el delito, que se intentó cometer, o para la comisión del cual se conspiró.

(Junio 23, 1971, Núm. 4, p. 553, art. 406)

Art. 407 Penalidades adicionales. (24 L.P.R.A. sec. 2407)

Toda penalidad impuesta por la violación a esta Ley, será en adición a, y no en sustitución de cualquier multa administrativa, salvo cuando en esta Ley se disponga lo contrario.

(Junio 23, 1971, Núm. 4, p. 553, art. 407)

Art. 408 Empresa criminal continua. (24 L.P.R.A. sec. 2408)

(a) (1) Toda persona que se dedique a una empresa criminal continua incurrirá en delito grave y convicta que fuere será sentenciada con la pena de reclusión por un término fijo de noventa y nueve (99) años.

El tribunal, a su discreción, podrá imponer, en adición a la pena de reclusión, una pena de multa que no excederá de doscientos mil (200,000) dólares, y a la confiscación prescrita en la cláusula (2) de este inciso.

(2) A cualquier persona que fuere convicta bajo el apartado (1) de dedicarse a una empresa criminal continua, se le confiscarán a favor del Estado Libre Asociado de Puerto Rico:

(A) las ganancias obtenidas por él en tal empresa y

(B) cualquier interés suyo en tal empresa, reclamación en contra, o derechos contractuales o de propiedad de cualquier clase que le proporcionen una fuente de influencia sobre tal empresa.

(b) Se entenderá por empresa criminal continua cualquier acto, amenaza u omisión que constituya delito grave o su tentativa cometida por cualesquiera dos (2) o más personas, sociedad, corporación, asociación o cualquier unión o grupo de personas asociadas u otra entidad jurídica o de facto, en violación de cualquiera de las disposiciones de esta Ley cuando se hayan cometido por lo menos dos (2) de tales violaciones dentro de un período de diez (10) años, por lo menos una de las cuales deberá ocurrir con posterioridad a la fecha de vigencia de este inciso. A los efectos de computar el período de diez (10) años antes dispuesto se excluirá cualquier período de reclusión servido por el imputado.

(c) En el supuesto de una sentencia impuesta bajo esta sección, la ejecución de tal sentencia no será suspendida y no se aplicarán las disposiciones de las [4 LPRA secs. 1161, 1162 y 1164], las disposiciones de la [34 LPRA sec. 1042], ni las disposiciones de las [4 LPRA secs. 1501 *et seq* .], sobre libertad bajo palabra.

(d) El Tribunal Primera Instancia tendrá jurisdicción bajo el inciso (a), para emitir órdenes restrictivas o prohibitivas, o para tomar aquellas providencias que estimare convenientes, incluyendo la aceptación de fianzas para garantizar el cumplimiento de obligaciones en relación con cualquier propiedad o interés sujeto a ser confiscado bajo esta Ley.

(e) La acción penal bajo esta sección no prescribirá.

(Junio 23, 1971, Núm. 4, p. 553, art. 408)

Art. 409 Penalidades de funcionarios o empleados. (24 L.P.R.A. sec. 2409)

Incurrirá en delito grave cualquier funcionario o empleado dedicado a la administración y ejecución de esta Ley que:

(a) Mientras ejerza su cargo se ocupe, directa o indirectamente, en cualquier industria, en la fabricación, distribución o dispensación de cualquier sustancia controlada, sujeta a las disposiciones de esta Ley;

(b) realice cualquier acto de extorsión o presión a sabiendas, bajo pretexto de ordenarlo la ley; o

(c) a sabiendas exija otras o mayores sumas que las autorizadas por la ley o que reciba cualquier honorario, derecho, compensación o gratificación que no esté autorizado por esta Ley, por el desempeño de cualquier deber; o

(d) falte al desempeño de cualquiera de los deberes que se le imponen por esta Ley; o

(e) facilite una oportunidad para que cualquier otra persona pueda infringir la ley; o

(f) ejecute o deje de ejecutar cualquier acto, con la intención de proporcionar a otra persona oportunidad para infringir la ley; o

(g) por negligencia, o intencionalmente permita a cualquier persona violar la ley; o

(h) estando enterado o teniendo noticia de la violación de cualquier disposición de esta Ley por alguna persona, omita informar al Secretario de Salud o al Superintendente de la Policía sobre dicha violación; o

(i) exija, acepte o intente cobrar directa o indirectamente, como pago, regalo o en cualquier otra forma, una suma de dinero o cualquier otra cosa de valor, por el arreglo, la transacción o solución de cualquier denuncia o queja de haberse violado o pretendido violar esta Ley; o

(j) divulgue o dé a conocer, en cualquier forma no autorizada por esta Ley, a cualquier persona la información contenida en las declaraciones, libros oficiales, récord u otros documentos.

El funcionario o empleado que incurriere en cualquiera de las infracciones señaladas en esta sección será castigado, en caso de que resultare convicto, con pena de reclusión por un término fijo de seis (6) años. De mediar circunstancias agravantes, la pena fija establecida podrá ser aumentada hasta un máximo de diez (10) años; de mediar circunstancias atenuantes, podrá ser reducida hasta un mínimo de cuatro (4) años.

El tribunal a su discreción, podrá imponer la pena fija de reclusión establecida o pena de multa que no excederá a diez mil (10,000) dólares ni será menor de dos mil (2,000) o ambas penas.

(Junio 23, 1971, Núm. 4, p. 553, art. 409; Enmendado en el 1980, Núm. 109)

Art. 410 Engaño en transacciones de sustancias controladas, transacciones de sustancias controladas adulteradas. (24 L.P.R.A. sec. 2410)

Toda persona que acuerde, consienta a, negocie o en cualquier forma ofrezca para la venta, entrega, aplicación o donación cualesquiera de las sustancias controladas incluidas en las Clasificaciones I a la V, y luego vende, done, entregue, traspase o administre engañosamente cualquier otra sustancia, material o líquido haciendo creer que se trata de la sustancia objeto de la transacción, incurrirá en delito grave, y convicta que fuere será sentenciada con pena de reclusión por un término fijo de seis (6) años. De mediar circunstancias agravantes, la pena fija establecida podrá ser aumentada hasta un máximo de diez (10) años; de mediar circunstancias atenuantes, podrá ser reducida hasta un mínimo de cuatro (4) años. Esta sección será aplicable a toda persona esté o no autorizada a realizar la transacción.

Toda persona que en el tráfico lícito, por estar autorizada a realizar la transacción, acuerde, consienta a, negocie o en cualquier forma ofrezca para la venta, entrega, aplicación o donación sustancias controladas de las incluidas en las Clasificaciones I a V adulterada, incurrirá en delito grave y, convicta que fuere, será sentenciada con pena de reclusión por un término fijo de seis (6) años. De mediar circunstancias agravantes, la pena fija establecida podrá ser aumentada hasta un máximo de diez (10) años; de mediar circunstancias atenuantes, podrá ser reducida hasta un mínimo de cuatro (4) años.

A los fines de esta sección, una sustancia adulterada es aquélla cuya potencia, calidad o pureza original es o ha sido afectada o alterada por la adición de cualquier sustancia o agente químico, físico o biológico, sea o no la sustancia o agente ajena a la fórmula original.

(Junio 23, 1971, Núm. 4, p. 553, art. 410; Enmendado en el 1975, Núm. 52; 1980, Núm. 109)

Art. 411 Empleo de menores. (24 L.P.R.A. sec. 2411)

Cualquier persona que utilice los servicios de una persona menor de 18 años de edad en la transportación, fabricación, distribución, dispensación de cualquiera de las sustancias controladas comprendidas en esta Ley, para propósitos ilegales de acuerdo con el mismo, incurrirá en delito grave y convicta que fuere será sentenciada con el doble de las penas provistas por la [24 LPRA sec. 2401(b)] de esta Ley por un delito cometido por primera vez, que envuelva la misma sustancia controlada y la misma clasificación de conformidad con la gradación establecida por dicha sección 2401(b); por la segunda y subsiguientes violaciones a esta sección, la persona incurrirá en delito grave y convicta que fuere será sentenciada con el triple de las penas provistas por la [24 LPRA sec. 2401(b)] de esta Ley por un delito subsiguiente que envuelva la misma sustancia controlada y la misma clasificación de conformidad con la gradación establecida por dicha sección 2401(b).

(Junio 23, 1971, Núm. 4, p. 553, art. 411; Enmendado en el 1972, Núm. 16)

Art. 411a Introducción de drogas en escuelas o instituciones. (24 L.P.R.A. sec. 2411a)

Toda persona que, a sabiendas e intencionalmente y en violación a las disposiciones de este capítulo, introduzca, distribuya, dispense, administre, posea o transporte para fines de distribución, venda, regale, entregue en cualquier forma, o simplemente posea cualquier sustancia controlada de las incluidas en las Clasificaciones I a V de este capítulo en una escuela pública o privada, instalación recreativa, pública o privada, o en los alrededores de cualquiera de éstas, incurrirá en delito grave y, convicta que fuere, será sentenciada con el doble de las penas provistas por las [24 LPRA secs. 2401(b) o 2404(a)] de esta ley, por un delito cometido por primera vez, que envuelva la misma sustancia y la misma clasificación.

En casos de reincidencia por la simple posesión la penalidad será el triple de las penas provistas por la [24 LPRA sec. 2404(a)] de esta ley por un delito subsiguiente que envuelva la misma sustancia controlada y la misma clasificación. En casos de reincidencia por introducción, distribución, posesión para fines de distribución o venta se impondrá pena de reclusión por un término fijo de noventa y nueve (99) años.

Escuela. Se entenderá el edificio principal y toda edificación, anexo, patio, jardín y área de estacionamiento de la escuela y cubrirá las prescolares, las elementales, secundarias (intermedias), superiores, especializadas y a las universidades y colegios para estudios universitarios. Se entenderán cubiertas, a los fines de esta sección, las escuelas comerciales, las vocacionales o de oficios; aquéllas para personas impedidas físicamente, retardadas mentales, sordomudas y ciegas; para personas con limitaciones del habla y en la lectura, y cualesquiera otras de naturaleza análoga a las antes mencionadas. Por "alrededores de una escuela" se entenderá cubierta un área de hasta cien (100) metros radiales a contarse desde los límites de la escuela, según indicados estos límites por cerca o por cualquier otro signo de demarcación.

Instalación recreativa pública o privada. Se entenderá todo parque, cancha, piscina, salón de máquinas de vídeo o *pinball*, estadio, coliseo, área o lugar designado o comúnmente utilizado para la celebración de actividades de juego, entretenimiento, diversión o recreación pasiva, competencias o eventos deportivos, profesionales o de aficionados. Por "alrededores de una instalación recreativa" se entenderá cubierta un área de hasta cien (100) metros radiales a contarse desde los límites de la instalación recreativa, según indicados estos límites por cerca o cualquier otro signo de demarcación.

Igualmente incurrirá en delito grave toda persona que, a sabiendas e intencionalmente y en violación a las disposiciones de este capítulo, distribuya, dispense, administre, posea o transporte para fines de distribución, venda, regale o entregue en cualquier forma cualquier sustancia controlada de las incluidas en las Clasificaciones I a V de este capítulo en un centro, institución o facilidad público o privado dedicado a la prevención, diagnóstico, tratamiento y rehabilitación de los adictos a drogas narcóticas o de los dependientes a drogas deprimentes o estimulantes o en sus alrededores. En caso de convicción el infractor será castigado con la penalidad dispuesta en los párrafos primero y segundo de esta sección para la primera convicción y para casos de reincidencia, respectivamente.

Alrededores de un centro, institución o facilidad. Se entenderá cubierta un área de hasta cien (100) metros radiales a contarse desde los límites de éstos, según indicados estos límites por cerca o por cualquier otro signo de demarcación.

(Junio 23, 1971, Núm. 4, p. 553; Adicionado en el 1975, Núm. 13; enmendado en el 1986, Núm. 40; 1988, Núm. 33; 1995, Núm. 6; 1998, Núm. 18)

Artículo 412.- Parafernalia relacionada con sustancias controladas; definición; criterios; penas.

(a) Parafernalia.

Parafernalia relacionada con sustancias controladas, comprende cualquier utensilio, objeto, artículo, equipo, producto o material de cualquier clase que es usado, diseñado o destinado a la siembra, propagación, cultivo, cosecha, manufactura, fabricación, mezcla o combinación, conversión, producción, procesamiento, preparación, prueba, análisis, empaque, reempaque, almacenamiento, conservación, ocultación o en la ingestión, inhalación o introducción en el cuerpo humano por cualquier otro medio, de una sustancia controlada en violación de este capítulo. Incluye, pero no está limitado a lo siguiente:

(1) El equipo o conjunto de artículos, objetos o herramientas usados, destinados o diseñados para utilizarse en la siembra, propagación, cultivo y cosecha de cualquier especie de planta que sea una sustancia controlada o de la cual se obtiene una sustancia controlada. El equipo o conjunto de objetos o herramientas o artículos usados, destinados o diseñados para utilizarse en el cultivo en invernaderos de marihuana u otra planta clasificada como sustancia controlada, como son los abanicos, abanicos de extractores, convertidores de voltaje, lámparas de hidrofón, cronógrafo, termómetros, interruptores, bombillas de alto voltaje, bombillas pequeñas hidráulicas, rotores, rocetas, tanques de ácido carbónico, platos de aluminio para lámparas, rollo de tela plástico parecido a las plantas, lámparas de tubos fosforescentes, cables eléctricos, brazos de lámparas giratorias, entre otros.

(2) El equipo o conjunto de artículos, objetos o herramientas usados, destinados o diseñados para utilizarse en la manufactura, composición, conversión, producción, procesamiento o preparación de sustancias controladas.

(3) Artefactos de isomerización usados, destinados o diseñados para utilizarse en la incrementación de la potencia de cualquier especie de planta que sea una sustancia controlada.

(4) Equipos de prueba, químicos o alcohol usados, destinados o diseñados para la identificación, el análisis o medición de la potencia, efectividad, pureza o calidad de sustancias controladas.

(5) Escalas y balanzas usadas, destinadas o diseñadas para utilizarse en el pesaje o medida de sustancias controladas.

(6) Diluentes y adulterantes como el clorhidrato de quinina manitol, "manito", dextrosa y lactosa , leche en polvo, "bolivian rock", bicarbonato de soda, lidocaína, benzocaína, laxante para bebé, formalina, tiza, jabón en polvo, pastillas molidas, veneno para ratas, harina de trigo, amonia para cocinar "crack", entre otros, usados, destinados o diseñados para utilizarse en la dilución o en el corte de sustancias controladas.

(7) Alijadoras, cribas o cernedores usados, destinados o diseñados para utilizarse en la remoción de ramas y semillas o para limpiar o refinar cualquier sustancia controlada.

(8) Mezcladoras, tazas, escudillas, recipientes, procesadores de alimentos, molinillos, cucharas y artefactos para mezclar usados, destinados o diseñados para utilizarse en la combinación, composición o mezcla de sustancias controladas.

(9) Cápsulas, balones o redomas, sobres, bolsas plásticas o de papel celofán y otros envases usados, destinados o diseñados para utilizarse en el empaque de pequeñas cantidades de sustancias controladas.

(10) Envases y otros objetos usados, destinados o diseñados para utilizarse en el almacenamiento u ocultación de sustancias controladas.

(11) Goteros, cocedores ("cookers") o artefactos donde se cocina la droga para luego ser inyectada, como lo son las chapas o tapas de botella, fondos de botellas, cucharas y otros objetos similares.

(12) Objetos usados, destinados o diseñados para ser utilizados en la ingestión, inhalación, o la introducción en el cuerpo humano por cualquier otro medio de marihuana, cocaína, hashish o aceite de hashish, como son:

(A) Pipas de cualquier material, con o sin filtro o criba, filtros permanentes, aditamentos, cabezas o recipientes, terminales para hashish o tazas de metal agujerado, pipas de fabricación casera o cachimba, envolturas de hipodérmicas, baterías.

(B) Pipas de agua, de cámara, eléctricas, de carburación, activadas por aire, de hielo o enfriadores.

(C) Tubos y aparatos de carburación.

(D) Máscaras de fumar y carburación.

(E) Objetos usados para sostener material para quemar como cigarrillos o "motos" de marihuana que se han reducido tanto en tamaño que no se pueden sostener en la mano, conocidos como "mata changas" ("roach clip").

(F) Cucharas de cocaína en miniatura y frascos, ampolletas o redomas de cocaína.

G) "Chillum", artefacto de origen hindú, generalmente de barro cocido, utilizado para fumar marihuana o hashish.

(H) "Bongas" ("bongs").

(I) Papel para envolver picadura, conocido como papel para enrolar o papel conocido como "bambú".

(b) Criterios.

En la determinación de lo que constituye un artículo, objeto o utensilio relacionado con la parafernalia de sustancias controladas, un tribunal, o cualquier otra autoridad competente, podrá considerar, en adición a otros factores relevantes, los siguientes:

(1) Declaraciones del dueño o de la persona en control del objeto relacionadas con su uso.

(2) Convicciones anteriores, si alguna, del dueño o de la persona que tiene el control del objeto, bajo cualquier ley federal o estatal relacionada con sustancias controladas.

(3) La proximidad o relación del objeto, en tiempo y espacio, con una violación de esta Ley.

(4) La proximidad del objeto a sustancias controladas.

(5) La existencia de algún residuo de sustancias controladas en el objeto.

(6) Evidencia directa o circunstancial del propósito del dueño o de la persona en control del objeto, de entregarlo a personas que sabe o podrían razonablemente saber que intentan usarlo para facilitar una violación de esta Ley.

(7) Instrucciones, orales o escritas, relativas al uso del objeto en cuestión.

(8) Materiales descriptivos que acompañan al objeto en cuestión, que expliquen o demuestren su uso.

(9) Publicidad nacional o local relativa al uso del objeto en cuestión.

(10) La manera en que el objeto es exhibido para la venta.

(11) Si el dueño, o la persona en control del objeto es un suplidor legítimo en la comunidad de mercancía igual o similar, como sería, pero sin limitarse a, un distribuidor, representante, agente o comerciante "bona fide" de productos de tabaco.

(12) La existencia y posibilidad de usos lícitos para el objeto en la comunidad.

(13) Testimonio pericial relativo al uso de los objetos en cuestión.

El hecho de que se declare no culpable al dueño o la persona en control del objeto, por una violación a las disposiciones de esta Ley, no impedirá un fallo por violación a este artículo cuando se determine que el utensilio, objeto o artículo es "parafernalia relacionada con sustancias controladas" según se define el término en este inciso.

(c) Actos Prohibidos, penalidades.

(1) Será ilegal que cualquier persona a sabiendas y con intención criminal fabrique, distribuya, venda, dispense, entregue, transporte, oculte o posea con la intención de distribuir, vender, disponer, entregar, transportar u ocultar parafernalia relacionada con sustancias controladas, según se define el término en el inciso (a) de este Artículo para sembrar, propagar, cultivar, cosechar, fabricar, componer, convertir, producir, procesar, preparar, probar, analizar, empacar, reempacar, reenvasar, almacenar, guardar, contener, ocultar, inyectar, ingerir, inhalar o introducir en el cuerpo humano por cualquier otro medio una sustancia controlada en violación de esta Ley.

Toda persona que viole lo dispuesto en este inciso será culpable de delito grave y convicta que fuere será sentenciada con multa no mayor de treinta mil (30,000) dólares o pena de reclusión por un término fijo de 3 años. De mediar circunstancias agravantes, multa no mayor de cincuenta mil (50,000) dólares o pena de reclusión hasta un máximo de 5 años; y de mediar circunstancias atenuantes, multa no mayor de veinte mil (20,000) dólares o pena de reclusión hasta un máximo de 2 años.

(2) Será ilegal que cualquier persona, a sabiendas y con intención criminal use o posea con intención de usar, parafernalia relacionada con sustancias controladas, para sembrar, propagar, cultivar, cosechar, fabricar, componer, convertir, producir, procesar, preparar, probar, analizar, empacar, reempacar, reenvasar, almacenar, guardar, contener, ocultar, inyectar, ingerir, inhalar o de cualquier otra forma introducir en el cuerpo humano una sustancia controlada en violación de esta Ley. Toda persona que viole lo dispuesto en este inciso será culpable de delito grave y convicta que fuere será sentenciada con multa no mayor de tres mil (3,000) dólares o pena de reclusión por un término fijo de 3 años. De mediar circunstancias agravantes, multa no mayor de cinco mil (5,000) dólares o pena de reclusión hasta un máximo de 5 años; y de mediar circunstancias atenuantes, multa no mayor de dos mil (2,000) dólares o pena de reclusión hasta un máximo de 2 años.

(3) Será ilegal que cualquier persona coloque un anuncio comercial en un periódico, revista, panfleto, volante, catálogo u otra publicación, a sabiendas, intencionalmente o en circunstancias donde razonablemente debe saber, que el propósito de tal anuncio comercial, en parte o en su totalidad, es el de promover la compra o venta de artículos u objetos

diseñados o destinados para ser usados como parafernalia relacionada con sustancias controladas.

Toda persona que viole lo dispuesto en este inciso será culpable de delito grave y convicta que fuere será sentenciada con una pena de multa fija de $10,000. De mediar circunstancias agravantes, la pena de multa fija establecida podrá ser aumentada hasta un máximo de $15,000; y de mediar circunstancias atenuantes, podrá ser reducida hasta un mínimo de $5,000.

(Junio 23, 1971, Núm. 4, Art. 412; Adicionado en el 1997, Núm. 110; Julio 13, 2007, Núm. 73, art. 1, enmienda el subinciso (11) del inciso (a)).

Art. 413 Jurisdicción exclusiva del Tribunal Superior. (24 L.P.R.A. sec. 2412)

El Tribunal Superior tendrá jurisdicción original exclusiva en todos los procedimientos judiciales que se insten bajo esta Ley incluyendo los casos de delito menos grave, excepto que en los casos de delito menos grave el acusado no tendrá derecho a ser juzgado por jurado.

(Junio 23, 1971, Núm. 4, p. 553, art. 413; Renumerado en el 1997, Núm. 110)

Art. 414 Disposiciones generales de carácter penal. (24 L.P.R.A. sec. 2413)

Toda persona que viole las disposiciones de esta Ley, o conspire para cometer tal violación, cuando no se haya establecido pena específica para la violación o conspiración, incurrirá en delito grave, y convicta que fuere por la primera ofensa será sentenciada con pena de reclusión por un término fijo de seis (6) años. De mediar circunstancias agravantes, la pena fija establecida podrá ser aumentada hasta un máximo de diez (10) años; de mediar circunstancias atenuantes, podrá ser reducida hasta un mínimo de cuatro (4) años. Por la segunda ofensa será sentenciada con pena de reclusión por un término fijo de doce (12) años. De mediar circunstancias agravantes, la pena fija establecida podrá ser aumentada hasta un máximo de (20) años; de mediar circunstancias atenuantes, podrá ser reducida hasta un mínimo de seis (6) años. Por la tercera y subsiguientes ofensas será sentenciada con pena de reclusión por un término fijo de treinta (30) años. De mediar circunstancias agravantes, la pena fija establecida podrá ser aumentada hasta un máximo de cuarenta (40) años; de mediar circunstancias atenuantes, podrá ser reducida hasta un mínimo de veinte (20) años.

En todos los casos anteriores el tribunal, a su discreción, podrá imponer la pena fija de reclusión establecida y además podrá imponer una pena de multa que no excederá de veinte mil (20,000) dólares.

(Junio 23, 1971, Núm. 4, p. 553, art. 414; Enmendado en el 1980, Núm. 109, Renumerado en el 1997, Núm. 110)

Art. 415 Sentencia suspendida; elegibilidad. (24 L.P.R.A. sec. 2414)

Las disposiciones sobre sentencia suspendida y libertad a prueba no serán aplicables a ningún convicto de violar las [24 LPRA secs. 2401(a), 2405, 2411 y 2411a] de esta Ley cuando se trate de la distribución, venta, introducción, dispersación o posesión y transportación para fines de distribución, salvo en aquellos casos en que fueren de aplicación las disposiciones de las [34 LPRA secs. 1042 y 1043].

(Junio 23, 1971, Núm. 4, p. 553, art. 415; Enmendado en el 1986, Núm. 40, Renumerado en el 1997, Núm. 110)

Art. 416 Estorbos públicos. (24 L.P.R.A. sec. 2415)

Cualquier lugar, local, establecimiento o sitio usado sustancialmente para el propósito de ilegalmente fabricar, distribuir, dispensar, administrar, usar, vender, traspasar, almacenar, guardar u ocultar sustancias controladas deberá ser considerado como un estorbo público. Ninguna persona podrá tener ni mantener tal clase de estorbo público. En tales casos el Secretario de Salud podrá iniciar el procedimiento correspondiente para obtener un decreto judicial que prohíba la continuación de tal situación ilegal. La clausura del lugar, local, establecimiento o sitio no impedirá que se use la propiedad para fines lícitos.

(Junio 23, 1971, Núm. 4, p. 553, art. 416; Renumerado en el 1997, Núm. 110)

Notas Importantes
-Vease la Ley Completa en el Libro de la Ley de Farmacia y Ley de Sustancias Controladas o en www.LexJuris.net (Socios y Suscriptores) Ordene libro o membresía en www.LexJurisStore.com

Ley de Armas de Puerto Rico. (Definiciones y Delitos).
Ley Núm. 168 de 11 de diciembre de 2019

CAPÍTULO I. DISPOSICIONES PRELIMINARES

Artículo 1.01.- Título de la Ley. (25 L.P.R.A. sec. 461 et. seq.)

Esta Ley se conocerá como la nueva "Ley de Armas de Puerto Rico de 2020".

(Diciembre 11, 2019, Núm. 168, art. 1.01, efectiva 1 de enero de 2020.)

Artículo 1.02.- Definiciones. (25 L.P.R.A. sec. 461a)

Para efectos de esta Ley, los siguientes términos tendrán el significado que a continuación se expresa:

(a) "Agente del Orden Público"- significa aquel miembro u oficial del Gobierno de Puerto Rico o de Estados Unidos de América, así como cualquier subdivisión política de Puerto Rico o de Estados Unidos, entre cuyos deberes se encuentra el proteger a las personas y la propiedad, mantener el orden y la seguridad pública; y efectuar arrestos. Esto incluye, pero sin limitarse, a todo miembro del Negociado de la Policía de Puerto Rico, de la Policía Municipal, del Negociado de Investigaciones Especiales del Cuerpo de Vigilantes del Departamento de Recursos Naturales y Ambientales, Oficiales de Custodia del Departamento de Corrección, del Programa de Servicios con Antelación al Juicio, de la Administración de Instituciones Juveniles, de la Guardia Nacional, Agente de Seguridad de la Autoridad de Puertos, mientras se encuentren en funciones o ejercicios oficiales, los Inspectores del Negociado de Transporte y Otros Servicios Públicos, los Agentes Especiales Fiscales y los Agentes e Inspectores de Rentas Internas del Departamento de Hacienda y los Alguaciles de la Rama Judicial de Puerto Rico y de los del tribunal federal con jurisdicción en todo Puerto Rico.

(b) "Ametralladora o Arma Automática"- significa aquella arma de fuego, que, sin importar su descripción, tamaño, o nombre por el que se conozca, cargada o descargada, pueda disparar repetida o automáticamente más de una bala o de forma continua un número de balas contenidas en un abastecedor, cinta o cualquier otro receptáculo, mediante una sola presión del gatillo. El término "ametralladora" incluye también el de subametralladora, así como cualquier otra arma de fuego provista de un dispositivo para disparar automáticamente la totalidad o parte de las balas o municiones contenidas en el abastecedor, cinta u otro receptáculo mediante una sola presión del gatillo o cualquier pieza, artefacto individual o combinación de las partes de un arma de fuego, destinada y con la intención de convertir, modificar o alterar dicha arma en una ametralladora.

(c) "Arma"- significa toda arma de fuego, arma blanca o cualquier otro tipo de arma, independientemente de su denominación.

(d) "Arma Blanca"- significa un objeto punzante, cortante o contundente que pueda ser utilizado como un instrumento de agresión, capaz de infligir grave daño corporal, incluso la muerte. Esta definición no incluye estos tipos de artefactos, mientras sean utilizados con fines de trabajo, arte, oficio o deporte.

(e) "Arma de Fuego"- es cualquier arma que, sin importar el nombre, sea capaz de lanzar un proyectil o proyectiles por acción de una explosión. El termino arma de fuego incluye, pero no se limita a, pistola, revolver, escopeta, rifle, carabina, incluyendo el marco, armazón o el receptor donde el manufacturero coloca el número de serie de tales armas. Esta definición no incluye aquellos artefactos tales como, pero sin limitarse a, las pistolas de clavos utilizadas en la construcción, artefactos para lanzar señales de pirotecnia o líneas, mientras se utilicen con fines de trabajo, arte, oficio o deporte.

(f) "Arma Larga" - significa cualquier escopeta, rifle o arma de fuego diseñada para ser disparada desde el hombro.

(g) "Arma Neumática" - es cualquier arma, que sin importar el nombre por el cual se conozca, mediante la liberación de gas o mezcla de gases comprimidos sea capaz de impulsar uno (1) o más proyectiles.

(h) "Arma de Fuego Antigua" se define como:

(1) cualquier arma de fuego, pistola, escopeta o fusil de mecha ("matchlock") o de chispa ("flintlock"), vaina de percusión ("percussion cap") manufacturado en o antes de 1898; o

(2) cualquier réplica de un arma de fuego descrita en el subinciso anterior, si dicha réplica:

(i) no está diseñada, rediseñada o de cualquier forma modificada, para utilizar munición de fuego anular ("rimfire") o munición de tipo convencional de fuego central ("centerfire");

(ii) utiliza munición de fuego anular ("rimfire") o munición de tipo convencional de fuego central ("centerfire") que ya no es manufacturada en Estados Unidos y que no es disponible por los canales normales y ordinarios de comercio; o (iii) cualquier rifle de carga por el cañón ("muzzle loading rifle"), escopeta de carga por el cañón ("muzzle loading shotgun") o pistola de carga por el cañón ("muzzle loading pistol") que esté diseñada para utilizarse con pólvora negra o un substituto de pólvora negra, y que no pueda utilizar munición de tipo fijo. Para los propósitos de este subinciso, el término "Arma de Fuego Antigua" no incluirá cualquier arma que incorpore un armazón ("frame") o recibidor ("receiver"), cualquier arma que sea capaz de ser convertida en un arma de carga por el cañón ("muzzle loading weapon"), cualquier arma de carga por el cañón ("muzzle loading weapon"), o que pueda ser convertida para ser capaz de disparar munición de tipo fijo mediante el reemplazo del cañón ("barrel"), cerrojo ("bolt"), ánima ("breech lock"), o cualesquiera combinación de estas.

(i) "Armero" – Significa cualquier persona natural o jurídica que posee una licencia de armero por sí o por medio de sus agentes o empleados, compre o introduzca para la venta, cambie, permute, ofrezca en venta o exponga a la venta, o tenga a la venta en su establecimiento comercial cualquier arma de fuego o municiones, o que realice cualquier trabajo mecánico o cosmético para un tercero en cualquier arma de fuego o municiones.

(j) "Armor Piercing"- significa aquel proyectil que pueda ser usado en armas de fuego, que esté construido enteramente (excluyendo la presencia o trazas de otras sustancias) o de una combinación de aleación de tungsteno, acero, hierro, latón, bronce, berilio cúprico o uranio degradado; o un proyectil de cubierta completa mayor de calibre punto veintidós (.22), diseñado e intencionado para usarse en armas de fuego y cuya cubierta tenga un peso de más de veinticinco (25) por ciento de su peso total. Excluye toda munición designada no tóxica, requerida por legislación ambiental federal o estatal o reglamentación de caza para esos propósitos, proyectiles desintegrables diseñados para tiro al blanco, o cualquier proyectil que se determine por el Secretario del Tesoro de Estados Unidos que su uso primario es para propósito deportivo, o cualquier otro proyectil o núcleo de proyectil en cual dicho Secretario encuentre que su uso primordial es para fines industriales, incluyendo cargas usadas en equipos de perforación de pozos de petróleo o de gas.

(k) "Asociación de Tiro"- significa cualquier asociación bona fide de deportistas o practicantes de tiro, debidamente instituida y reconocida nacionalmente o internacionalmente, que posea un reglamento que regule una disciplina particular de tiro, y la cual celebre o participe de competencias a nivel nacional y/o internacional, en forma ordenada, bajo la supervisión de árbitros o jueces, y sistemas de clases basados en puntuación con propósito de elegir un ganador o ganadores.

(l) "Certificado de Uso y Manejo"- significa aquel documento que acredita la participación y cumplimiento en el Curso de Uso y Manejo de Armas de Fuego.

(m) "Comisionado"- significa el Comisionado del Negociado de la Policía de Puerto Rico.

(n) "Comité" - significa el Comité Interagencial para Combatir el Tráfico Ilegal de Armas, establecido en esta Ley.

(o) "Escopeta" - significa un arma de fuego de cañón largo con uno (1) o más cañones con interiores lisos, diseñada para ser disparada desde el hombro, la cual puede disparar cartuchos de uno (1) o más proyectiles. Puede ser alimentada manualmente o por abastecedor o receptáculo, y se puede disparar de manera manual, automática o semiautomática. Esta definición incluirá las escopetas con el cañón cortado a menos de dieciocho (18) pulgadas.

(p) "Federación de Tiro" - significa cualquier federación adscrita al Comité Olímpico de Puerto Rico que represente el deporte de tiro.

(q) "Licencia de Armas"- significa aquella licencia concedida por la Oficina de Licencias de Armas que autorice a una persona a poseer y portar armas de fuego y sus municiones.

(r) "Licencia de Armero" – significa aquella licencia concedida por la Oficina de Licencias de Armas que autorice a una persona natural o jurídica para que se dedique al negocio de armero.

(s) "Licencia de Caza Deportiva" – significa aquel permiso concedido por el Secretario del Departamento de Recursos Naturales y Ambientales que autorice a una persona a practicar la caza deportiva en Puerto Rico.

(t) "Licencia de Club de Tiro" – significa aquella licencia concedida por la Oficina de Licencias de Armas que autorice a un club u organización que estén constituidos conforme a lo que requiere esta Ley, para que en sus facilidades se practique tiro al blanco.

(u) "Licencia Especial de Armas Largas para el Transporte de Valores" – significa aquella licencia concedida por la Oficina de Licencias de Armas que autorice a una Agencia de Seguridad que se dedique al transporte de valores en vehículos blindados a comprar, poseer, disponer y mantener en su lugar de negocio un depósito para armas largas y sus correspondientes municiones.

(v) "Licencia Especial para Menores" – significa aquella licencia concedida por la Oficina de Licencias de Armas que autorice a un menor de edad, por el término de vigencia de la licencia de armas del padre, madre, tutor o encargado, a que practiquen el deporte de tiro con armas de fuego, siempre que tengan al menos siete (7) años cumplidos y medie la autorización del padre, madre, tutor o el custodio, y que este posea a su vez una licencia de armas vigente. (w) "Munición" – significa cualquier bala, cartucho, proyectil, perdigón o cualquier carga, que se ponga o pueda ponerse en un arma para ser disparada.

(x) "Munición de Tipo Fijo" - significa aquella munición que está completamente ensamblada, entiéndase con casquillo, pólvora, fulminante y proyectil.

(y) "National Crime Information Center (NCIC)" - significa el sistema de información computadorizada de data de justicia criminal establecido por el Negociado de Investigaciones Federales (FBI, por sus siglas en inglés) como un servicio para las agencias de orden público estatal y federal.

(z) "National Instant Criminal Background Check System (NICS)"- significa el sistema de información computadorizada de data administrado por el Negociado de Investigaciones Federales (FBI, por sus siglas en inglés), el cual todo armero debe contactar o acceder para requerir información sobre si una persona puede poseer un arma sin violar las disposiciones legales del Gun Control Act of 1968, Public Law 90-618, 18 U.S.C. § 923, según enmendada.

(aa) "Oficina de Licencias de Armas"- significa aquella unidad del Negociado de la Policía de Puerto Rico, encargada de todo lo relacionado a la expedición de Licencias de Armas y el Registro Electrónico.

(bb) "Negociado de la Policía – significa el Negociado de la Policía de Puerto Rico.

(cc) "Parte de Arma de Fuego" – significa cualquier artículo que de ordinario estaría unido a un arma de fuego siendo parte necesaria para la operación de dicha arma y esencial al proceso de disparar un proyectil.

(dd) "Pistola" - significa cualquier arma de fuego que no tenga cilindro, la cual se carga manualmente o por un abastecedor, no diseñado para ser disparado del hombro, capaz de ser disparada en forma semiautomática o un disparo a la vez, dependiendo de su clase.

(ee) "Portar de Forma Ostentosa"- significa el acto de portar un arma de fuego, presumiendo la misma de manera desafiante.

(ff) "Precarista" significa aquella persona que usa y disfruta gratuitamente de un bien inmueble, sin tener título para ello, por tolerancia o por inadvertencia del dueño.

(gg) "Portación"- significa la posesión inmediata o la tenencia física de una o más armas de fuego, cargadas o descargadas, sobre la persona del portador o a su alcance inmediato. Por alcance inmediato se entenderá al alcance de su mano y la transportación de las mismas.

(hh) "Registro Criminal Integrado o (RCI)" – significa el Registro Criminal Integrado del Departamento de Justicia de Puerto Rico, el cual es un sistema de información computarizado de casos criminales activos en el Tribunal, órdenes de protección y órdenes de arresto expedidas por determinaciones de causa para arresto y por la Junta de Libertad bajo Palabra.

(ii) "Registro Electrónico"- significa el registro digital para almacenar la data relacionada a las licencias de armas y todas las transacciones de armas de fuego y municiones por parte de la persona tenedora de una de estas.

(jj) "Revólver"- Significa cualquier arma de fuego que contenga un cilindro giratorio con varias cámaras que, con la acción de apretar el gatillo o montar el martillo del arma, se alinea con el cañón, poniendo la bala en posición de ser disparada.

(kk) "Rifle" - significa cualquier arma de fuego diseñada para ser disparada desde el hombro, que dispara uno o tres proyectiles. Puede ser alimentada manual o automáticamente por un abastecedor o receptáculo y se puede disparar de manera manual o semiautomática. El término "rifle" incluye el término "carabina".

(ll) "Silenciador de Arma de Fuego"- es cualquier artefacto, dispositivo o mecanismo para silenciar, amortiguar o disminuir el sonido de un arma de fuego, incluyendo cualquier combinación de partes, diseñado, rediseñados o destinados para su uso en el montaje o la fabricación, y/o cualquier parte destinada sólo para el uso a tales propósitos.

(mm) "Transportar" - significa la posesión, mediata o inmediata de una o más armas de fuego descargadas, dentro de un estuche cerrado, y el cual no esté a simple vista, con el fin de trasladarlas entre lugares. Dicha transportación deberá realizarse por una persona con licencia de armas vigente.

(nn) "Vehículo"- significa cualquier medio que sirva para transportar personas o cosas por tierra, mar o aire.

(oo) "Zona Escolar" - significa los predios del plantel escolar, ya sea público o privado, en uso, dentro o fuera de horas de clase, su área de estacionamiento y áreas verdes, así como todo el tramo de vía pública situado frente a una escuela, más el tramo de la vía pública a cada lado del frente de una escuela y con una longitud variable, debidamente identificada con las señales de tránsito correspondientes y a cien (100) metros perimetrales al plantel, la distancia que sea mayor.

(pp) "Zona Universitaria" - significa los predios del campus universitario y/o instituto técnico de enseñanza superior, ya sea público o privado, su área de estacionamiento y áreas verdes, y aquellos edificios fuera de dicho campus pertenecientes a la institución de educación superior, y cualquier distancia a cien (100) metros perimetrales del campus o edificios universitarios fuera del campus.

(qq) "BATFE o ATF" – significa el Negociado de Armas, Alcohol, Tabaco y Explosivos, por sus siglas en ingles.

(Diciembre 11, 2019, Núm. 168, art. 1.02, efectiva 1 de enero de 2020.)

CAPÍTULO VI. DELITOS

Artículo 6.01.- Agravamiento de las Penas. (25 L.P.R.A. sec. 466)

Toda persona que resulte convicta de alguna de las disposiciones de esta Ley, y que dicha convicción esté asociada y sea coetánea a otra convicción de cualquiera de las disposiciones de la Ley Núm. 4 de 23 de junio de 1971, según enmendada, conocida como la "Ley de Sustancias Controladas de Puerto Rico", con excepción del Artículo 404 de la misma, o de la Ley Núm. 33 de 13 de julio de 1978, según enmendada, conocida como la "Ley contra el Crimen Organizado y Lavado de Dinero del Estado Libre Asociado de Puerto Rico", será sancionada con el doble de la pena provista en esta Ley. Todas las penas de reclusión que se impongan bajo esta Ley serán cumplidas consecutivamente entre sí y consecutivamente con las impuestas bajo cualquier otra ley. Además, si la persona hubiere sido convicta anteriormente por cualquier violación a esta Ley o por cualquiera de los delitos especificados en ésta o usare un arma en la comisión de cualquier delito y como resultado de tal violación, alguna persona sufriera daño físico o mental, la pena establecida para el delito se duplicará. Toda violación a esta Ley en una zona escolar o universitaria conllevará el doble de la pena.

Todas las penas de reclusión que se impongan bajo esta Ley podrán ser consideradas para la libertad bajo palabra por la Junta de Libertad bajo Palabra al cumplir el setenta y cinco por ciento (75%) del término de reclusión impuesto.

(Diciembre 11, 2019, Núm. 168, art. 6.01, efectiva 1 de enero de 2020.)

Artículo 6.02.- Fabricación, Importación, Venta y Distribución de Armas de Fuego. (25 L.P.R.A. sec. 466a)

Se necesitará una licencia expedida conforme a los requisitos exigidos por esta Ley para ofrecer, vender o tener para la venta o traspasar cualquier arma de fuego, municiones o aquella parte o pieza de un arma de fuego donde el fabricante de la misma coloca el número de serie del arma. Se necesitará una licencia de armero para, además de hacer todo lo antes indicado, fabricar, alquilar o importar cualquier arma de fuego, municiones o aquella parte o pieza de un arma de fuego donde el fabricante de la misma coloca el número de serie del arma. Toda infracción a este Artículo constituirá delito grave y será sancionada con pena de reclusión por un término fijo de quince (15) años, sin derecho a sentencia suspendida, o a disfrutar de los beneficios de algún programa de desvío, bonificaciones o a cualquier alternativa a la reclusión reconocida en esta jurisdicción, debiendo cumplir en años naturales la totalidad de la pena impuesta. De mediar circunstancias agravantes, la pena fija establecida podrá ser aumentada hasta un máximo de veinticinco (25) años; de mediar circunstancias atenuantes, podrá ser reducida hasta un mínimo de diez (10) años.

(Diciembre 11, 2019, Núm. 168, art. 6.02, efectiva 1 de enero de 2020.)

Artículo 6.03.- Prohibición a la Venta de Armas de Fuego a Personas sin Licencia. (25 L.P.R.A. sec. 466b)

Ningún armero o persona con licencia de armas vigente podrá entregar un arma de fuego a ninguna persona para su posesión sin que esta le muestre una Licencia de Armas vigente. Toda persona que a sabiendas venda, traspase o de cualquier manera facilite armas de fuego o municiones a una persona sin licencia de armas vigente en Puerto Rico, incurrirá en delito grave y convicto que fuere, será sancionado con pena de reclusión por un término fijo de quince (15) años, sin derecho a sentencia suspendida, a salir en, o a disfrutar de los beneficios de algún programa de desvío, bonificaciones o a cualquier alternativa a la reclusión reconocida en esta jurisdicción, debiendo cumplir en años naturales la totalidad de la pena impuesta. De mediar circunstancias agravantes, la pena fija establecida podrá ser aumentada hasta un máximo de veinticinco (25) años; de mediar circunstancias atenuantes, podrá ser reducida hasta un mínimo de diez (10) años.

Una convicción bajo este Artículo conllevará la cancelación automática de toda licencia otorgada bajo esta Ley a la persona convicta.

Este delito no aplicará al alquiler de un arma de fuego y la venta de las correspondientes municiones dentro de un polígono por parte de un armero a una persona de dieciocho (18) años, miembro del Negociado de la Policía de Puerto Rico o veintiún (21) años, dependiendo de las respectivas circunstancias, y que tenga y presente una identificación gubernamental con foto, según establecido en el Artículo 3.05 de esta Ley.

(Diciembre 11, 2019, Núm. 168, art. 6.03, efectiva 1 de enero de 2020; Diciembre 23, 2021, Núm. 65, sec. 5, enmienda el último párrafo.)

Artículo 6.04.- Comercio de Armas de Fuego Automáticas. (25 L.P.R.A. sec. 466c)

Toda persona que venda o tenga para la venta, ofrezca, entregue, alquile, preste o en cualquier otra forma disponga de cualquier arma de fuego que pueda ser disparada automáticamente, o cualquier pieza o artefacto que convierte en arma automática cualquier arma de fuego, independientemente de que dicha arma, pieza o artefacto se denomine ametralladora o de otra manera, incurrirá en delito grave, y convicta que fuere será sancionada con pena de reclusión por un término fijo de veinticuatro (24) años, sin derecho a sentencia suspendida, o a disfrutar de los beneficios de algún programa de desvío, bonificaciones o a cualquier alternativa a la reclusión reconocida en esta jurisdicción, debiendo cumplir en años naturales la totalidad de la pena impuesta. De mediar circunstancias agravantes, la pena fija establecida podrá ser aumentada hasta un máximo de treinta y seis (36) años; de mediar circunstancias atenuantes, podrá ser reducida hasta un mínimo de dieciocho (18) años.

Este delito no aplicará a la venta o entrega de una ametralladora o cualquier otra arma de fuego que pueda ser disparada automáticamente para uso del Negociado de la Policía y otras Agencias de Orden Público.

(Diciembre 11, 2019, Núm. 168, art. 6.04, efectiva 1 de enero de 2020.)

Artículo 6.05.- Portación, Transportación o Uso de Armas de Fuego sin Licencia. (25 L.P.R.A. sec. 466d)

Toda persona que porte, transporte o use cualquier arma de fuego, sin tener una licencia de armas vigente, salvo lo dispuesto para los campos de tiro o lugares donde se practica la caza, incurrirá en delito grave y convicto que fuere, será sancionada con pena de reclusión por un término fijo de diez (10) años, sin derecho a sentencia suspendida, a, o a disfrutar de los beneficios de algún programa de desvío, o a cualquier alternativa a la reclusión reconocida en esta jurisdicción. De mediar circunstancias agravantes, la pena fija establecida podrá ser aumentada hasta un máximo de veinte (20) años; de mediar circunstancias atenuantes, podrá ser reducida hasta un mínimo de cinco (5) años.

No obstante, cuando se trate de una persona que:

(i) esté transportando o portando un arma de fuego que está registrada a su nombre,

(ii) tenga una licencia de armas expedida a su nombre que está vencida,

(iii) no se le impute la comisión de cualquier delito grave que implique el uso de violencia,

(iv) no se le impute la comisión de un delito menos grave que implique el uso de violencia, y

(v) el arma de fuego transportada o portada no esté alterada ni mutilada, dicha persona incurrirá en un delito menos grave y, a discreción del Tribunal, será sancionada con una multa que no será menor de quinientos (500) dólares ni mayor de cinco mil dólares ($5,000) o pena de cárcel que no excederá de seis (6) meses.

Toda persona que esté transportando un arma de fuego sin tener licencia para ello que no cumpla con los requisitos (i) y (ii) del párrafo anterior, pero que cumpla con los requisitos (iii), (iv) y (v), y que además pueda demostrar con preponderancia de la prueba que advino en posesión de dicha arma de fuego por vía de herencia o legado, y que el causante de quien heredó o adquirió el arma por vía de legado tuvo en vida una licencia de armas, delito menos grave y será sancionada con una pena de cárcel que no excederá de seis (6) meses o una multa no menor de quinientos (500) dólares ni mayor de cinco mil (5,000) dólares, a discreción del Tribunal. El Tribunal, a su discreción, podrá imponer la pena de prestación de servicios en la comunidad en lugar de la pena de reclusión establecida.

Cuando el arma sea una neumática, pistola de o artefacto de descargas eléctricas, de juguete o cualquier imitación de arma y ésta se portare o transportare con la intención de cometer delito o se usare para cometer delito, la pena será de reclusión por un término fijo de cinco (5) años. De mediar circunstancias agravantes, la pena fija establecida podrá ser aumentada hasta un máximo de diez (10) años; de mediar circunstancias atenuantes, podrá ser reducida hasta un mínimo de un (1) año.

Se considerará como atenuante cuando el arma esté descargada y la persona no tenga municiones a su alcance. Se considerará como "agravante" cualquier situación en la que el arma ilegal se utilice en la comisión de cualquier delito o su tentativa. Cuando una persona con licencia de armas vigente, porte o transporte un arma de fuego o parte de esta sin tener su licencia consigo y no pueda acreditar que está autorizado a portar armas incurrirá en una falta administrativa y será sancionada con una pena de multa de cien (100) dólares.

(Diciembre 11, 2019, Núm. 168, art. 6.05, efectiva 1 de enero de 2020.)

Artículo 6.06.- Portación y Uso de Armas Blancas. (25 L.P.R.A. sec. 466e)

Toda persona que sin motivo justificado use contra otra persona, o la muestre, o use en la comisión de un delito o su tentativa, manoplas, blackjacks, cachiporras, estrellas de ninja, cuchillo, puñal, daga, espada, honda, bastón de estoque, arpón, faca, estilete, punzón, martillos, bates, cuartón, escudo, hojas de navajas de afeitar de seguridad, garrotes, agujas hipodérmicas, jeringuillas con agujas o cualquier instrumento similar que se considere como un arma blanca, incurrirá en delito grave y convicta que fuere, será sancionada con pena de reclusión por un término fijo de tres (3) años. De mediar circunstancias agravantes, la pena fija establecida podrá ser aumentada hasta un máximo de seis (6) años; de mediar circunstancias atenuantes, podrá ser reducida hasta un mínimo de seis (6) meses y un (1) día. Las penas que aquí se establecen serán sin derecho a sentencia suspendida, o a disfrutar de los beneficios de algún programa de desvío, o a cualquier alternativa a la reclusión, reconocidas en esta jurisdicción.

Queda excluida de la aplicación de este Artículo, toda persona que posea, porte o conduzca cualquiera de las armas aquí dispuestas en ocasión de su uso como instrumentos propios de un arte, deporte, profesión, ocupación, oficio o por condición de salud, incapacidad o indefensión.

(Diciembre 11, 2019, Núm. 168, art. 6.06, efectiva 1 de enero de 2020.)

Artículo 6.07.- Fabricación y Distribución de Armas Blancas. (25 L.P.R.A. sec. 466f)

Toda persona que, sin motivo justificado relacionado a algún arte, deporte, profesión, ocupación, oficio o por condición de salud, incapacidad o indefensión, fabrique, importe, ofrezca, venda o tenga para la venta, alquiler o traspaso una manopla, blackjack, cachiporra, estrella de ninja, cuchillo, puñal, daga, espada, honda, bastón de estoque, arpón, faca, estilete, punzón o cualquier instrumento similar que se considere como un arma blanca, incurrirá en delito grave y convicta que fuere, será sancionada con pena de reclusión por un término fijo de tres (3) años. De mediar circunstancias agravantes, la pena fija establecida podrá ser aumentada hasta un máximo de seis (6) años; de mediar circunstancias atenuantes, podrá ser reducida hasta un mínimo de un (1) año. La prohibición establecida en este Artículo se extiende a cualquier persona recluida por la comisión de cualquier delito.

(Diciembre 11, 2019, Núm. 168, art. 6.07, efectiva 1 de enero de 2020.)

Artículo 6.08.- Posesión de Armas de Fuego sin Licencia. (25 L.P.R.A. sec. 466g)

Toda persona que sin tener licencia de armas tenga o posea un arma de fuego, incurrirá en delito grave, y convicta que fuere será sancionada con pena de reclusión por un término fijo de cinco (5) años. De mediar circunstancias agravantes, la pena establecida podrá ser aumentada hasta un máximo de diez (10) años; de mediar circunstancias atenuantes, podrá ser reducida hasta un mínimo de un (1) año. Se considerará un agravante el que el arma haya sido reportada como robada o apropiada ilegalmente, o importada a Puerto Rico de forma ilegal.

Toda persona que cometa cualquier otro delito estatuido que implique el uso de violencia mientras lleva a cabo la conducta descrita en este articulado, no tendrá derecho a sentencia suspendida, o a disfrutar de los beneficios de algún programa de desvío, o a cualquier alternativa a la reclusión reconocida en esta jurisdicción.

En caso de que el poseedor del arma demuestre que:

(a) el arma de fuego en su posesión está registrada a su nombre;

(b) tiene una licencia de armas expedida a su nombre que está vencida o expirada;

(c) no se le impute la comisión de delito grave que no implique el uso de violencia;

(d) no se le impute la comisión de delito menos grave que implique el uso de violencia, y;

(e) el arma de fuego en su posesión no esté alterada ni mutilada, dicha persona incurrirá en una falta administrativa y será sancionada con una multa fija de dos mil quinientos dólares ($2,500.00).

Toda persona que esté en posesión de una arma de fuego sin tener licencia para ello que no cumpla con los requisitos (a) y (b) del párrafo anterior, pero que cumpla con los requisitos (c), (d) y (e), y que además pueda demostrar con preponderancia de la prueba que advino en posesión de dicha arma de fuego por vía de herencia o legado, y que el causante de quien heredó o adquirió el arma por vía de legado tuvo en vida una licencia de armas incurrirá en una falta administrativa que será sancionada con una multa fija de dos mil quinientos (2,500.00) dólares.

En caso de que el poseedor del arma demuestre con prueba fehaciente que posee una licencia de armas, aunque vencida, y que solicitó su renovación dentro del término provisto por esta Ley, no será culpable de delito alguno. Si no ha solicitado su renovación dentro del término máximo provisto en el Artículo 2.02 de esta Ley incurrirá en falta administrativa y tendrá que pagar una multa de cinco mil (5,000) dólares, además de la suma correspondiente de las multas establecidas en esta Ley.

(Diciembre 11, 2019, Núm. 168, art. 6.08, efectiva 1 de enero de 2020.)

Artículo 6.09.- Portación, Posesión o Uso Ilegal de Armas Largas Semiautomáticas, Automáticas o Escopeta de Cañón Cortado. (25 L.P.R.A. sec. 466h)

Toda persona que porte, posea o use sin autorización de esta Ley un arma larga semiautomática, una ametralladora, carabina, rifle, así como cualquier modificación de estas o cualquiera otra arma que pueda ser disparada automáticamente o escopeta de cañón cortado a menos de dieciocho (18) pulgadas, y que pueda causar grave daño corporal, o cualquier pieza o artefacto que convierte en arma automática cualquier arma de fuego, incurrirá en delito grave, y convicta que fuere será sancionada con pena de reclusión por un término fijo de veinticuatro (24) años, sin derecho a sentencia suspendida, o a disfrutar de los beneficios de algún programa de desvío, bonificaciones o a cualquier alternativa a la reclusión reconocida en esta jurisdicción, debiendo cumplir en años naturales la totalidad de la pena impuesta. De mediar circunstancias agravantes, la pena fija establecida podrá ser aumentada hasta un máximo de treinta y seis (36) años; de mediar circunstancias atenuantes, podrá ser reducida hasta un mínimo de dieciocho (18) años.

No constituirá delito la posesión o uso de estas armas en el cumplimiento del deber por los agentes del Negociado de la Policía o por otros agentes del orden público debidamente autorizados. Tampoco constituirá delito la posesión o uso de estas armas según permitido en otros Artículos de esta Ley.

(Diciembre 11, 2019, Núm. 168, art. 6.09, efectiva 1 de enero de 2020.)

Artículo 6.10.- Posesión o Venta de Accesorios para Silenciar. (25 L.P.R.A. sec. 466i)

Toda persona que tenga en su posesión, venda, tenga para la venta, preste, ofrezca, entregue o disponga de cualquier instrumento, dispositivo, artefacto o accesorio que silencie o reduzca el ruido del disparo de cualquier arma de fuego, incurrirá en delito grave, y convicta que fuere, será sancionada con pena de reclusión por un término fijo de doce (12) años, sin derecho a sentencia suspendida, o a disfrutar de los beneficios de algún programa de desvío, o a cualquier alternativa a la reclusión reconocida en esta jurisdicción. De mediar circunstancias agravantes, la pena fija establecida podrá ser aumentada hasta un máximo de veinticuatro (24) años; de mediar circunstancias atenuantes, podrá ser reducida hasta un mínimo de seis (6) años.

(Diciembre 11, 2019, Núm. 168, art. 6.10, efectiva 1 de enero de 2020.)

Artículo 6.11.- Facilitación de Armas a Terceros. (25 L.P.R.A. sec. 466j)

Toda persona que con intención criminal facilite o ponga a la disposición de otra persona cualquier arma de fuego que haya estado bajo su custodia o control, sea o no propietaria de la misma, incurrirá en delito grave y, convicta que fuere, será sancionada con pena de reclusión por un término fijo de doce (12) años. De mediar circunstancias agravantes, la pena fija establecida podrá ser aumentada hasta un máximo de veinticuatro (24) años; de mediar circunstancias atenuantes, podrá ser reducida hasta un mínimo de seis (6) años.

(Diciembre 11, 2019, Núm. 168, art. 6.11, efectiva 1 de enero de 2020.)

Artículo 6.12.- Número de Serie o Nombre de Dueño en Arma de Fuego; Remoción o Mutilación. (25 L.P.R.A. sec. 466k)

Toda arma de fuego, salvo las armas de fuego antiguas, según definidas en esta Ley, deberá llevar, en forma tal que no pueda ser fácilmente alterado o borrado, el nombre del armero o marca de fábrica bajo la cual se venderá el arma o el nombre del importador y, además, un número de serie grabado en la misma.

Incurrirá en delito grave y sancionado con pena de reclusión por un término fijo de quince (15) años, toda persona que:

(a) voluntariamente remueva, mutile, cubra permanentemente, altere o borre el número de serie en cualquier arma de fuego;

(b) a sabiendas compre, venda, reciba, enajene, traspase, porte o tenga en su posesión, cualquier arma de fuego a la cual se le haya removido, mutilado, cubierto permanentemente, alterado o borrado el número de serie;

(c) siendo un armero o un agente o representante de dicho armero, a sabiendas compre, venda, reciba, entregue, enajene, traspase, porte o tenga en su posesión, cualquier arma de fuego a la cual se le haya removido, mutilado, cubierto permanentemente, alterado o borrado su número de serie; y/o

(d) posea un arma de fuego, salvo armas de fuego antiguas, según definidas en esta Ley, que no tenga su número de serie.

De mediar circunstancias agravantes, la pena fija establecida podrá ser aumentada hasta un máximo de veinticuatro (24) años; de mediar circunstancias atenuantes, podrá ser reducida hasta un mínimo de seis (6) años.

(Diciembre 11, 2019, Núm. 168, art. 6.12, efectiva 1 de enero de 2020.)

Artículo 6.13.- Informes de Asistencia Médica a Personas Heridas. (25 L.P.R.A. sec. 466*l*)

Cualquier persona, incluyendo profesionales de la salud, que practique una curación de una herida de bala o quemadura producida por pólvora, así como cualquier otra herida resultante del disparo de cualquier arma de fuego, independientemente de dónde se realiza, deberá notificar tal novedad al Negociado de la Policía. En el caso de que sea en un hospital o institución similar, la persona notificará al administrador o persona a cargo de la institución, para que éste notifique a las autoridades. De igual forma se procederá cuando se detecte la presencia de un proyectil, munición o cualquier parte de estos en el cuerpo de la persona atendida. La falta de notificación de la prestación de este servicio constituirá delito menos grave, y convicta que fuere la persona, será sancionada con pena de multa de hasta cinco mil (5,000) dólares. El Comisionado investigará todo informe de curaciones, procediendo a consultar con el ministerio público para la radicación de cargos criminales de justificarse y llevará un registro detallado del resultado de éstos a los fines levantar estadísticas sobre informes de curaciones.

(Diciembre 11, 2019, Núm. 168, art. 6.13, efectiva 1 de enero de 2020.)

Artículo 6.14.- Disparar o Apuntar Armas de Fuego. (25 L.P.R.A. sec. 466m)

Incurrirá en delito grave con pena de reclusión por un término fijo de cinco (5) años, toda persona que, salvo en casos de legítima defensa, propia o de terceros, o de actuaciones en el legítimo desempeño de funciones oficiales o actividades legítimas de deportes:

(a) voluntariamente dispare cualquier arma de fuego fuera de los lugares autorizados por esta Ley, aunque no le cause daño a persona alguna; o

(b) intencionalmente apunte hacia alguna persona con un arma de fuego, aunque no le cause daño a persona alguna.

De mediar circunstancias agravantes, la pena establecida podrá ser aumentada hasta un máximo de diez (10) años; de mediar circunstancias atenuantes, podrá ser reducida hasta un mínimo de un (1) año.

Toda persona convicta por el delito descrito en la cláusula (a), no tendrá derecho a sentencia suspendida o a disfrutar de los beneficios de algún programa de desvío, bonificaciones, o a cualquier alternativa a la reclusión reconocida en esta jurisdicción, debiendo cumplir en años naturales la totalidad de la pena impuesta.

Cuando una persona incurra en el delito establecido en el inciso (a) de este Artículo estando dentro de los límites de la finca o inmueble de otra persona, y el precarista o poseedor material en virtud de algún título o derecho de dicha finca o inmueble, a su vez esté presente en dicha finca y sepa sobre la comisión del delito establecido en el inciso (a) de este Artículo, tendrá la obligación de alertar inmediatamente al Negociado de la Policía sobre la comisión del delito establecido en el inciso (a) de este Artículo, so pena de una multa administrativa por la cantidad de mil dólares ($1,000.00), salvo que concurran circunstancias que le impidan a dicho precarista o poseedor material alertar al Negociado de la Policía inmediatamente. En todo caso, dicho precarista o poseedor material deberá alertar al Negociado de la Policía dentro de un término que no exceda de cuarenta y ocho (48) horas desde el momento en que se haya cometido el delito establecido en el inciso (a) de este Artículo.

El Comisionado deberá establecer mediante reglamento, todo lo relacionado a la notificación, análisis del caso e imposición de la multa que se dispone en el párrafo anterior. Dicho reglamento deberá proveer mecanismos para mantener la confidencialidad de la identidad del informante en aquellas circunstancias que así lo ameriten.

(Diciembre 11, 2019, Núm. 168, art. 6.14, efectiva 1 de enero de 2020.)

Artículo 6.15.- Confiscación de Propiedades por el Almacenaje de Armas Prohibidas. (25 L.P.R.A. sec. 466n)

El Secretario de Justicia podrá confiscar cualquier propiedad, según este término es definido en la Ley 119-2011, según enmendada, conocida como "Ley Uniforme de Confiscaciones de 2011", cuando en esta se almacene, cargue, descargue, transporte, lleve o traslade, cualquier arma de fuego o municiones, en violación de esta Ley. Para ello se seguirá el procedimiento establecido por la Ley 119-2011, según enmendada.

(Diciembre 11, 2019, Núm. 168, art. 6.15, efectiva 1 de enero de 2020.)

Artículo 6.16.- Armas al Alcance de Menores. (25 L.P.R.A. sec. 466o)

(a) Toda persona que, mediando negligencia, dejare un arma, o armas de fuego al alcance de persona menor de dieciocho (18) años y este se apodere del arma y cause grave daño corporal, o la muerte, a otra persona, o a sí mismo, cometerá delito menos grave y convicta que fuere, será sancionada con pena de reclusión por un término fijo de dos (2) años. De mediar circunstancias agravantes, la pena fija establecida podrá ser aumentada hasta un máximo de cinco (5) años; de mediar atenuantes, podrá ser reducida hasta un mínimo de seis (6) meses y un (1) día. El Tribunal podrá a su discreción, luego de recibir el informe pre sentencia, y el suceso haber ocurrido con un arma legalmente poseída, sustituir la pena de reclusión por servicio a la comunidad. Se considerará como agravante que el arma de fuego utilizada sea un arma ilegalmente poseída.

(b) Toda persona que, con intención criminal, facilite o ponga en posesión de un arma de fuego, o municiones, a una persona menor de dieciocho (18) años para que éste la posea, custodie, oculte o transporte, cometerá delito grave y convicta que fuere será sancionada con pena de reclusión por un término fijo de doce (12) años. De mediar circunstancias agravantes, la pena fija establecida será aumentada hasta un máximo de veinticuatro (24) años; de mediar atenuantes, podrá ser reducida hasta un mínimo de seis (6) años.

(c) Si el menor, en el caso dispuesto por el acápite (B) de este Artículo, causare daño a otra persona, o a sí mismo con el arma, o cometiere una falta grave mientras posee el arma de fuego, la persona que proveyó con intención criminal el arma, cometerá delito grave y convicta que fuere será sancionada con pena de reclusión por un término fijo de veinte (20) años. De mediar circunstancias agravantes, la pena fija establecida será aumentada hasta un máximo de treinta (30) años; de mediar circunstancias atenuantes, podrá ser reducida hasta un mínimo de diez (10) años. En estos casos la persona que resultare convicta no tendrá derecho a sentencia suspendida, beneficios de programas de bonificación o desvío o alternativa a reclusión.

Las disposiciones de este Artículo no se configurarán en casos de situaciones en que un menor de edad tenga posesión de un arma en una situación de legítima defensa propia o de terceros o peligro inminente, en que una persona prudente y razonable entendería que de haber podido una persona autorizada mayor de edad tener acceso al arma, habría sido lícita su acción; ni cuando el padre o madre o custodio legal del menor, tenga una licencia de armas vigente y sea poseedor de un arma legalmente inscrita, le permita tenerla accesible, descargada y asegurada, en su presencia y bajo su supervisión directa y continua.

(Diciembre 11, 2019, Núm. 168, art. 6.16, efectiva 1 de enero de 2020.)

Artículo 6.17.- Apropiación Ilegal de Armas de Fuego o Municiones, Robo. (25 L.P.R.A. sec. 466p)

Toda persona que intencionalmente, se apropie ilegalmente de un arma de fuego o municiones, incurrirá en delito grave y convicto que fuere, será sancionada con pena de reclusión por un término fijo de diez (10) años, sin derecho a sentencia suspendida, o a disfrutar de los beneficios de algún programa de desvío, o a cualquier alternativa a la reclusión reconocida en esta jurisdicción. De mediar circunstancias agravantes, la pena fija establecida podrá ser aumentada hasta un máximo de veinte (20) años; de mediar circunstancias atenuantes, podrá ser reducida hasta un mínimo de cinco (5) años. Si la persona se apropiare ilegalmente, de más de un arma de fuego o si la persona fuese reincidente de delito conforme a lo dispuesto en el Artículo 73 de la Ley 146-2012, según enmendada, conocida como "Código Penal de Puerto Rico", la pena se duplicará.

(Diciembre 11, 2019, Núm. 168, art. 6.17, efectiva 1 de enero de 2020.)

Artículo 6.18.-Alteración de Vehículos para Ocultar Armas de Fuego. (25 L.P.R.A. sec. 466q)

Toda persona que voluntariamente y a sabiendas posea un vehículo cuyo diseño original haya sido alterado con el propósito de guardar u ocultar armas de fuego poseídas de forma ilegal cometerá delito grave y convicto que fuere será sancionada con pena de reclusión por un término fijo de un (1) año. De mediar circunstancias agravantes, la pena fija establecida podrá ser aumentada hasta un máximo de tres (3) años; de mediar circunstancias atenuantes podrá ser reducida hasta un mínimo de seis (6) meses y un (1) día.

(Diciembre 11, 2019, Núm. 168, art. 6.18, efectiva 1 de enero de 2020.)

Artículo 6.19.- Comercio de Armas de Fuego y Municiones sin Licencia de Armero. (25 L.P.R.A. sec. 466r)

Cualquier persona, natural o jurídica, que se dedique al negocio de armero, sin poseer una licencia de armero cometerá delito grave, y será sancionada con pena de reclusión por un término fijo de quince (15) años. De mediar circunstancias agravantes, la pena fija establecida podrá ser aumentada hasta un máximo de veinticinco (25) años; de mediar circunstancias atenuantes, podrá ser reducida hasta un mínimo de diez (10) años. Disponiéndose que los trabajos de ajustes, mecánicos o cosméticos entre personas con licencia de armas o a las armas por su propio dueño con licencia de armas no constituirán delito alguno, si no existe ánimo de lucro.

(Diciembre 11, 2019, Núm. 168, art. 6.19, efectiva 1 de enero de 2020.)

Artículo 6.20.- Disparar Desde un Vehículo. (25 L.P.R.A. sec. 466s)

Toda persona que disparare un arma de fuego desde un vehículo, salvo en casos de defensa propia o de terceros, o de agentes del orden público en el desempeño de funciones oficiales, incurrirá en delito grave, y convicta que fuere, será sancionada con pena de reclusión por un término fijo de veinte (20) años, sin derecho a sentencia suspendida, beneficios de programas de desvío, bonificaciones o a cualquier alternativa a reclusión reconocida en esta jurisdicción, debiendo cumplir en años naturales la totalidad de la pena impuesta. De mediar circunstancias agravantes, la pena fija establecida podrá ser aumentada hasta un máximo de cuarenta (40) años; de mediar circunstancias atenuantes, podrá ser reducida hasta un mínimo de diez (10) años.

(Diciembre 11, 2019, Núm. 168, art. 6.20, efectiva 1 de enero de 2020.)

Artículo 6.21.- Conspiración para el Tráfico Ilegal de Armas de Fuego y/o Municiones. (25 L.P.R.A. sec. 466t)

Toda persona que conspirare para traficar de forma ilegal, en armas de fuego o municiones y convicta que fuere, será sancionada con pena de reclusión por un término fijo de diez (10) años, sin derecho a sentencia suspendida, beneficios de programas de desvío o a cualquier alternativa a reclusión. De mediar circunstancias agravantes, la pena fija establecida podrá ser aumentada hasta un máximo de veinte (20) años; de mediar circunstancias atenuantes, podrá ser reducida hasta un mínimo de cinco (5) años.

(Diciembre 11, 2019, Núm. 168, art. 6.21, efectiva 1 de enero de 2020.)

Artículo 6.22.- Fabricación, Distribución, Posesión y Uso de Municiones; Importación de Municiones. (25 L.P.R.A. sec. 466u)

Se necesitará una licencia de armas vigente, de armero o ser un agente del orden público, según sea el caso, para fabricar, solicitar que se fabrique, ofrecer, comprar, vender o tener para la venta, guardar, almacenar, entregar, prestar, traspasar o en cualquier otra forma disponer de, poseer, usar, portar o transportar municiones, conforme a los requisitos exigidos por esta Ley. Se necesitará un permiso expedido por el Negociado de la Policía para comprar pólvora. Toda infracción a este Artículo constituirá delito grave, y será sancionada con pena de reclusión por un término fijo de seis (6) años. De mediar circunstancias agravantes, la pena fija establecida podrá ser aumentada hasta un máximo de doce (12) años; de mediar circunstancias atenuantes, podrá ser reducida hasta un mínimo de tres (3) años.

Se necesitará una licencia de armero para importar municiones. Toda infracción a este Artículo constituirá delito grave, y será sancionada con pena de reclusión por un término fijo de seis (6) años. De mediar circunstancias agravantes, la pena fija establecida podrá ser aumentada hasta un máximo de doce (12) años; de mediar circunstancias atenuantes, podrá ser reducida hasta un mínimo de tres (3) años.

Será considerado como circunstancia agravante al momento de fijarse la sentencia, incurrir en cualquiera de las conductas descritas en este Artículo cuando las municiones sean de las comúnmente conocidas como "armor piercing". No constituirá delito la fabricación, venta o entrega de las municiones antes descritas para uso del Negociado de la Policía y otros agentes del orden público del Gobierno de Puerto Rico o de Estados Unidos o para el uso de las Fuerzas Armadas de Estados Unidos.

(Diciembre 11, 2019, Núm. 168, art. 6.22, efectiva 1 de enero de 2020.)

Artículo 6.23.- Venta de Municiones a Personas sin Licencia. (25 L.P.R.A. sec. 466v)

Ninguna persona podrá vender, regalar, ceder o traspasar municiones a personas que no presenten una licencia de armas vigente, de armero, o evidencia de ser un agente del orden público.

Toda infracción a lo dispuesto en el párrafo anterior constituirá delito grave y será sancionada con pena de reclusión por un término fijo de cinco (5) años. De mediar circunstancias agravantes, la pena fija establecida podrá ser aumentada hasta un máximo de diez (10) años; de mediar circunstancias atenuantes, podrá ser reducida hasta un mínimo de tres (3) años. Se considerará como circunstancia agravante al momento de fijarse la sentencia, incurrir en la venta de municiones aquí prohibidas cuando éstas sean de las comúnmente conocidas como "armor piercing", aunque sean designadas o mercadeadas con cualquier otro nombre, así como la venta de municiones diferentes al tipo de armas que el comprador tenga inscritas a su nombre. Una convicción bajo este Artículo conllevará además la cancelación automática de las licencias concedidas bajo esta Ley.

Este delito no aplicará a la venta de municiones dentro de un polígono por parte de un armero a una persona de dieciocho (18) años miembro del Negociado de la Policía de Puerto Rico o veintiún (21) años, dependiendo de las respectivas circunstancias, y que tenga y presente una identificación gubernamental con foto y que alquile un arma de fuego para su uso en el polígono, según establecido en el Artículo 3.05 de esta Ley.

(Diciembre 11, 2019, Núm. 168, art. 6.23, efectiva 1 de enero de 2020; Diciembre 23, 2021, Núm. 65, sec. 7, enmienda el último párrafo.)

Artículo 6.24.- Compra de Municiones de Calibre Distinto. (25 L.P.R.A. sec. 466w)

Toda persona que, teniendo una licencia de armas vigente, compre municiones de un calibre distinto a los que pueden ser utilizados en las armas de fuego inscritas a su nombre, salvo que alquilen armas de un calibre distinto al de las armas registradas a su nombre en una armería con polígono para el uso exclusivo en dichos predios, incurrirá en delito grave y, convicta que fuere, será sancionada con pena de reclusión por un término fijo de seis (6) años. De mediar circunstancias agravantes, la pena fija establecida podrá ser aumentada hasta un máximo de doce (12) años; de mediar circunstancias atenuantes, podrá ser reducida hasta un mínimo de tres (3) años.

(Diciembre 11, 2019, Núm. 168, art. 6.24, efectiva 1 de enero de 2020.)

Artículo 6.25.- Notificación por Porteador, Almacenista o Depositario de Recibo de Armas; Penalidades. (25 L.P.R.A. sec. 466x)

Todo porteador marítimo, aéreo o terrestre, y todo almacenista o depositario que a sabiendas reciba armas de fuego, accesorios o partes de éstas o municiones para entrega en Puerto Rico, no entregará dicha mercancía al consignatario hasta que éste le muestre su licencia de armas o de armero. Después de cinco (5) días laborables de la entrega, el porteador, almacenista o depositario notificará el Comisionado, dirigiendo la notificación personalmente o por el método que para estos efectos se adopte por reglamento, el nombre, dirección y número de licencia del consignatario y el número de armas de fuego o municiones, incluyendo el calibre, entregadas, así como cualquier otra información que requiera el Comisionado mediante reglamento. Deberá, además, toda aerolínea comercial, que vuele a Puerto Rico y que haya recibido armas de fuego y/o municiones de parte de un pasajero para transportarlas a cualquier aeropuerto dentro de los límites territoriales de Puerto Rico como parte de su equipaje, notificar al Negociado de la Policía de Puerto Rico sobre este importe, al momento que se le vaya a entregar dicha arma de fuego y/o municiones al pasajero. La línea aérea requerirá del pasajero y le suministrará al Negociado de la Policía de Puerto Rico el nombre del pasajero, dirección, teléfono y demás información de contacto, además de la cantidad, tipo, calibre y datos de registro de las armas y/o municiones que este transporte dentro de los límites territoriales de Puerto Rico. El Negociado de la Policía de Puerto Rico utilizará la información suministrada para corroborar que dicho transporte cumple con las leyes y reglamentos aplicables en Puerto Rico. Esta notificación se hará de conformidad a la reglamentación que el Negociado de la Policía de Puerto Rico adopte para hacer cumplir los términos de esta Ley.

Cuando el consignatario no tuviere licencia de armas o de armero, el porteador, almacenista o depositario notificará al Comisionado inmediatamente de tal hecho, el nombre y dirección del consignatario, y el número de armas de fuego o municiones para entrega. Además, tendrá prohibido hacer entrega de las armas y/o municiones a tal consignatario hasta tener autorización al efecto, expedida por el Comisionado.

La violación de cualquier obligación aquí establecida constituirá un delito grave que será sancionada con pena de reclusión por un término fijo de doce (12) años y pena de multa no menor de dos mil (2,000) dólares ni mayor de diez mil (10,000) dólares. De mediar circunstancias agravantes, la pena fija establecida podrá ser aumentada hasta un máximo de veinticuatro (24) años; de mediar circunstancias atenuantes, podrá ser reducida hasta un mínimo de seis (6) años.

(Diciembre 11, 2019, Núm. 168, art. 6.25, efectiva 1 de enero de 2020.)

Artículo 6.26.- Presunciones. (25 L.P.R.A. sec. 466y)

La posesión por cualquier persona de un arma a la cual se le haya removido, mutilado, cubierto permanentemente, alterado o borrado su número de serie o el nombre de su poseedor, se considerará evidencia prima facie de que dicha persona removió, mutiló, cubrió, alteró o borró dicho número de serie o el nombre de su poseedor.

La posesión por cualquier persona de un arma a la cual se le haya removido, mutilado, cubierto permanentemente, alterado o borrado su número de serie o el nombre de su poseedor, se considerará evidencia prima facie de que dicha persona posee el arma con la intención de cometer un delito. La posesión por cualquier persona de un arma al momento de cometer o intentar cometer un delito, se considerará evidencia prima facie de que dicha arma estaba cargada al momento de cometer o intentar cometer el delito.

La posesión de un arma de fuego por una persona que no posea una licencia de armas se considerará evidencia prima facie de que dicha persona posee el arma con la intención de cometer delito.

La presencia de tres (3) o más armas de fuego en una habitación, casa, residencia, establecimiento, oficina, estructura o vehículo, constituirá evidencia prima facie de que el dueño o poseedor de dicha habitación, casa, residencia, establecimiento, oficina, estructura o vehículo, o aquellas personas que ocupen la habitación, casa, residencia, establecimiento, oficina o estructura, trafican y facilitan armas de fuego ilegalmente, siempre que estas personas no tengan una licencia de armas, de armero, de club de tiro o coto de caza.

La presencia de una ametralladora o cualquier otra arma de funcionamiento automático o de las municiones "armor piercing" en cualquier habitación, casa, residencia, establecimiento, oficina, estructura o vehículo, constituirá evidencia prima facie de su posesión ilegal por el dueño o poseedor de dicha edificación o vehículo, y por aquellas personas que ocupen la habitación, casa, edificio o estructura donde se encontrare tal ametralladora, arma de funcionamiento automático o escopeta de cañón cortado, y que tengan la posesión mediata o inmediata de la misma. Esta presunción no será de aplicación en los casos que se trate de un vehículo de servicio público que en ese momento estuviere transportando pasajeros mediante paga, o que se demuestre que se trata de una transportación incidental o de emergencia.

La presencia de una ametralladora o cualquier otra arma de funcionamiento automático o de las municiones "armor piercing" en cualquier habitación, casa, residencia, establecimiento, oficina, estructura o vehículo, constituirá evidencia prima facie de que el dueño o poseedor de dicha edificación o vehículo posee el arma o las municiones con la intención de cometer un delito.

La presencia de un arma de fuego o de municiones en cualquier vehículo robado o hurtado, constituirá evidencia prima facie de su posesión ilegal por todas las personas que viajaren en tal vehículo al momento que dicha arma o municiones sean encontradas.

Las disposiciones de este Artículo no aplicarán a los agentes del orden público en el cumplimiento de sus funciones oficiales.

(Diciembre 11, 2019, Núm. 168, art. 6.26, efectiva 1 de enero de 2020.)

Nota Importante

-Para el resto de la Ley de Armas, vease el Libro de la Ley de Armas, Leyes Reglacionadas y el Reglamento de Armas. Ordenar en www.LexJurisStore.com

LexJuris de Puerto Rico
Hecho en Puerto Rico
Septiembre 2, 2022

Made in the USA
Columbia, SC
14 June 2024

36613502R00159